キーワードコレクション

パーソナリティ心理学

二宮克美＋子安増生＝編

青柳　肇＋安藤寿康＋
伊藤美奈子＋伊藤裕子＋
遠藤由美＋大平英樹＋
サトウタツヤ＋杉浦義典＋
二宮克美＋子安増生＝著

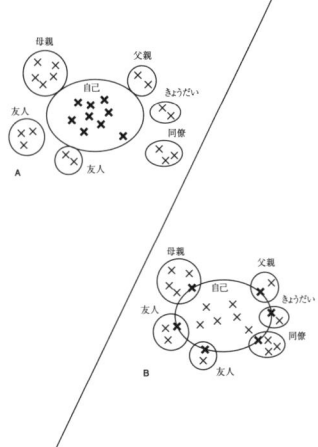

新曜社

まえがき

　本書は，これからパーソナリティの心理学を学ぼうとする人や，パーソナリティの諸問題に関心を持っている人のために，コンパクトで読みやすく分かりやすい本を提供する目的で企画されたものである。
　今から45年前，日本の性格心理学の先達の一人である依田新は，『性格心理学講座』（金子書房）の序文の中で，次のように述べている。「性格とは何かという問いは，『ひと』とは何かという問いとほとんど等しい。『ひと』とは何か。『この未知なるもの』への挑戦こそ心理学者たちの情熱であった。」
　ひとを理解したいというねがい，ねらい，おもいは，現在も心理学を学ぶものにとって，なお切実な問題である。本書は，ひとのパーソナリティの理解をめざしており，その目的を果たすために，現在第一線で活躍中の先生方に執筆していただいた。
　本書は次のような構成からなっている。「Ⅰ　パーソナリティの基本概念」ではパーソナリティを理解するために必要な基礎的な概念を解説した。「Ⅱ　パーソナリティ研究法」では研究技法や研究アプローチの要点をまとめた。「Ⅲ　パーソナリティ理論」では代表的なパーソナリティ理論を述べた。「Ⅳ　パーソナリティ発達の諸相」ではパーソナリティの発達・形成過程にかかわる重要な事項に触れた。「Ⅴ　パーソナリティの歪み」ではパーソナリティのさまざまな障害について述べた。「Ⅵ　パーソナリティの知的側面」では知能や創造性といったパーソナリティの知的側面を取り上げた。
　本書は，新曜社から1992年3月に刊行された子安増生（編）『キーワードコレクション発達心理学』，その発展として2004年3月に刊行された子安増生・二宮克美（編）『キーワードコレクション発達心理学　改訂版』とシリーズを形作るものである。
　『キーワードコレクション発達心理学』ならびにその改訂版は，幸いにも読者からの好評を得ている。「好評」の秘密は，学問的に確立されたことだけを書いた，いわば無味乾燥な本になることを避け，スタンダードな事項を押さえた上で，著者の個性を存分に発揮していただくという編集方針が広く受け入れられたからであろう。また，初学者向けの一般書でありながら，引用文献は学術書並みにきちんと整備するという方針も重要な点であったと思われる。

項目あたり4ページの解説でキーワード50項目を掲載するという基本的な枠組みは『キーワードコレクション発達心理学』を踏襲している。キーワードは全体としてパーソナリティ心理学にとって重要な用語または概念を整理して構成したものであり，キーワード各項目は，それぞれ独立にそれだけで完結したものとして書かれている。したがって，読者は本書を最初からページの順番どおりに読むことも，関心のあるキーワードから拾い読みすることもできる。

　また，各キーワードの解説文の中で重要と思われる用語または概念を，ゴシック体（太字）で印刷した。それは，各キーワードの「サブキーワード」とでもいうべきものであり，キーワードとサブキーワードは，巻末の「事項索引」のところに示され，索引を辞典代わりに利用することもできる。また，主要な研究者名もゴシック体であらわしている。

　本書が「読んで面白くて使うのに便利な本」という『キーワードコレクション発達心理学』同様の評価を受け，広く大勢の読者に愛され，パーソナリティ心理学に関心を持つ人や，パーソナリティ心理学への関心を深める人が増えることを願うものである。

　最後になったが，本書が生まれるまでの約2年間の過程をじっとあたたかく見守り，ご尽力いただいた新曜社の塩浦暲氏に，心より感謝の言葉を申し上げたい。

　　2006年8月

　　　　　　　　　　　　　　　　　　　　　　　　　　　　編者　識

キーワードコレクション パーソナリティ心理学
目　次

まえがき ……………………………………………………… i

I　パーソナリティの基本概念

1. パーソナリティとキャラクター ……………………… 2
2. 法則定立と個性記述 …………………………………… 6
3. 遺伝と環境 ……………………………………………… 10
4. 暗黙のパーソナリティ観 ……………………………… 14
5. ジェンダーとパーソナリティ ………………………… 18
6. 仕事とパーソナリティ ………………………………… 22
7. 文化とパーソナリティ ………………………………… 26
8. 道徳性とパーソナリティ ……………………………… 30

II　パーソナリティ研究法

9. 観察法 …………………………………………………… 36
10. 実験法 …………………………………………………… 40
11. 面接法 …………………………………………………… 44
12. 質問紙法 ………………………………………………… 48
13. 作業検査法 ……………………………………………… 52
14. 投影法 …………………………………………………… 56
15. 事例研究法 ……………………………………………… 60
16. 研究倫理 ………………………………………………… 64

Ⅲ　パーソナリティ理論

- 17. 類型論 ………………………………………………… 70
- 18. 特性論 ………………………………………………… 74
- 19. 精神分析理論 ………………………………………… 78
- 20. 学習理論 ……………………………………………… 82
- 21. 脳科学 ………………………………………………… 86
- 22. 人間主義（ヒューマニスティック）心理学 ……… 90
- 23. 場の理論・役割理論 ………………………………… 94
- 24. 社会認知理論 ………………………………………… 98

Ⅳ　パーソナリティ発達の諸相

- 25. 内的作業モデル ……………………………………… 104
- 26. アイデンティティ …………………………………… 108
- 27. 自己意識 ……………………………………………… 112
- 28. 自己効力 ……………………………………………… 116
- 29. 自己制御 ……………………………………………… 120
- 30. 自己開示 ……………………………………………… 124
- 31. 親子関係 ……………………………………………… 128
- 32. きょうだいと仲間 …………………………………… 132
- 33. 愛と結婚 ……………………………………………… 136
- 34. エイジング …………………………………………… 140

Ⅴ　パーソナリティの歪み

- 35. ストレス ……………………………………………… 146
- 36. 適応障害 ……………………………………………… 150
- 37. 人格障害 ……………………………………………… 154
- 38. 多重人格 ……………………………………………… 158

39.	性同一性障害	162
40.	ひきこもり	166
41.	対人恐怖	170
42.	コンプレックス	174
43.	非　行	178

Ⅵ　パーソナリティの知的側面

44.	知能の構造	184
45.	知能の測定	188
46.	社会的かしこさ	192
47.	創造的パーソナリティ	196
48.	動物の知能	200
49.	機械の知能	204
50.	知能の障害	208

人名索引　213
事項索引　222
編者・執筆者紹介　232

中扉カット──谷崎　圭

I｜パーソナリティの基本概念

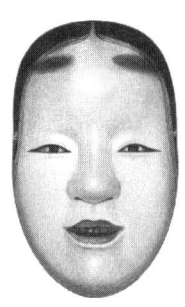

能面〔日本〕

I-1 パーソナリティとキャラクター

personality vs. character

十人十色とはよく言ったもので，私たちの周りにはいろいろな人がいる．親切，活動的，控え目，陰気など，私たちは他人や自分の性格についてさまざまな手がかりをもとに判断している．人の性格に関連した用語を簡単に整理しておく．

詫摩は，性格とパーソナリティの語源について，次のように述べている[1]．

「**性格**は character の訳語である．昔，土地の境界に目印の石を置き，それに所有者の名前などを刻み込んでいたが，その刻み込む，彫り込むというギリシャ語をこのことばは意味していた．転じて標識を意味するようになったが，語源から考えて静態的で固定的である」．すなわち**キャラクター**はキャラセインというラテン語「彫る」からきたもので，「印刷・押印の道具」⇒「印刻・印象」「表徴・記号」⇒「性格」の意味に発展した[2]．一方，「**パーソナリティ**（personality）ということばはラテン語の**ペルソナ**（persona）に由来するといわれている．これは当時，演劇などで使用された仮面を意味していた．やがてそれは俳優が演じる役割をいうようになり，さらにその役を演技する人の意味にもなった．語源から考えて社会的役割，外見的な自分という意味が含まれている．」

この他にも，**気質**（temperament）ということばも用いられることがある．気質とは「生まれてすぐあらわれ，ある程度の期間持続する行動の個人差」である[3]．トーマスとチェス（Thomas, A. & Chess, S.）は，活動水準，反応の強さ，気の散りやすさなど9つの観点から赤ちゃんの行動特徴を記述した[4]．また，バス（Buss, A. H.）とプロミン（Plomin, R.）は，行動遺伝学的な立場から，生得的な行動特徴として，

1) 詫摩武俊 2003 性格の定義・性格の研究史 詫摩武俊・瀧本孝雄・鈴木乙史・松井豊 性格心理学への招待［改訂版］：自分を知り他者を理解するために サイエンス社 Pp.1-11.

2) 竹林滋ほか（編）2002 新英和大辞典 第6版 研究社

3) 菅原ますみ 1996 気質 青柳肇・杉山憲司（編著）パーソナリティ形成の心理学 福村出版 Pp.723-742.

4) Thomas, A., & Chess, S. 1977 *Temperament and Development.* New York: Brunner/Mazel.
　気質の9つのカテゴリーとはこの他に，周期性，接近・回避，順応性，反応閾値，気分の質，注意の範囲と持続性である．

5) Buss, A. H. & Plomin, R. 1984 *Temperament: Early developing personality traits.* Hillsdale, NJ: Erlbaum.

「情緒性」「活動性」「社会性」の3つの気質を提案している[5].

現在では，性格や人格などの訳語を用いないで，パーソナリティという用語を使うことが多い．

パーソナリティの代表的な定義として，**オルポート**（Allport, G. W.）[6] の「パーソナリティとは，個人のうちにあって，その個人に特徴的な行動や思考を決定する心理身体的体系の力動的体制である」がある[7]．最近では，パーヴィン（Pervin, L. A.）らの作業的定義として，「パーソナリティとは，感情，思考，行動の一貫したパターンを説明するその人の諸特徴である」というものがある[8]．

パーヴィンらは，パーソナリティの領域は，時として調整が難しい3つの問題に取り組んでいるとした．その3つとは，(1) 人間の普遍性，(2) 個人差，(3) 個人の独自性である．(1) は，人間性の普遍な様相とは何か，パーソナリティの基礎的な作用原理とは何か，という問題に関連している，(2) の個人差は，人はどのように他者と異なるのか，個人差の基礎的なカテゴリーや次元はあるのか，という問題である．(3) の独自性は，何がその人を他者とは違う独自なものにしているのかという問題である．表1-1に，パーヴィンがまとめたパーソナリティについての代表的な理論を示した[9]．

パーヴィンは，重なりあっており連動しているものの，パーソナリティ研究には解決すべき10の問題があると指摘している[10]．

① 測定：自己報告データの価値と測度間の関係．自己評定と他者による評定との間の関係の問題にとどまらず，自己評定と他の測度との関係が問題である．

② 構成概念妥当性：ブロック（Block, J.）によれば，同じ概念について異なる用語を用いる「調子はずれの誤り（jangle fallacy）」と，異なる概念について同じ用語を用いる「お調子の良い誤り（jingle fallacy）」の問題がある[11]．

③ パーソナリティの3分野（臨床的・相関的・実験的）：パーソナリティの科学的研究における3つのアプローチの仕方により，研究法やデータの見方に違いが見られる問題．

④ 部分 対 全体（体系）：パーソナリティを適切に理解す

6) ゴードン・W・オルポート（1897-1967）．アメリカの心理学者．行動主義では，ある人がある行動をとるのは，そのような行動を取る習慣ができていたからであり，そのときの「場面」が原因となって行動が起こるとする．しかし，オルポートは，個人には場面という状況に依存しない一定の性格特性があるとし，特性論の先駆けとなった．

7) Allport, G. W. 1937 *Personality: A psychological interpretation*. New York: Holt, Rheinhart & Winston.〔詫摩武俊・青木孝悦・近藤由紀子・堀正（訳）1982 パーソナリティ：心理学的解釈 新曜社〕

8) Pervin, L. A., Cervone, D., & John, O. P. 2005 *Personality: Theory and research*. 9th ed. New York: John Wiley & Sons.

9) Pervin, L. A. 1993 *Personality: Theory and research*. 6th ed. New York: John Wiley & Sons.

10) Pervin, L. A. 1999 Epilogue: Constancy and change in personality theory and research. In L. A. Pervin & O. P. John（Eds.）

るには，構成単位としてのユニット（部分）とユニットの組織化（全体）の両方を人はもっていると考えることに同意できるかどうかの問題である．

⑤ 個性記述的視点 対 法則定立的視点：パーソナリティの個別性・一回性を探るのか，普遍性・法則性を明らかにするのかの問題．

⑥ 普遍性 対 文化特異性：比較文化的（cross-cultural）研究は，パーソナリティの普遍的原理に関する仮定をチェックするのに重要であるが，パーソナリティ形成の過程における文化差をどう考えるかの問題．

⑦ 個人の機能の一貫性と変動性：行動の静止と流動．個人の行動の一貫性と変動性の特徴の両方をうまくとらえることができるにはどうしたらよいかの問題．

⑧ 発達と変化の性質：縦断的研究の増加によって，一生涯にわたりパーソナリティは安定しているのか変化するのか，どんな変化が生じるのかという問題．

⑨ 人－環境の相互作用：個人とその人がおかれている環境の特徴との間の力動的な関係の問題．

⑩「無意識」：パーソナリティ機能における無意識の過程が果たしている役割についての問題．

こうした問題について，① データ収集に多重な方法を用いること，② ジェンダー，場面，文化を超えて知見の信頼性を示す研究をすること，③ 多重特性－多重方法（multi-trait－multimethod）の研究が必要なこと，④ 力動的でシステムという視点をもつことが重要であると指摘している．

さて日本におけるパーソナリティ研究の成果を，ごく手短に紹介しておこう．1960年から1961年にかけて，戸川行男・長島貞夫・正木正・本明寛・依田新の5人が編集した『性格心理学講座』全5巻が刊行されている[12]．その約30年後の1989年から1990年にかけて，本明寛・依田明・福島章・安香宏・原野広太郎・星野命の6人が編集した『性格心理学新講座』全6巻が刊行された[13]．

1980年には，長島貞夫の監修した『性格心理学ハンドブック』[14]が，また1998年には詫摩武俊の監修した『性格心理学

Handbook of Personality. 2nd edition. New York: Guilford Press. Pp.689-704.

11) Block, J. 1996 Some jangle remarks on Baumeister and Heatherton. *Psychological Inquiry*, 7, 28-32.

12) 5巻の表題は，「性格の理論」「性格の形成」「性格診断の技術」「性格の異常と指導」「性格の教育」である．

13) 6巻の表題は，「性格の理論」「性格形成」「適応と不適応」「性格の理解」「カウンセリングと心理治療」「ケース研究（個性の型態と展開）」である．

14) 8部構成になっており，「現代の性格心理学」「性格の理論」「性格の形成」「性格の社会心理」「性格の異常と不適応」「性格の改善と指導」「性格の測定と評価」「性格の教育」である．

15) 4部構成で，「性格心理学の基礎」「ライフステージと性格」「ヒューマン・ワーカーにとっての対象者理解」「生活場面と性格」のほかに資料編として性格検査や研究者，文献の紹介がある．

表1-1　パーソナリティ理論の一覧　(Pervin, L. A.; 1993より)[9]

理論	構造	過程	成長・発達	病理	変化
フロイト	イド・自我・超自我　無意識・前意識・意識	生と死の衝動　不安と防衛機制	性感帯：口唇，肛門，男根という発達段階　エディプス・コンプレックス	幼児性欲，固着と退行，コンフリクト，症候	転移，コンフリクトの解決「イドがいた所に自我があるべき」
ロジャース	自己，理想自己	自己実現，自己の一致と経験，不一致と防衛的歪曲および否認	一致と自己実現対 不一致と防衛	自己の防衛的維持，不一致	治療の雰囲気，一致，無条件の肯定的関心，共感的理解
ケリー	構成概念（コンストラクト）	事象の予測により方向づけられた過程	増加する複雑性とコンストラクト体系への定義	コンストラクト体系の混乱した機能	生活の心理学的再構築　招かれた気分，固定された役割療法
5因子特性モデル	特性	力動的特性，特性に関連した動機	特性への遺伝と環境の寄与	特性次元における極端な得点（例．神経質）	（形式的なモデルはない）
学習理論	反応	古典的条件づけ　道具的条件づけ　オペラント条件づけ	模倣，強化スケジュールと継時的近接法	不適応な学習された反応パターン	消去，弁別学習，反対条件づけ，正の強化，模倣，系統的脱感作，行動修正
社会的認知理論	期待，基準，目標－計画，自己効力信念	観察学習，代理的条件づけ，象徴過程，自己評価的ならびに自己調整的過程（基準）	観察と直接経験を通しての社会的学習，自己効力判断ならびに自己調整の基準の発達	学習された反応パターン，過度の自己基準，自己効力の問題	モデリング，ガイドされた参加，自己効力の増大
認知的，情報処理理論	認知的カテゴリーとスキーマ，帰属，一般化された期待	情報処理の方略，帰属	認知的コンピテンスの発達，自己，セルフ・スキーマ，予期，帰属	非現実的なあるいは不適応的な信念，情報処理における誤り	認知療法：不合理な信念の変化　機能障害の思考および不適応的な帰属の変化

ハンドブック』[15] が出版されている．

1992年6月に，日本性格心理学会が設立され，その機関紙『性格心理学研究』第1巻が1993年3月に発刊された．その後，2003年10月より日本パーソナリティ心理学会と名称変更し，機関紙も『パーソナリティ研究』となって現在に至っている[16]．　　　　　　　　　　　　〔二宮克美〕

[16] 日本におけるパーソナリティ心理学の歴史については，戸田まり・サトウタツヤ・伊藤美奈子　2005　グラフィック性格心理学　サイエンス社　に詳しく紹介されている．

【参考文献】
詫摩武俊・瀧本孝雄・鈴木乙史・松井豊　2003　性格心理学への招待［改訂版］：自分を知り他者を理解するために　サイエンス社

I-2 法則定立と個性記述

nomothetic vs. idiographic method

ヴィンデルバントの区分

学問をその方法論から**法則定立**（nomothetic method）と**個性記述**（idiographic method）の2つに大別したのは，ドイツの新カント派の哲学者**ヴィンデルバント**（Windelband, W.）[1]であるとされる．ヴィンデルバントは，『歴史と自然科学』（1894）などの著作を通じて，自然科学が出来事の普遍性・恒常性を明らかにする法則定立的な法則学であるのに対し，精神科学は出来事の個別性・一回性の意味を探る個性記述的な事件学であると主張した．

心理学においても，「法則定立」と「個性記述」は2つの重要な方法である．それは，「実験的研究法」と「臨床的研究法」，「統計研究法」と「事例研究法」，「計量的研究法」と「質的研究法」などの名称で表される区分にもひきつがれている．

数値と意味

法則定立においては，**データ・リダクション**（data reduction）が中心概念となる．すなわち，実験や調査をした結果から得られた測定値群（データ）の中から，その結果全体をもっともよく表すことのできる数値（頻度や平均値など）を求めていくのである．他方，個性記述においては，観察された出来事を相互に関連づけたり意味づけたりすること，言い換えると**意味の生成**（meaning making）が重要である．

一例をあげよう．シェイクスピアの戯曲『ジュリアス・シーザー』は，登場人物の性格描写が重要な背景となっており，性格心理学の副読本としても推奨ものである．たとえば，このドラマの中で，古代ローマ帝国を統一し独裁者への道を歩むジュリアス・シーザーは，側近のマーク・アントニーに向

1) ヴィルヘルム・ヴィンデルバント（1848～1915）．ポツダムに生まれ，1903年ハイデルベルク大学教授となる．西南ドイツ学派の創始者としてカント復興に力をつくした．

かって，キャシアスという男のことを「あいつは痩せていて，ものごとを考えすぎて，危険な感じがしてならない」と不安の念を述べる．そして，その不安が適中し，シーザーは元老院の議場でブルータスやキャシアスらに刺殺されてしまう．その直後，ブルータスは，シーザー暗殺の理由を正当化するために，集まったローマ市民に対して演説をし，熱狂的な支持を受ける．形勢不利なアントニーは，「ブルータスは高潔の士」ということばを繰り返し用いながら，シーザーがそれまでローマ市民のためにいかに努力を重ねてきたかを人々に切々と訴えた．「ブルータスは高潔の士」ということばの発話の「回数」とともに，その発話の「意味」がブルータスへの賞賛から皮肉へ，そしてやがて非難へと変わる．観客は，ローマ市民の声が「ブルータス万歳」から「ブルータスを倒せ」に一変する過程をつぶさに見るのである．

パーソナリティの法則定立的研究

パーソナリティの法則定立的研究の第一は，あるグループに共通のパーソナリティ特性について調べることである．

たとえば**国民性**（national character）の研究は，その代表例である．ジャーナリスト笠信太郎の戦後すぐのベストセラー『ものの見方について』[2]に出てくる次のことばは，国民性をうまく表現したものとして有名になった．

　　「イギリス人は歩きながら考える．
　　フランス人は考えた後で走りだす．
　　そしてスペイン人は，走ってしまった後で考える．」

このように，ある国の成員（国民）が共有している共通の態度や行動傾向のことを国民性[3]という．それがある民族の共通の社会的性格であれば「民族性」，ある都道府県の住民の共通の社会的性格であれば「県民性」ということになる．

他方，本来多様な人間から構成されるはずの大きな集団に対して，全体を十把一からげにして認知を行うことの問題点を，アメリカのジャーナリストの**リップマン**（Lippmann, W.）[4]は**ステレオタイプ**（stereotype）と呼んだ．ステレオタイプ（ステロ版）とは，活版印刷の工程において鋳型から作られる鉛版をさすことばであり，「判で押したような紋切

2）笠信太郎　1951　ものの見方について　河出書房

3）大学共同利用機関法人の統計数理研究所は1953年以来，日本人の国民性調査を50年以上にわたって実施している．統計数理研究所：http://www.ism.ac.jp/index_j.html

4）ウォルター・リップマン（1889-1974）．ニューヨーク市生まれ．『ニュー・リパブリック』の創刊に携わり，第一次世界大戦中は，ウィルソン大統領のアドヴァイザーを務めた．著書『世論』は，ジャーナリズム論の古典として知られる．

り型の反応」という意味である．ここには，法則定立的研究が常にはらんでいる過度の一般化の問題がある．

　第2に，気質や性格など，人間のパーソナリティ特性をいくつかに分類する**類型論**（typology）の試みが行われてきた．たとえば，ドイツの精神医学者**クレッチマー**（Kretschmer, E.）[5]は，1921年に『体格と性格』を著わし，分裂気質とやせ型，循環気質と肥満型，粘着気質と闘士型が親和性をもつとする心身相関的気質論を展開した．このようなシンプルな類型論は，かつては法則定立的パーソナリティ研究の本流であったが，説明力が弱く，今では廃れている．

　第3に，因子分析によるパーソナリティ特性の分類，たとえば主要なパーソナリティ特性を5つに分類するゴールドバーグ（Goldberg, L. R.）らの**ビッグ・ファイブ**[6]（Big Five）の考え方は，類型論に代わる重要な方法となっている．

　法則定立的研究の第4は，病的なパーソナリティの包括的分類である．**アメリカ精神医学会**（American Psychiatric Association）が作成し，版を重ねている精神疾患の診断・統計マニュアルの**DSM**[7]（Diagnostic and Statistical Manual of Mental Disorders）は，精神的に不適応なパーソナリティを医学的に分類したものであり，わが国でも診断と分類のマニュアルとして多方面で用いられている．

パーソナリティの個性記述的研究

　パーソナリティの個性記述的研究は，人間のパーソナリティが1人ひとり違っていることを重視し，その違いを1人ひとりに即して記述するものである．このような個性記述的研究の基礎には，**個体識別研究**（study on personal identification）がある．人は，顔かたち，声，体格，運動能力など，身体面でいろいろ違いがある．このことを重視して身体の個人差を測定する研究を組織的にはじめたのは，イギリスの**ゴールトン**（Galton, F.）[8]であり，身体測定研究所を作ってデータを集め，指紋が1人ひとり異なることを明らかにし，犯罪捜査に利用できることを指摘した．ゴールトンの研究は弟子の**ピアソン**（Pearson, K.）[9]に受けつがれ，ピアソンが教授をつとめたロンドン大学は，一時期バイオメトリクス

[5] エルンスト・クレッチマー（1888-1964）．精神異常の性質は健常者の中にもあり，その性質がより顕著にあらわれ，社会的に逸脱してしまったものが精神異常者だと考えた．

[6] V-37, p.157参照．

[7] DSMは，DSM-I（1952）にはじまり，その後何度も改訂され，DSM-II（1968），DSM-III（1980），DSM-III-R（1987），DSM-IV（1994），そして現行のDSM-IV-TR（2000）へと発展してきた．

[8] フランシス・ゴールトン（1822-1911）．人類学者，統計学者．祖父は医者・博物学者のエラズマス・ダーウィン，進化論を提唱したチャールズ・ダーウィンは従兄．優生学という言葉を初めて用いたことで知られ，人の才能がほぼ遺伝によって受け継がれると主張した．平均への回帰現象について初めて記述し，相関係数の概念を提唱するなど統計学にも貢献した．

[9] カール・ピアソン（1857-1936）．優生学者・数学者．χ^2検定などの定式化を行い，推測統計学の基礎を築いた．

(biometrics) のメッカとなった.

現在では，バイオメトリクスは，主に組織の安全管理や金融システムのセキュリティ確保という観点から個人の認証手段として研究されている．すなわち，本人であることの確認のために，指紋（finger print），瞳の虹彩（iris），網膜（retina），声紋（voice），顔（face），静脈（venous blood），手書き署名（hand writing），DNAなどに基づく認証が行われるのである．特に2001年の米国同時テロ（9.11. テロ）以後，国営・民営を問わず，安全管理が重要な機関では個人認証の必要性が高まっている.

顔や指紋などの身体的特徴がパーソナリティそのものであるかどうかについては，賛否両論があるだろう．しかし，動的手書き署名の場合，書かれた文字でなく，筆順，運筆の速度・巧緻性など，書き方の個人差が認証の手がかりである．これは，「書は人なり」という考え方に通ずるものであろう．また，声の調子や話し方も個性を構成する部分であるとするならば，声紋もまたパーソナリティの指標となりうる.

パーソナリティの個性記述的研究の方法として伝統的に重視されてきたものとしては，次のようなものがある.

事例研究（case study）：観察や面接などの手法によって，ある個人の特性を時間経過に添って記述していく方法．発達心理学，臨床心理学，犯罪心理学などの分野で古くから用いられてきた.

伝記研究（biographical study）：ある個人が遺した日記・手紙・作品や，その個人の身近にいた人の証言などから，その人のパーソナリティの特徴やその全体像を構成していく方法．本人が残した自伝（autobiography）や本人自身の証言は，さらに有力な手がかりとなる.

病跡学（pathography）：病跡学[10]は，メービウス（Möbius, P. J.）[11]の用語で，著名な作家，音楽家，芸術家などの精神生活の異常性が創造性やパーソナリティの変化に及ぼす影響などを調べる分野である．〔子安増生〕

10)「病蹟学」という表記もある.

11) パウル・ユリウス・メービウス（1853-1907）．ドイツの精神医学者.

【参考文献】
佐藤達哉（編）2005　心理学史の新しいかたち　誠信書房

I-3

遺伝と環境

nature and nurture / heredity and environment

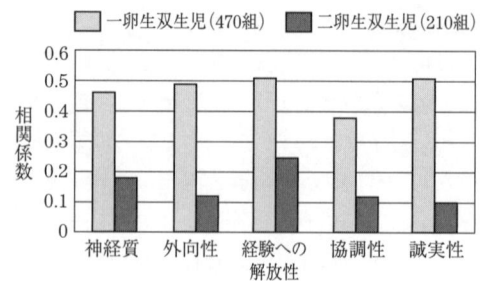

図3-1　ビッグ・ファイブの双生児相関[1]

遺伝子多型と行動の個人差

地球上にDNA（デオキシリボ核酸）[2]によって自らの情報を複製しながら伝達できる原始生命ができあがったのが今から約35億年前．それから現在までとぎれることなく生命情報は綿々と受けつがれ，途中に生じた**突然変異**の中で環境に適応したものが新たな個体変異や新たな種を生み出し，**進化**を遂げてきた．ヒトも地球上のあらゆる生物と同様に，このような進化の過程で生まれてきたものである．

DNAはアデニン（A），チミン（T），シトシン（C），グアニン（G）の4種類の塩基からなる鎖が2本，らせん状にからまったものであり，ヒトの場合は全部で30億の塩基対が23対46本の**染色体**の上に分かれて存在する．細胞核の中にあるDNAの一部は，一度**RNA**[3]に写し取られ，特定の3つの塩基の配列がある決まったアミノ酸の合成を指令する．アミノ酸は全部で23種類しかないが，それらがつながりあって数十万種類ものタンパク質を構成し，それらが特定の形に自己組織化して配置され，複雑な生命が形づくられるのである．

DNAの30億の塩基配列の中でタンパク質をコードしているいわゆる**遺伝子**（gene）の部分は全体のわずか5％程度とされ，およそ2万個あまりと推定されている．しかし最近になり，これまで無意味だと思われていたDNAの中にもRNAに転写されて何らかの機能を有していると考えられる部分が全体の70％にも及ぶとの報告があり（RNA新大陸[4]），遺伝子の働きのダイナミズムがこれまで考えられていた以上に複雑であることが示唆されつつある．

チンパンジーとヒトとのDNA配列は98.7％等しく，異なる

1) Shikishima, C., Ando, J., Ono, Y., Toda, T., & Yoshimura, K. (in press) Registry of Adolescent and Young Adult Twins in the Tokyo Area. *Twin Research and Human Genetics*.

2) 地球上のすべての生物において，遺伝情報を担う高分子生体物質．

3) リボ核酸の略．一般に，遺伝子情報をコードするDNAと蛋白質の仲介者として働く．

4) Claverie, J. M. 2005 Fewer Genes, More Noncoding RNA. *Science*, 2, 309, 5740, 1529-1530.

人どうしのDNA配列は99.9％までが等しい．その意味ではヒトは他の個体をふくむあらゆる生命と遺伝子を介して共通性をもつ．しかし一方で違いのある0.1％（約300万）の塩基の違いは，それがDNAの意味のある配列の中にあった場合，その１つが異なっても異なる機能をもつ可能性がある．遺伝子レベルで見ると生命として，ヒトとして圧倒的に共通な部分を「地」として，個体性が「図」のように埋め込まれているのである．遺伝子の３分の１から半分は脳の機能に関わるといわれるが，行動の違いの源に，こうした遺伝的多型があると仮定することは道理にかなうものである．

ここで遺伝子の違いが行動の違いと関連しているか，しているとすればどの程度か，またどのようにか，さらに遺伝要因を統制することで環境の影響がどの程度，どのように機能しているのかを問うのが**行動遺伝学**（behavioral genetics）である．

行動遺伝学と双生児法

マウスのような実験動物では，特定の遺伝子を組み込んだり（トランスジェニック・マウス），逆に特定の遺伝子を壊したり（ノックアウト・マウス）して，遺伝子の行動に及ぼす機能を解明することができる．しかしそのようなことが倫理的に許されない人間の場合，どのようにして遺伝子の機能を明らかにできるだろうか．

そのための方法のひとつが**双生児法**（twin method）である．双生児には一卵性と二卵性の２種類がある．一卵性は１つの受精卵（母親の卵に父親の精子が結合したもの）が２つに分かれたもので遺伝的には100％等しいのに対し，二卵性は２つの受精卵が同時に育ったもので，遺伝的にはふつうのきょうだいと同じく50％の遺伝子を共有する．このように一卵性双生児は遺伝的には二卵性よりも２倍類似性が高いが，環境の類似性はいずれの卵性でも機能的にほぼ等しいことが仮定できる．このとき一卵性の行動の特徴が，二卵性より類似していれば，そこには遺伝的影響があると推定できる．

パーソナリティ特性を表す**ビッグ・ファイブ**[5]（Big Five）の双生児相関を見ると，５つのパーソナリティ次元のいずれ

[5] V-37, p.157参照．

をとっても一卵性の類似性が二卵性を上回り，遺伝の影響があることが示唆される．遺伝の影響の大きさは**遺伝率**（heritability）で表され，**表現型**（phenotype）の分散に占める**遺伝子型**（genotype）の分散の比率として定義される．パーソナリティ特性については，いずれも30-50％の遺伝率を示す．

山形ら[6]は日本，カナダ，ドイツの双生児のビッグ・ファイブの測度であるNEO-PI-R（Costa, P. Jr. & McCrae, R. R.）をつくる30の下位尺度得点について多変量遺伝因子分析を行い，5因子の遺伝構造に文化を越えた相同性があることを示した．この5因子はさらに少数の因子から構成される可能性も示唆されている[7]．

こうしたパーソナリティの遺伝構造を支える関連遺伝子の探求も盛んに行われている．1996年にアメリカのベンジャミン（Benjamin, J.）とイスラエルのエプスタイン（Ebstein, R. P.）はドーパミン受容体遺伝子DRD4の多型のうち，そのある部分の塩基の繰り返し配列の数が7回ある人が，それ以外の数のヒトよりも新奇性追求が高いことを相次いで発見した．その後，DRD4以外にも，DRD2，DATと新奇性追求との関連，セロトニン伝達遺伝子5HTTと不安との関連などが指摘されているが，確実な成果を得るには至っていない[8]．パーソナリティのような複雑な形質は，単一あるいは少数の遺伝子の機能だけで単純に伝達するものとは考えにくい．そのため進化心理学者のトゥービーとコスミデス（Tooby, J. & Cosmides, L.）[9]は，パーソナリティの遺伝は偶然の産物であり，進化的な意味をもたないと唱える．しかし認知能力に単一の一般因子が遺伝的に見出されるのと対照的に，複数の比較的安定した少数の遺伝因子がパーソナリティには見出されることは，そこに何らかの生物学的，進化的メカニズムが想定される．またうつ傾向にはうつ独自の遺伝要因を仮定するよりも，損害回避など一般的なパーソナリティ特性の遺伝要因がその個人に特有の環境（**非共有環境**）によって引き起こされることが示されている．こうした研究からも，遺伝要因があることが，それに対応する単一の遺伝子の存在を意味するわけではないことが理解できるであろう．

6) Yamagata S. et al. 2006 Is the genetic structure of human personality universal? A cross-cultural twin study from North America, Europe, and Asia. *Journal of Personality and Social Psychology*, 90 (6), 987-998.

7) Jang, K. L. et al. 2006 Behavioral genetics of the higher-order factors of the Big Five. *Personality & Individual Differences*, 41, 261-272.

8) Kluger, A. N. et al. 2002 A meta-analysis of the association between DRD4 polymorphism and novelty seeking. *Molecular Psychiatry*, 7, 712-717.

Munafo, M. R. et al. 2005 Does measurement instrument moderate the association between the serotonin transporter gene and anxiety-related personality traits? A meta-analysis. *Molecular Psychiatry*, 10 (4), 415-419.

Schinka, J. A. et al. 2004 A meta-analysis of the association between the serotonin transporter gene polymorphism (5-HTTLPR) and trait anxiety. *Molecular Psychiatry*, 9

共有環境と非共有環境

双生児法を用いた行動遺伝研究は，パーソナリティに及ぼす遺伝要因のみならず，環境要因についても洞察を与えてくれる．

パーソナリティの形成に親の行動を模倣したりモデリングすることによって生まれる学習要因が関与しているのだろうか．これまでの数多くの研究から，同じ親で育てられたことにより，あるいは共に生活したことにより，遺伝ではなく環境によって行動が類似する効果はほとんどないことが示されている．**共有環境**よりも重要性の高いのは 1 人ひとりに固有な環境からの影響，すなわち非共有環境である．このことはパーソナリティの形成に関わる環境要因を明らかにするためには，同じ家庭のなかでも 1 人ひとりに固有に与えられる側面に着目すべきことを示唆する．

また遺伝要因は環境条件が異なれば異なった表れ方をするという遺伝と環境の交互作用に関わることも見逃すことはできない．たとえば女性のアルコール消費量は結婚前の方が結婚後より遺伝率が高い．また禁欲の程度への遺伝の影響は，社会的規律の厳しい地方，あるいは戒律の厳しい宗教のもとで育った場合より，都会や自由な雰囲気の宗教での方が大きいという報告もある．

反社会的な行動に及ぼす虐待経験の効果は，MAOA遺伝子[10]の型の違いによって変化することも示された[11]．この結果はまだ十分な追試がなされていない．

このようにパーソナリティの形成要因を考えるとき，あらためて遺伝要因と環境要因の両方に常に配慮し，どちらか一方のみを強調しすぎて他方を無視することのないように注意する必要性があることが分かる． 〔安藤寿康〕

(2), 197-202.

9) Tooby, J. & Cosmides, L. 1990 On the universality of human nature and the uniqueness of the individual: The role of genetics and adaptation.*Journal of Personality*, 58, 17-67.

10) ニュージーランドの 3 歳から26歳までの1000人以上の調査により，脳神経伝達物質を代謝する酵素「MAOA」の遺伝子タイプが不活性型では虐待が反社会的行動につながりやすく，活性型は虐待の影響が表れにくいという結果が発表された．

11) Caspi, A., McClay, J., Moffitt, T. E., Mill, J., Martin, J., Craig, I. W., Taylor, A., & Poulton, R. 2002 Role of genotype in the cycle of violence in maltreated children. *Science*, 297 (5582) , 851-854.

【参考文献】

安藤寿康 2000 心はどのように遺伝するか：双生児が語る新しい遺伝観 講談社ブルーバックス

プロミン, R.（安藤寿康・大木秀一訳）1994 遺伝と環境：人間行動遺伝学入門 培風館

リドレー, M.（中村桂子・斎藤隆央訳）2004 やわらかな遺伝子 紀伊國屋書店

I-4 暗黙のパーソナリティ観

implicit personality theory

暗黙のパーソナリティ観（implicit personality theory）とは，私たちが日常生活において他者を理解するときに暗黙のうちに依拠しているパーソナリティについての素朴な信念である．

暗黙のパーソナリティ観は，もともと**ブルーナー**（Bruner, J. S.）[1]とタジウリ（Taguiri, R.）によって提唱された概念で[2]，**クロンバック**（Cronbach, L. J.）[3]らも興味をもち研究をすすめた．

人は自分や他者にある特性を認めると，それに近いと思われる特性の存在も仮定しがちである．明るい人は愛想がいい，のような見方である．つまり，ある限定した場面で出会った他者の行動について，単なる行動の生起として理解するのではなく，その原因としてパーソナリティを仮定するのである．また，パーソナリティは単一行動を説明するわけではなく，さまざまな場所，さまざまな場面での行動についてある連関を仮定していくことになる．暗黙のパーソナリティというときのパーソナリティとは，**特性の共存在の仮定，特性の時空間を超えた存在の仮定**ということである．一方で暗黙とは，心理学のパーソナリティ理論がその内容を「明示」していることに対する「暗黙」であり，隠れた，明らかにされない，自分でも意識していない，というような意味である．

暗黙のパーソナリティ観の根源は，人間にはパーソナリティのような行動の原因となるものが個人内部にあると考えることそれ自体である．この考えを拡張すると以下のようになる．自分や他者の行動を状況規定性の強いものとして考えるのではなく，何らかの内的な原因（＝パーソナリティ）によ

1）ジェローム・セイモア・ブルーナー（1915-）．アメリカの心理学者．知覚と欲求の関連を示したニュールック心理学，教育改革，思考方略の研究，乳児発達研究に大いに貢献．さらにナラティブ・ターンの立役者でもある．

2) Bruner, J. and Taguiri, R. 1954 Person Perception. In G. Lindzey (Ed.), *Handbook of Social Psychology*, Vol.2, *Reading*, MA: Addison Wesley.

3）リー・ジョセフ・クロンバック（1916-2001）．アメリカの心理学者．テスト項目の信頼性の指標「クロンバックのアルファ」，適性処遇交互作用（ATI）の概念を提唱．

るものだと考え，パーソナリティを知ることによって将来の**行動予測**を行うことができる．

　暗黙のパーソナリティ観はもともと**対人知覚**（person perception）の枠組みとして提唱されたものである．なお person perception の訳は対人知覚のほか**対人認知**があり，この方が一般的である．そこで以下では対人認知を用いる．林[4]は**対人認知の基本三次元**として「親しみやすさ」，「活動性」，「社会的望ましさ」を考えており，同様の尺度を用いた研究ではこの三次元が繰り返し確認されている[5]．

　対人認知の基本次元を取り出そうという試みとは別に，個人の対人認知の多様性を検討する研究も存在する．ケリー（Kelly, G.）の**パーソナル・コンストラクト**（個人的構成体）[6]やビエリ（Bieri, J.）の**認知的複雑性**である[7]．ケリーは人々を科学者であると見なし，人々は他者についてのとらえ方（対人認知）について仮説をたて検証をする存在であるとした．また，そのときのとらえ方についても，さまざまな概念を用いるとしたのである．したがって対人認知の内容は人によって異なることが前提となる．内容だけでなく複雑さ（単純さ）について最初に言及したのがビエリであった．

　認知的複雑性がない認知様式としては，**ステレオタイプ**（stereotype）的な対人認知がある．ステレオタイプ的認知とは，人のある特徴を他の特徴と強く関連づける見方であるが，**認知的倹約**という側面もある．アメリカのジャーナリスト，**リップマン**[8]はステレオタイプを「頭の中に描かれた像」であるとして，この現象への注目を喚起し，その後の研究を促した[9]．ステレオタイプ的認知の特徴は，パーソナリティ特性どうしの存在の仮定（共存在の仮定）のような場合もあるが，これは暗黙のパーソナリティ観と呼ぶべきであり，狭い意味でのステレオタイプ的認知とは，集団とその成員における紋切り型的な対人認知のことをさす場合が多い．集団Aに属している人は××であるというのが単純な意味での**集団ステレオタイプ**である．日本における男女の身長を例に出せば，平均身長の差は明らかに存在し，男性は女性より高い．しかし，Aさんは女性だから背が低い，というように

4) 林文俊　1978　対人認知構造の基本次元についての一考察　名古屋大学教育学部紀要（教育心理学科）25, 233-247.

5) 廣岡秀一・山中一英　1997　対人認知次元の構造的変化に関する縦断的研究　実験社会心理学研究, 37, 37-49. など.

6) Kelly, G. A. 1955 *The psychology of personal constructs.* New York: Norton.

7) Bieri, J. 1955 Cognitive complexity-simplicity and predictive behavior. *Journal of Abnormal and Social Psychology*, 51, 263-268.

8) リップマン（1889-1974）. p.7参照.

9) 有馬明恵・山本明　2003『ここがヘンだよ日本人』で描かれた日本人ステレオタイプの分析　メディア・コミュニケーション　53, 49-64.

集団と成員の関係にしてしまえば集団ステレオタイプとなる．女子バレーボール選手を思い浮かべるまでもなく，身長が高い女性は当然であるが存在するのである．また，こうした考えが社会で広く共有されている場合には**社会的ステレオタイプ**と呼ばれる[10]．社会的ステレオタイプが問題なのは，集団間に差異が存在するような社会的ステレオタイプである．多くの場合ある集団が望ましく，そうでないものは望ましくないとされる．これはステレオタイプの**偏見**化である．**オルポート**（Allport, G.）[11]は偏見の定義を「ある人に対して，その人がある集団に属しているもしくは集団の嫌な性質をもっていると仮定できるという理由だけでその人に向けられる嫌悪的態度や敵対的態度」だとしている[12]．

偏見は**差別**と結びつく．偏見が先か，差別が先か，という問題を解くことは難しい．アメリカで白人と黒人の間に偏見と差別が存在することはよく知られているが，日本や他の国でも同様のことは存在する．もしこういったことに思い当たらない日本人読者がいるならば，明示されにくい差別・偏見の方が問題の根深さを表していると指摘しておきたい．差別や偏見には長い時間的経緯があり，その原因を探るのは難しい場合が多い．

さて，心理学的には，偏見は事実の知覚もしくは想起を歪めることが知られている．同じくオルポートは電車内で白人と黒人が言い争っているような絵を見せた後，拳銃を持っていたのはどちらかと質問する研究を行った．どちらも銃は持っていなかったのであるが，黒人が銃を持っていたとする人が多かった．つまり，偏見が想起を歪めてしまっていたのだ．さらに問題なのは，このような知覚は間違っていると訂正されることが少ないから，結果として「黒人は銃を持っているから危険」という意見が正当化されてしまうということである．社会状況が差別を作り差別が偏見を生み，その偏見が差別を正当化するという現象であるといえる．

ステレオタイプが偏見化して差別となりつつある事象に「血液型と性格」の問題，いわゆる血液型性格判断がある．ABO式血液型と性格に関連があるとする考えは，1920年代

10) Tajfel, H. 1981 Social stereotypes and social groups. In J. Turner & H. Giles (Eds.), *Intergroup behaviour*. Oxford: Basil Blackwell, Pp.144-167.

11) ゴードン・オルポート（1897-1967）．p.3参照．

12) Allport, G. W. 1954 *The nature of prejudice*. Cambridge, MA: Addison-Wesley.〔原谷達夫・野村昭（訳）1968 偏見の心理 培風館〕

(an aversive or hostile attitude toward a person who belongs to a group, simply because he belongs to that group, and is therefore presumed to have the objectionable qualities ascribed to the group.)

後半（昭和の初期）に古川竹二によって提唱された**血液型気質相関説**という学問的仮説である[13]．だが，彼の考えは検証論文が約300も刊行された結果，否定されてしまった．それぞれの研究に一貫する傾向が見出せなかったのである．ところが，1970年代に作家・能見正比古によって復活させられた．能見による主張は研究論文や研究書の形をとっておらず，厳密な意味での科学的知識としての正当性はない．だが，日本において血液型性格判断は多くの人の心をとらえ，パーソナリティに関する一般常識的理論として受け入れられている．

ところが，血液型と性格に関係を認めない立場から見ると，これは典型的なステレオタイプであり偏見であるといえる．特に問題なのは，ABO式血液型の人口比である．その比率はおよそＡ：Ｂ：Ｏ：ＡＢ＝４：２：３：１であり，最大集団のＡ型が人口の４割であるのに対し，最小集団のＡＢ型は１割しかないのである．そしていくつかの研究によれば，相対的な小集団であるＢ型とＡＢ型に対するパーソナリティ評価が否定的なものになりつつある．この事象を佐藤[14]は**ブラッドタイプ・ハラスメント**（ブラハラ）と命名した．ABO式血液型はランドシュタイナー（Landsteiner, K.）によって発見されたのが1901年のことであり，これによって輸血が可能になるなど大きな意味があった．しかし，血液型とパーソナリティを関連させるのは日本だけである（最近は韓国でも流行している）．血液型占いという語が示すように，相性の行方を占うという程度の用いられ方しかしていないという見方もあるが，血液型の人口比に基づく少数者差別の様相をもっていることを忘れてはならない．ある種の科学をよそおった**迷信**が，新しい差別を創り出す過程にあるのかもしれない[15]．
〔サトウタツヤ〕

13）古川竹二　1927　血液型による気質の研究　心理学研究　2, 22-44.

14）佐藤達哉　1994　ブラッドタイプ・ハラスメント　詫摩武俊・佐藤達哉（編）血液型と性格：その史的展開と現代の問題点　現代のエスプリ324号，至文堂

15）渡邊芳之　2005　血液型と性格　サトウタツヤ・渡邊芳之　モード性格論　紀伊國屋書店．も参照．

【参考文献】
山本真理子・外山みどり・池上知子・遠藤由美・北村英哉・宮本聡介・小森公明（編）社会的認知ハンドブック　北大路書房

I-5 ジェンダーとパーソナリティ

gender and personarity

ジェンダー（gender）とは，性染色体や生殖器の差異に基づく生物学的性（sex）に対して，男らしさ／女らしさや性別役割分業など社会的・文化的性をさす．

一般に人が自分を男あるいは女として認識する性的な自己認知を**性同一性**（gender identity）というが，それが態度や行動，パーソナリティとして表出されたもの，または表出される可能性があるものを**性役割**（gender role）[1]といい，男性性／女性性もこれに含まれる．

男性性（masculinity）／**女性性**（femininity）について，パーソンズ（Parsons, T.）は家族社会学の立場から，家族の機能における父親と母親の役割に対応させて，男性性を手段―目標からなる課題追求的，目標指向的な**道具的**（instrumental）役割，女性性を良好な人間関係の維持とその満足に向けられた**表出的**（expressive）役割と定義した．また，ベイカン（Bakan, D.）は，自我心理学の立場から，男性性を自己およびその人自身の目標への関心（agency；**作動性**），女性性を他者との関係における自己への関心（communion；**共同性**）としてとらえた．

男性性と女性性をどのような関係と見るか，かつては**ターマン**（Terman, L. M.）[2]とマイルズ（Miles, C. C.）の**性度尺度**に代表されるように，男性性と女性性を対極として見る1次元モデルから，近年では男性性と女性性を独立した次元としてとらえる2次元モデルがベム（Bem, S. L.）によって提出され[3]，その結果，伝統的なM型，F型に比べ，男性性と女性性を併せもつ**アンドロジニー**（androgyny；**心理的両性具有性**）が適応において優れていると言われるようになっ

---

[1] 性同一性は3つの要素から構成されており，2歳前後に見られる性別認知の基本である中核性同一性，これを核にして習得される性役割，性的な興味や関心の対象が異性，同性あるいは両性のいずれに向いているかという性的指向性からなる．これら3つの要素は基本的に独立であり，そのことは性同一性障害（V-39 参照）がよく示している．

[2] ルイス・マティソン・ターマン（1877-1956）．アメリカの心理学者．スタンフォード＝ビネー検査を作成し，知能指数（IQ）を実用化．知的優秀児の大規模な追跡研究を行った．

[3] Bem, S. L. 1974 The measurement of psychological androgyny. *Journal of Consulting and Clinical Psychology*, 42, 155-162.

た．

　一方，子どもがどのように性役割を身につけ発達させていくかについては，大別すると社会的要因を重視した社会的学習理論（Bandura, A.）[4]と認知的要因を重視した認知発達理論（Kohlberg, L.）[5]，ジェンダー・スキーマ理論（Bem, S. L.）[6]がある．

　社会的学習理論（social learning theory）では，子どもを取りまく人的・物的環境が性役割の発達に直接的な影響を及ぼすと考える．その際，行動は**強化**（reinforcement）と**モデリング**（modeling）という2つの方法によって獲得される．すなわち，子どもは**ステレオタイプ**（stereotype）に一致する行動に対して強化を受け，一致しない行動に対して罰を受ける．また，子どもは同性モデルには優先的に注意を払い，観察し，模倣する．それはそのことによってより望ましい結果を生み出すと期待されるからである．

　これに対して**認知発達理論**（cognitive developmental theory）は，子どもの認知能力の発達に基礎をおく．第1段階は，子どもが自分を男女どちらの性に属するかを識別し，自己の性を正しくラベル付けすることで**性同一性**を獲得する．第2段階では，男女という性別が普遍的なラベルであることを理解するようになり，周囲のものを「女の子のもの／男の子のもの」として分類し，自分のジェンダーに適切とされる玩具や遊びを自ら積極的に取り入れて，自己強化をはかる．そして第3段階は，**性の恒常性**（gender constancy）の獲得で，時間が経過しても，場面が変わっても性別は変わらないということを理解する．そしてこれらの段階を経て安定したジェンダー概念が確立される．

　この他，**ジェンダー・スキーマ理論**（gender schema theory）は，さまざまな刺激情報の中から，特にジェンダーに関連した情報に注意を向け，記憶し，構造化するための情報処理の枠組みをジェンダー・スキーマといい，それが強く働くことで自己概念や行動はさらにジェンダー化されていくという．ジェンダー・スキーマの発達は子どもの認知能力に大きく依存するが，同時に子どもを取りまく環境からのジェン

4) Bandura, A. 1977 *Social learning theory*. Prentice-Hall.

5) コールバーグ, L. 1979 子供は性別役割をどのように認知し発達させるか　マッコビー, E. E.（編）青木やよい他（訳）性差　家政教育社　Pp.131-253.

6) Bem, S. L. 1981 Gender schema theory: A cognitive account of sex typing. *Psychological Review*, 88, 354-364.

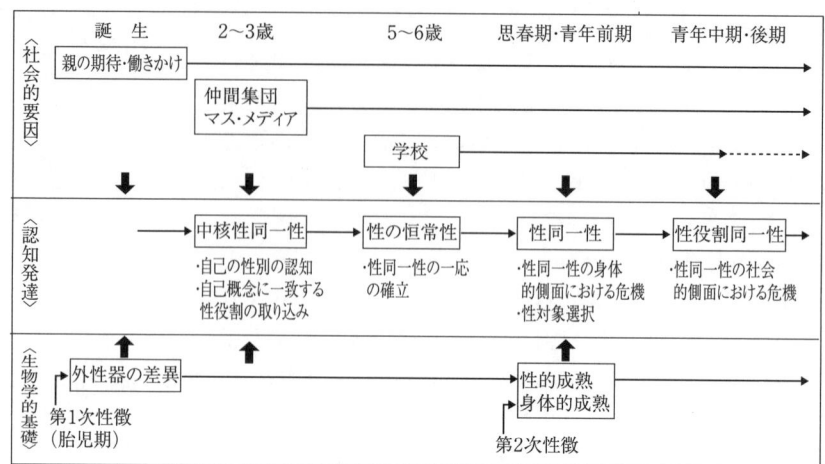

図5-1 性役割の発達／性同一性の形成過程（伊藤, 2000）[7]

ダー化の圧力によっても強く影響を受ける．

　このように性役割の発達に対する考え方には，子どもの認知能力に基礎をおくか，社会的強化やモデリングという学習を重視するかという違いがあるが，実際には子どもの認知発達と社会的学習は相互作用しながら進む．性役割の発達過程（性同一性の形成過程）は，図5-1に示すように，生物学的基礎をもとに3つの要因が絡みあって進むと考えられる[7]．

　実際，日常ではパーソナリティに性差が観察されることが多いが，その原因を遺伝子やホルモン分泌というような生物学的性差に求めたり，親のしつけや学校教育，メディアなど**社会化**（socialization）要因にだけ求めたりすることには無理がある．

　子どもの遊びを観察すると，かなり早い段階から同性仲間への好みが見られる．それは男の子と女の子で好む玩具や遊びが異なるからで，1歳半前後で男の子は車やトラックなど動くものに興味を示し，女の子は人形などかわいいものに興味を示す[8]．こうした玩具の好みや遊びのスタイルの違いから，3歳前後には男の子と女の子で遊び仲間の性別による分離が見られるようになり，こうした分離がますますジェンダー特有の文化を生み出していく[9]．

　それは児童期・青年期を通じ，仲間関係における社会的相

7) 伊藤裕子　2000　思春期・青年期のジェンダー　伊藤裕子（編）ジェンダーの発達心理学　ミネルヴァ書房　Pp.30-51.

8) アンガー, R. K. （編）森永康子他（訳）2004　女性とジェンダーの心理学ハンドブック　北大路書房　Pp. 137-156.

9) Maccoby, E. E. 1998 *The two sexes*. Belknap Press of Harvard University Press.

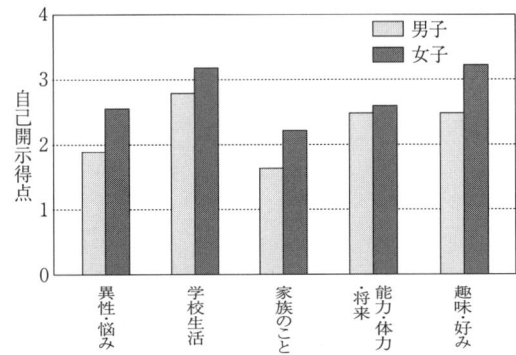

図5-2 中学生の友人への自己開示の性差
(渋谷・伊藤, 2004[13]より作成)

互作用を通してさらに明確になっていく．児童期も後半になると，男子はスポーツやゲームを通して友人を共に遊ぶ仲間と位置づけ，一方，女子は少数の相手と親密な関係をもち，共通の話題によって話すこと自体を楽しむようになる[10]．

さらに親からの**分離・個体化**を遂げる青年期には，友人は心理的安定化には欠かせない存在となるが，その安定化をもたらす源泉には男子と女子で異なる側面がある．男子ではスポーツや趣味を通じて共に活動し，それに関する情報を交換しあうことで，一方，女子では悩みを打ち明けたり，互いに相手を必要とするような相互依存の関係から満足を得る[11]．そのため，図5-2に見るように，中学生の段階で**自己開示**[12] (self-disclosure) にはすでに大きな性差が見られるようになる[13]．

このように身体や外見の違いに基づいて自他の性別認知が生まれ，遊びの好みやスタイルの違いから性別による分離が始まり，その中でジェンダー特有の文化が生まれ，仲間間で相互に強化しあっていく．パーソナリティに性差が見られるとしたら，このようにさまざまな要因が複雑に絡みあって生み出されたものだといえよう． 〔伊藤裕子〕

10) 上瀬由美子 2000 友人関係 伊藤裕子 (編) ジェンダーの発達心理学 ミネルヴァ書房 Pp.140-161.

11) 伊藤裕子 2005 青年期の人間関係にみられるジェンダー差 教育と医学 (慶應義塾大学出版会), 623, 449-455.

12)「Ⅳ-30 自己開示」参照．

13) 渋谷郁子・伊藤裕子 2004 中学生の自己開示：自己受容との関連で カウンセリング研究, 37, 250-259.

【参考文献】
青野篤子・森永康子・土肥伊都子 2004 ジェンダーの心理学 (改訂版) ミネルヴァ書房
伊藤裕子 (編) 2000 ジェンダーの発達心理学 ミネルヴァ書房

I-6
仕事とパーソナリティ
job and personality

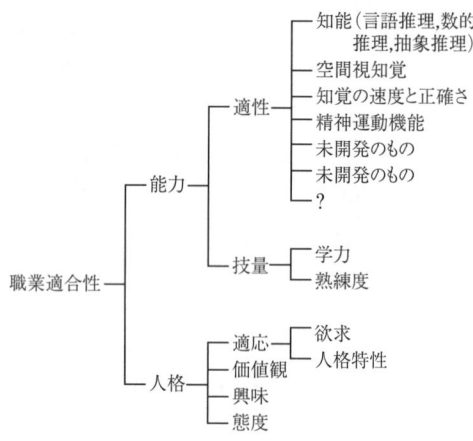

図6-1 スーパーの職業適合性の構造

仕事とパーソナリティ（job and personality）の関係をどのように考えるべきであろうか．**適性**（aptitude）は，仕事内容と人間との関係を表すものである．単純化した例を出せば，子どもが嫌いで，かつ，人に教えることが嫌いな人が，教職につくことは本人にとっても生徒にとっても不幸であろう．また，手先が不器用で物忘れが激しい外科医に手術を任せたいと思う人は少ないだろう．

こうした例をあげれば，仕事とパーソナリティの関係には３つの当事者があるということが分かる．まず，ある仕事に就きたい人である．次に人を雇う側の人である．そして最後に仕事を供給されることになる人である．たとえば教師を目指す学生，教師を採用する学校，教師に教わる児童・学生であり，このような３つの当事者の視点は他の職業でも大なり小なりあてはまる．

職業には，物作りや事務のようなものだけではなく，人と接することが仕事の中に本質的に含まれている職業（対人関係職）があり，適性のない人が対人関係職につくのであれば，そのサービスを受ける人にとって望ましくない事態となる．もちろん当人にとっても問題であり，いわゆる**燃え尽き症候群**（burnout syndrome）は対人関係職に多いとされている．

対人関係職（human service professions）に燃え尽き症候群が起きやすいとしたのはフロイデンバーガー（Freudenberger, H.）[1]であり，マスラック（Maslach, C.）[2]によれば，燃え尽き症候群とは「極度の身体疲労と感情の枯渇を示す症

1) Freudenberger, H. J. 1974 Staff burnout. *Journal of Social Issues*, 30, 159-165.

2) Maslach, C. 1976 Burned out. *Human Behavior*, 5, 9, 16-22.

候群」である．こうした指摘もあって，教職や医療職への従事者には，単なる知識や技術だけではない広い意味での適性が重要であると考えられるに至っている．特に日本の医療職は本人の希望や適性より成績によって振り分けられる傾向が強かったため，それを是正する動きが出始めている．

では適性とは何か．職業心理学の分野で名高いスーパー（Super, D. E.）は**職業適合性**（vocational fitness）という概念を用い，それは「能力（ability）」，「人格」の構成要素に分けられるとした．さらに「能力」は「適性（aptitude）」と「技量（proficiency）」に，また「人格」は「適応」，「価値観」，「興味」，「態度」に分けられる（図6-1）．こうして細分化された概念について，測定項目を用いて検査するのが**適性検査**ということになる．ただし，スーパーは職業適合性によって「個人と進路先との**マッチングモデル**」を目指していたのではなく，"個々に応じた**キャリア発達モデル**"を構想していたことには注意を要する[3]．

なお，適性はもともと**関係的概念**であるにもかかわらず，心理学的測定は本質的に関係を扱えない．職業心理学の分野では，こうした矛盾はあまり顧みられず，測定結果としての数値を重視する傾向がある．測定可能であることを前提とし，標準的なデータを得ることによって検査は構成される．そして，個人に対してその測定を施行して，あらかじめ取ってあった標準的データとの比較によって個人の能力を推定するのである．したがって，心理学の検査や研究では職業に就く前のパーソナリティと仕事の関係しか分からないことが多い．その意味で，心理学的適性検査は**個体主義的**かつ過去志向的であろう．何より，適性検査的な考え方の偏重は，職業と人をあわせれば良いというマッチングモデルに陥りがちであり，これは使用者側の視点である．職業によって人が育つキャリア発達モデルを取り入れた検査は難しいから，どうしても単純な方式になってしまう．

職業がパーソナリティに与える影響に関しては（心理学というよりは）社会学的研究によって関心がもたれている．たとえばコーン（Kohn, M.）ら[4]は知的柔軟性，（オリエンテ

3）仙﨑武　2001　わが国の進路指導及び相談研究への D. E. スーパーの貢献　文教大学教育研究所紀要　10，63-68．

4）Kohn, M. L. & Schooler, C. 1983 *Work and personality: An inquiry into the impact of social stratification*. New Jersey: Ablex Publishing Co.

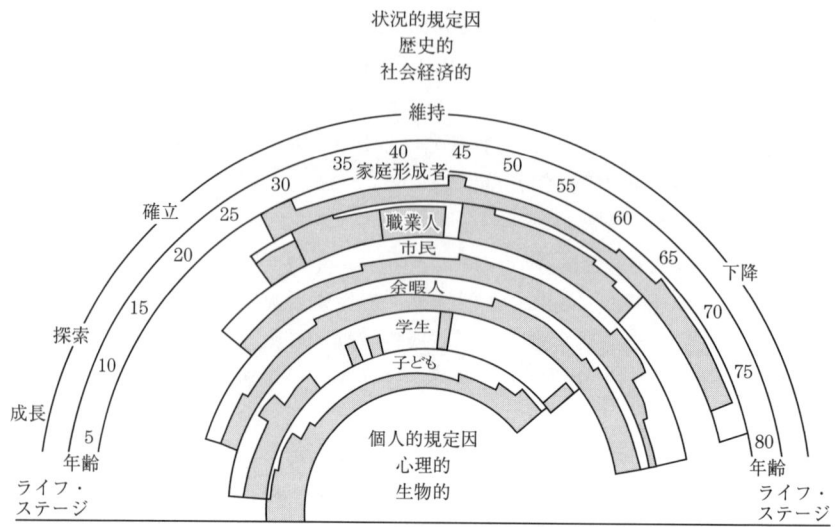

図6-2 ライフ・キャリアの虹 (Super, 1980)[6]

ーションの) 自己統制性, 幸福感をパーソナリティの指標としてとらえ, 職務に対する学習などを通じて, これらのパーソナリティ変数が変化していくと考えている.

さて**キャリア**とは, 狭い意味では経歴・職歴 (の積み重ね) を表す語であるが, スーパーら[5]のキャリア発達理論によれば, 個人のキャリアとは個人の自己概念の表現である. キャリアを自分らしい生き方と同義に見る見方ともつながる (図6-2). アジア系の人々は「子どもの職業的達成は家の名誉」のような考え方があるが[7], これは個人志向のキャリア概念と対立する考え方である. なお, 個人志向のキャリア概念は, 転職ということが前提となりやすいが, これはアメリカの職業事情を反映したものであろう.

職業を変えつつ個人的自己概念としてのキャリアが発達していくことを示すにはどういう理論が良いだろうか. おそらく複線性を担保した理論ではないかと思われる. これまでの多くの理論は, 心理学的研究も社会学的研究もいずれも単線的であった. しかし, 現在はある時点で1つの職について人生を終えるということは少ない. ある職業から他の職業へ移ったり, 心ならずも失業を経験することもあるだろう. こう

5) Super, D. E., Starishevsky, R., Matlin, N., & Jordaan, J. P. (Eds.) 1963 *Career development: Self-concept theory.* New York: College Entrance Examination Board.

6) Super, D. E. 1980 A life-span: Life space approach to career development. *Journal of Vocational Behavior*, 13, 282-298.

7) Ying, Y.-W., Coombs, M., & Lee, P. E. 1999 Family intergenerational relationship of Asian American adolescents. *Cultural Diversity and Ethnic Minority Psychology*, 5, 350-363.

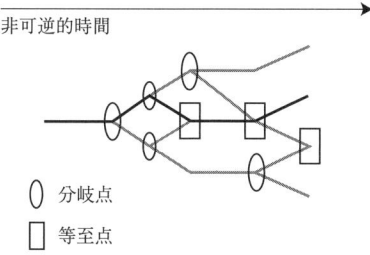

図6-3 複線径路・等至性モデル（Valsiner, 2001, p.62 より）

した経緯の変化は定量的研究でとらえることが難しいし，多くの発達心理学や社会化の理論が前提としている単線型発達・単線型社会化の理論ではとらえがたい．その意味で文化心理学者，ヴァルシナー（Valsiner, J.）らが提唱した**複線径路・等至性モデル**（trajectory equifinality model）（図6-3）のような模式化[8]を通じて，キャリア発達研究を推進することが望まれる．

最後に**タイプA**[9]について説明しておこう．アメリカの心臓専門医フリードマン（Friedman, M.）とローゼンマン（Rosenman, R.）[10]は，ある種の行動パターンが心臓疾患を引き起こしやすいことを明らかにし，そうした行動パターンをタイプAと呼んだ．この行動パターンは，野心的，精力的，何事に対しても挑戦的で出世欲が強い，と表現される．そして，こうした人が職業に就いた場合には多くの仕事に巻き込まれがちで，ストレスの多い生活にさらされる．もっとも，本人はストレスを自覚することが少ないので，こうした生活が止まることはない．結果として狭心症や心筋梗塞などの心臓疾患になりやすいのである．この行動パターンと逆を示す人のことを**タイプB**と呼ぶ．

以上，本稿では仕事や職業について中心に述べたが，仕事のなかには家事や介護についても含めて考察するのが最近の傾向であることを付記する． 〔サトウタツヤ〕

8) サトウタツヤ・安田裕子・木戸彩恵・高田沙織・ヤーン=ヴァルシナー 2006 複線径路・等至性モデル 人生径路の多様性を描く質的心理学の新しい方法論を目指して 質的心理学研究 5, 255-275.

9) タイプAについては，Ⅱ-10参照．

10) Friedman, M. & Rosenman, R.H. 1959 Association of a specific overt behavior pattern with increases in blood cholesterol, blood clotting time, incidence of arcus senilis and clinical coronary artery disease. *Journal of the American Medical Association*, 169, 1286-1296.

【参考文献】
宗方比佐子・渡辺直登（編著）キャリア発達の心理学：仕事・組織・生涯発達 川島書店

I-7 文化とパーソナリティ
culture and personality

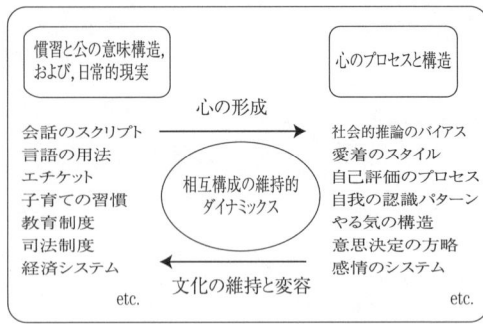

図7-1 文化心理学の考え方：「文化の慣習と意味構造」と「心のプロセスと構造」の相互構成的関係（北山，1998より）[1]

文化とパーソナリティの関係に対する関心が高まっている．古くはフロイト（Freud, S.）の影響を受けて，離乳やトイレット・トレーニングのあり方と成人のパーソナリティの関係が大いに検討された時期があった．しかし，時代は，特徴を同定し列挙する記述よりは心理過程を解明することを望むようになり，記述中心の比較文化研究にかわって，人と社会構造と文化的信念が影響を及ぼしあうその過程を明らかにしようとする文化心理学が勢いを増している．

従来，文化は，植物を育む土壌のように，パーソナリティを形づくる基となるものと考えられていた．つまり，文化からパーソナリティへの一方向的影響が仮定され，文化のタイプとそこで見られるパーソナリティのタイプを記述しようとしたのである．たとえば，狩猟文化圏においては人は概して自主独立的で攻撃的であり，対照的に農耕文化圏においては相互協力的で自己主張よりも集団の和を重んじる性格が形づくられる，というとらえ方がその例としてあげられよう．

各文化におけるパーソナリティの違いは欧米 対 アジアという大きなまとまりで論じられるだけではない．それを国のレベルで論じると国民性といい，日本国内の県の単位で論じるときには県民性と呼ぶ．米国では，南部において北部よりも伝統的に名誉を重んじる文化が発達しており[3]，人々は他者からの屈辱に対して敏感な反応を示しより攻撃的で，こんにちなお，懲戒や懲罰のための銃や暴力の使用に対して寛大だという違いがある[4]．

1) 北山忍 1998 自己と感情－文化心理学による問いかけ 共立出版

2) シグムント・フロイト (1856-1939). チェコスロバキア生まれ．幼時にウィーンに移住し，1938年ナチスから逃れるためロンドンに亡命．精神分析学の創始者．神経症，特にヒステリー患者の治療を行い，無意識の過程を重視する精神分析と人格発達の理論を提唱．

3) Nisbett, R. E. 1993 Violence and US regional culture. *American Psychologist*, 48, 441-449.

4) Cohen, D. 1996 Law, social policy and violence: The impact of regional cultures. *Journal of Personality and Social Psychology*, 70, 961-978.

近年の文化心理学は，このような記述的な比較文化研究と一線を画し，社会・文化とパーソナリティ形成の間に双方向的影響の及ぼしあいがあると考える（図7-1）．すなわち，人が何に動機づけられ，価値をおき，どのように行動し，感じるかは，ある社会構造の中で人が引き受ける**役割**（role）によって規定される．たとえば，権力を握る他者に対して進んで自らを従者として位置づける**権威主義的傾向**（authoritarian attitude）は，実際に権力を握るものが他者を自由に動かせる裁量を認められている社会構造と関係があるだろう．仮に社会構造としてそのようなことが認められていなければ，他者にへつらうことの効果はないから，へつらいに対する動機づけも行動も生じないことになる．このような意味において，文化は人に対して影響を及ぼす．

　では逆に，人が社会や文化を規定するというのはどのようなことをいうのであろう．人は既存のある構造をもった社会・文化の中に常に「後から参入する者」として誕生し，そこで社会化を受け人格が形成されるのだとすれば，文化が個人に影響することを理解するのは容易であるが，その逆方向は理解しがたいように思われる．実際，文化心理学が双方向の影響の解明をかかげつつも，それを実現した研究はそう多くないように見える．しかし，いわゆるフェミニスト思想が教育の中に浸透することによって，男女の信念や動機づけがよりフェミニスト思想の描く理想形に近づいたものとなり，それに沿うように，文化・社会のあり方が変化したことはひとつの例かもしれない．たとえば，「男子厨房に入らず」から「男の料理」へ，being の女性から doing の女性へと性役割に対する考え方あるいは理想形としての生き方が移り変わり，男性が生活を楽しみ幼い者への慈しみを具体的に表し，女性が社会に進出し公的な責任のある地位に挑戦し引き受けるようになった．そして男性が女性的特徴とされてきた人格特性を，また女性の中に指導力や判断力など男性的特徴とされてきた人格特性を，それぞれ身につける人たちが登場し，教育のあり方や勤務制度，公的支援制度あるいは社会のサービスのあり方(例：保育所やスーパーマーケットの閉店時間）

などがそれに対応できるように変わってきた．これは人が社会・文化構造に変化をもたらしたことの一例であろう．

　文化によって，人々のパーソナリティが実際に異なるか否かという問題の他に，文化がパーソナリティの観察・理解の枠組みを提供するという側面を考えることも重要である．人の行動は多分にあいまいで多義的である．たとえば，授業中あてられたとき以外は発言しない学生がいて，他方，授業中自分が理解できなければすぐに質問をする学生がいたとしよう．このような行動は，学生のどのようなパーソナリティを表しているとあなたは考えるだろうか．日本では，前者の学生を「授業を妨害しないよい学生」，後者を「自己中心的な学生」と理解する傾向があるだろう．しかし，米国では逆に，前者のような学生に対して，「消極的」「授業に貢献しない自己中心的な学生」と，対照的な意味づけをする可能性がある．実際，帰国子女が日本に帰国して学校でしばしば遭遇しがちなのは，このような意味体系の相違から生じるトラブルである[5]．つまり，パーソナリティが突然変容するわけではなく，ある人の行動や態度が同じでも，文化によってそこに与えられる意味が異なることから摩擦が生じるのである．

　マーカス（Markus, H.）と北山[6]は，文化によって優勢な自己観・人間観が異なり，それによって，感情や動機づけなどさまざまな心的機制が異なるという主張を展開した．彼らを先鋒とする研究グループは，北米文化圏では人は基本的に自律的で屹立した個人として存在するという**相互独立的自己観**をかかげそれを前提に社会を構成するが，アジア文化圏では人は基本的に独立ではなく相互に連りあうものと考えている（図7-2）．この図式に従えば，相互独立的自己観が優勢な文化においては，個々人はもっぱら自分の意思や動機づけに基づいてある行為をするかどうかを決定することになる．これに対して，日本など**相互協調的自己観**が優勢な文化においては，自分自身の欲求よりも他者からそうすることが求められているかどうかが相対的に重要である．それゆえ，たとえば，医者になってほしいと親が期待するから勉強して医学部に入り，親の願いを叶えたということが自分に強い満足をも

5）箕浦康子　1990　文化のなかの子ども　東京大学出版会 参照．

6）Markus, H. & Kitayama, S. 1991 Culture and the self: Implications for cognition, emotion, and motivation. *Psychological Review*, 98, 224-253.

たらすという具合に，行動，動機づけや感情が影響される．

これまで心理学の知見は，個人要因がどのような効果をもつかを検討し，人間一般にあてはまる原理を明らかにしている，と理解されてきた．たとえば，人には自分のことをよく思いたいという基本的動機としての**自己高揚動機**があり，自己認知や帰属はその影響を受ける．これを例に取り上げるなら，これは相互独立的自己観が優勢な文化においてのみあてはまることであり，相互協調的自己観が優勢な文化では自己高揚的な自己理解の仕方は普遍的でなく，かえって適応上妨害要因となる，と彼らは主張する．そして，事実，日本をはじめとするアジアでは，他者を基準とし自分はそれに比べると至らない点が多いと思うことによって傲慢でなくなり，限りなく自己向上に努めようとする傾向が生まれ，周囲との調和が促進されるという[7]．

もっとも，文化とパーソナリティの関係をこのように二分法で論じるのは単純化しすぎている，相違性ばかりを強調し共通性を過小評価している，あるいは文化は実体ではなく過程としてとらえるべきである，といったさまざまな批判も出されている．特に高度科学技術の進歩により，かつてなかった速さと広さで文化が入り交じるようになった現代においては，国の違いといったレベルでの文化に固有のパーソナリティが育つという視点でとらえるのではなく，社会環境としての文化とパーソナリティがいかに相互に影響しあうかという問いを立て，迫っていくことが求められるだろう．

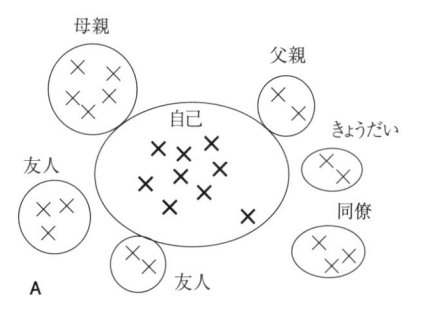

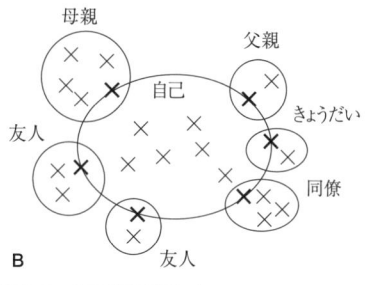

〔遠藤由美〕

図7-2 文化的自己観（Markus & Kitayama, 1991 より）[6]

（A）相互独立的自己観，（B）相互依存的自己観．相互依存的自己観は後に相互協調的自己観と改名された．前者は，たとえ親しい他者であっても，自己自身はそれ自体として成り立っている．それに対して，後者においては，自己はさまざまな他者とたとえば願望や考えなどを共有している．

[7] Heine, S. H., Lehman, D. R., Markus, H. R., & Kitayama, S. 1999 Is there a universal need for positive self-regard? *Psychological Review*, 106, 766-794.

【参考文献】

東洋　1994　日本人のしつけと教育　東京大学出版会

I-8
道徳性とパーソナリティ
morality and personality

表8-1　コールバーグの認知的な道徳性の
　　　　発達段階

第1水準：前慣習的水準
　段階1　罰と服従への指向
　段階2　道具主義的な相対主義
第2水準：慣習的水準
　段階3　対人的同調あるいは良い子指向
　段階4　法と秩序指向
第3水準：後慣習的水準
　段階5　社会契約的な法律指向
　段階6　普遍的な倫理的原理の指向

コールバーグ（Kohlberg, L.）[1]は初期の論文「道徳的人格（moral character）と道徳的イデオロギーの発達」を，次のような書き出しで始めている[2]．「幾世代ものあいだ，道徳性は社会的関係や社会性の発達を定義する中心的なカテゴリーであり，社会科学は『道徳科学』と呼ばれていた．20世紀初期の偉大な理論家たちも，道徳性を社会性の発達を理解するための重要な鍵であると考えていた．たとえば，マクドゥーガルは『社会心理学の基本的な問題は，社会による個々人の道徳的社会化（moralization）である』と述べている．またフロイトは『罪悪感が文化の発展におけるもっとも重要な問題である』と述べている．」

道徳的社会化という概念が登場してきた背景には，道徳性を外から教え込むものではなく，自主的・能動的に身につけていく発達過程であると主張されるようになったことと関連している．コールバーグは，3水準6段階からなる認知的な発達段階説を提唱した（表8-1）．

この発達段階説は，10歳以上の男性を対象とした研究から得られた「正義（justice）」を中核とするものである．一方，ギリガン（Gilligan, C.）は，女性は「配慮と責任（care and responsibility）」の道徳性を発達させると主張した[3]．

ケイガン（Kagan, J.）は，幼児の道徳性の発達について，気質との関連から次の発達段階を提唱している（表8-2）[4]．

禁止された行為の抑制や禁止された行動の認知的表象，違背に続く感情状態は，2歳の終わりまでには見られる．良い・悪いの概念は3歳のはじめに見られ，罪悪感の経験や社会的カテゴリーの意識は，4歳から6歳に見られる．公正，

1) ローレンス・コールバーグ（1927-87）．アメリカの心理学者．道徳的判断の背後にある認知的構造に焦点をあてて，発達段階説を提唱した．

2) Kohlberg, L. 1964 Development of moral character and moral ideology. In M.L. Hoffman & L. W. Hoffman (Eds.) *Review of Child Development Research*. Vol.1, New York: Russell Sage Foundation.

3) Gilligan, C. 1982 *In a different voice: Psychological theory and women's development*. Cambridge: University Press.〔岩男寿美子（監訳）1986　もうひとつの声：男女の道徳観の違いと女性のアイデンティティ　川島書店〕

4) Kagan, J. 2005 Human morality and temperament. In. G. Carlo & C. P. Edwards (Eds.) *Moral Motiva-*

表8-2　ケイガンの幼児の道徳性の発達段階

段階1：罰せられる行為を抑制できる
段階2：禁止された行動を表象できる
段階3：不確かさ（uncertainty），共感，恥，罪悪感という情動をもつ
段階4：良い・悪いといった意味的概念を獲得する
段階5：社会的カテゴリー（性別，宗教，民族意識，社会階級，国籍など）の道徳的義務を受け入れる
段階6：公正（fairness）と理想（ideal）の概念を理解する

理想，関連する社会的カテゴリーの概念は，学童期に見られる．そして，道徳的情動の強度と頻度におけるバラツキは，その子どもの気質によるとしている．

コチャンスカ（Kochanska, G.）らは，良心（conscience）は**道徳的情動**（罪悪感と共感的苦痛からなる）とルールに適合する行い（rule-compatible conduct; 母親の禁止と要請ならびに他の大人のルールの内面化）から構成されていると指摘した[5]．この良心の構造は安定しており，道徳的情動とルールに適合する行いとの首尾一貫性は年齢があがるにつれ増加することを明らかにしている．

道徳的アイデンティティという問題を20年以上にも前に論じたのは，ブラシ（Blasi, A.）である[6]．彼は，道徳的知識と実際の道徳的決定とを仲介するアイデンティティの役割について論じている．道徳的アイデンティティは道徳的行為に直接関係しており，両者の関係は責任の概念（自分の判断に従って行為すべきだという感覚）と高潔さ（integrity）を通して表される，という考え方である．最近では，道徳的コンピテンスは全体的なパーソナリティ体系に統合されるべきであること，道徳性をパーソナリティに統合することは，道徳性の本質的な特徴が日常普段の社会的交換の中で理解され，心理学的機能の通常の特徴であると理解されるべきであることなどを指摘している[7]．

ハート（Hart, D.）は，道徳的アイデンティティの形成モデルを提案し（図8-1）[8]，道徳的アイデンティティの形成には2つの層からなる5つの影響源があるとした．左端の層では，児童期や青年期において発達し基礎をなす持続的なパーソナリティと社会的特徴が想定されている．持続的なパーソナリティ特徴（同情と共感），その人の家族，文化，社会的

tion through the life span. Vol.51 of the *Nebraska Symposium on Motivation*. Lincoln: University of Nebraska Press. Pp.1-32.

5) Aksan, N. & Kochanska, G. 2005 Conscience in childhood: Old questions, new answers. *Developmental Psychology*, 4, 506-516.

6) Blasi, A. 1984 Moral identity: Its role in moral functioning. In J. Gewirtz & W. Kurtines (Eds.) *Morality, moral behavior, and moral development*. New York: John Wiley & Sons, Pp.128-139.

この10年後には，道徳的パーソナリティについて論じている．

Blasi, A. 1995 Moral understanding and the moral personality: The process of moral integration. In W. M. Kurtines & J. L. Gewirtz (Eds.) *Moral development: An introduction*. Boston: Allyn & Bacon, Pp.229-253.

7) Blasi, A. 2004 Moral functioning: Moral understanding and personality. In D.K. Lapsley & D. Narvaez (Eds.) *Moral development, self, and identity*. New Jersey: Lawrence Erlbaum Associates.

この他にも，ホーガ

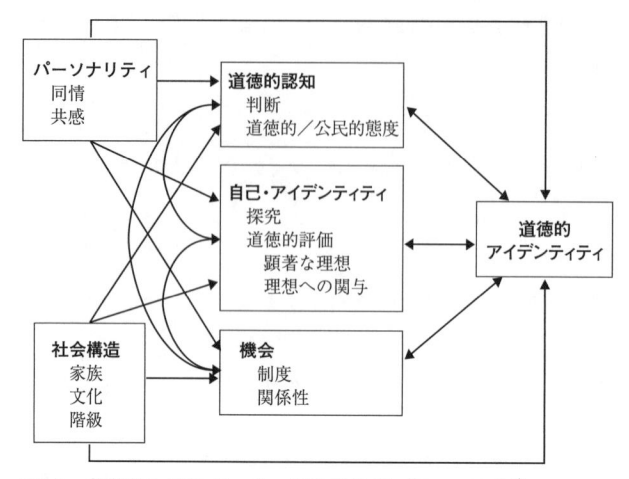

図8-1 道徳的アイデンティティの形成モデル（Hart, 2005）[8]

構造における位置（階級）は，すべてその人の道徳的生活（moral life）を形成する．真ん中の層は，道徳的判断や態度，自己の感覚，道徳的行為を行う機会が想定されている．

レスト（Rest, J.）によって提案された道徳性の4要素モデルは，図8-2のように新たに4要素の関連が見直されている[9]．このように道徳性とパーソナリティを結びつけて考えようという試みは，現在でも続いている．その他，道徳性と知能を結びつけて考える試みもある[10]．

次に，向社会性について見てみよう．アイゼンバーグ（Eisenberg, N.）は，共感性と同情，個人的苦痛をはっきり分けている[11]．**共感性**（empathy）とは，他者の情動状態や状況についての憂慮（apprehension）や理解から生じる感情（affective）反応であり，他者がその状況で感じている，あるいは感じていると予想される感情と類似したものである．たとえば，悲しんでいる他者を見ている人が，その結果として自分も悲しく感じるならば，その人は共感を経験しているのである．共感的な反応はかなり自動的なもので，他者の情動状態に関連した情報を査定する認知的過程に基づいている．**同情**（sympathy）は，他者の情動状態や状況についての憂慮から生ずる情動（emotional）反応であり，他者の状態や状況とは同一ではなく，他者への気づかいや気の毒に思

ン（Hogan, R.）らは，社会分析的視点から個々人の社会的および道徳的生活を理解するもっとも有効な概念は，アイデンティティと評判（reputation）であると論じている．

 Hogan, R. & Emler, N. 1995 Personality and moral development. In W. M. Kurtines & J. L. Gewirtz（Eds.）*Moral development: An introduction.* Boston: Allyn & Bacon, Pp.209-227.

8) Hart, D. 2005 The development of moral identity. In G. Carlo & C. P. Edwards（Eds.）*Moral motivation through the life span.* Vol.51 of the *Nebraska Symposium on Motivation.* Lincoln: University of Nebraska Press, Pp.165-196.

9) Thoma, S. J. 2006 Research on the defining issues test. In M. Killen & J. Smetana *Handbook of moral development.* New Jersey: Lawrence Erlbaum Associates, Pp.67-91.

10) Coles, R. 1997 *The Moral intelligence; How to raise a moral child.*〔常田景子（訳）1998 モラル・インテリジェンス：子どものこころの育て方　朝日新聞社〕

11) Eisenberg, N. 2005

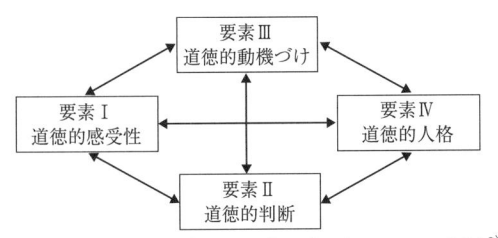

図8-2　新コールバーグ派の4要素モデル（Thoma, 2006より）[9]

要素Ⅰ　道徳的感受性
要素Ⅱ　道徳的判断
要素Ⅲ　道徳的動機づけ
要素Ⅳ　道徳的人格

表8-3　アイゼンバーグによる向社会的道徳推論の発達レベル

Ⅰ	快楽主義的・自己焦点的指向
Ⅱ	要求に目を向けた指向
Ⅲ	承認および対人的指向，あるいは紋切り型の指向
Ⅳa	自己反省的な共感指向
Ⅳb	移行段階
Ⅴ	強く内面化された段階

う（sorrow）感情からなっている．たとえば，ある男の子が悲しんでいる女の子を見て，その女の子に気づかうならば，その男の子は同情を経験しているのである．同情反応は多くの場合，共感的な悲しみに基づいているが，同情は認知的な視点取得や他者の経験に関連する記憶からの情報を査定することにも基づいている．**個人的苦痛**（personal distress）は，自己に焦点づけられたもので，他者の情動（不快や不安）についての憂慮に対する嫌悪の感情反応である．個人的苦痛は多くの場合，共感の過剰喚起や共感的情動を強く喚起する一種の歪みから生ずる．

向社会的道徳推論（prosocial moral reasoning）は，ある状況の中で相手を助けるかどうか，どう行動したらよいかを決定する枠組みである．自己の快楽に結びつく考え方から，相手の立場に立った共感的な理由を経て，強く内面化された価値観に基づくものへと発達していく（表8-3）．

アイゼンバーグはこうした概念を整理した上で，これまでの研究結果をまとめ，図8-3のモデルを提案した．同情は認知的視点取得と同様に，向社会的道徳推論のレベルを予測し，次には自己報告の向社会的行動を予測するという．また，**視点取得**（perspective taking）だけでは向社会的行動を予測しないが，同情は単独でも向社会的行動を予測するというモデルである．

〔二宮克美〕

The development of empathy-related responding. In. G. Carlo & C. P. Edwards (Eds.) *Moral motivation through the life span.* Vol.51 of *the Nebraska Symposium on Motivation.* Lincoln: University of Nebraska Press, Pp.73-117.

Eisenberg, N., Zhou, Q., & Koller, S. 2001 Brazilian adolescents' prosocial moral judgment and behavior: Relations to sympathy, perspective taking, gender-role orientation, and demographic characteristics. *Child Development,* 72, 518-534.

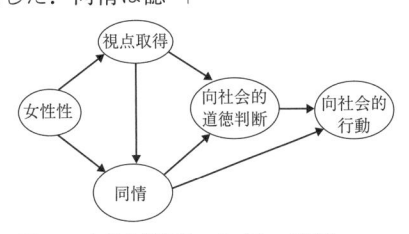

図8-3　向社会的行動へのパス・モデル（Eisenberg, 2005）[11]

視点取得／女性性／向社会的道徳判断／同情／向社会的行動

【参考文献】
アイゼンバーグ，N.・マッセン，P.（菊池章夫・二宮克美訳）1991　思いやり行動の発達心理　金子書房

II パーソナリティ研究法

マハカーラの仮面(ブータン)

II-9
観察法
observation method

観察法（observation method）とは，人間や動物の行動を自然な状況や実験的な状況の下で観察，記録，分析し，行動の質的・量的特徴や行動の法則性を解明する方法をいう．人間理解のための方法には，観察法以外にも，実験法，調査法，心理検査法，面接法などがあるが，それらとの対比による観察法の長所・短所は表9-1のようになる[1]．観察法は，条件の統制が可能な実験法とは対照的に，日常生活場面での自然な行動を対象とする．またデータ収集を言語によって行う調査法や心理検査法は対象者の言語理解，表現力に影響されるのに対し，観察法はその制約を受けないため対象を選ばない．他方，観察法は〈見る〉，面接法は〈聴く〉を主たる方法とするが，ともに「時間がかかる」「条件統制が難しい」「解釈が主観的になりやすい」という制約を持つ．

観察法の種類として，観察事態による分類に**自然的観察法**（natural observation method）と**実験的観察法**（experimental observation method）がある．前者は，人間の行動を自然の状況下でありのままに観察する方法であり，後者は，一定の状況下で，ある行動に影響すると思われる条件を系列的に変化させることによって，それに伴う行動や内的状態の変化を観察し，条件と行動との因果関係を調べるものである．つまり，自然的観察法は，人間が生活する生の状況を重視し，そこで生活する人がどのような行動をするかに主眼があるのに対して，実験的観察法は，人為的に状況を準備することによって，人間行動のメカニズムを明らかにすることを重視している[2]．このように，実験的観察法は実験法の持つ長所を従来の観察法に取りこんだ方法であるといえる．

1) 中澤潤　1997　人間行動の理解と観察法　中澤潤・大野木裕明・南博文（編）観察法　北大路書房　Pp.1-12.

2) 澤田英三・南博文　2001　質的調査－観察・面接・フィールドワーク　南風原朝和・市川伸一・下山晴彦（編）心理学研究法入門　東京大学出版会　Pp.19-62.

表9-1　観察法の長所・短所（中澤，1997より）[1]

長所1：観察法は実験法に比べて対象者への拘束や制約が少なく，日常生活上の自然な行動を対象にできる．

長所2：調査法や心理検査法，面接法と異なり行動そのものを対象とするため，言語的理解力や言語的表出力の十分でない乳幼児や障害児，さらに動物をも対象にできる．

短所1：他の研究法とは異なり，自然の行動を対象とすることから，観察対象となる行動が生起するのを待たねばならない．

短所2：自然な行動を対象にできるといってもプライベートな行動の観察は難しく，観察可能な行動に限界がある．

短所3：実験法や調査法，また投影法以外の心理検査法に比べ，観察の視点やその解釈が主観的になりやすい．

　また，観察者と被観察者との関係という観点から分類される観察法の一つに，**参加観察法**（participant observation method）がある．これは，"調査者（観察者）自身が，調査（観察）対象となっている集団の生活に参加し，その一員としての役割を演じながら，そこに生起する事象を多角的に，長期にわたり観察する方法"である．この参加観察法を研究法とするものにフィールドワークがある．フィールドワークとは，"調べようとする出来事が起きているその「現場」（＝フィールド）に身をおいて調査を行うときの作業（＝ワーク）一般"[3]をいう．このフィールドワークは，もともと文化人類学や社会学の研究で用いられてきた手法である．具体的なデータ収集の方法として，フィールドノーツ（現場メモ）によるものと，聞きとりによる方法とがある．後者には「問わず語りに耳を傾ける」[4]インフォーマル・インタビューと，「あらたまって話を聞かせてもらう」[4]フォーマル・インタビューとに分類される．

　さらに参加観察法には，観察者が被観察者に関与し経験を共にしながら観察する**交流的観察**と，観察者から被観察者への働きかけを最小にし観察に徹する**非交流的観察**，両者の中間として**面接観察**がある[1]．

　この参加観察法の特徴としては，以下の3点があげられる[5]．

　① 身体感覚的で全体的なアプローチであること．

3）佐藤郁哉　1992　フィールドワーク：書を持って街に出よう　新曜社

4）佐藤郁哉　2002　フィールドワークの技法：問いを育てる，仮説をきたえる　新曜社

5）南博文　1997　参加観察法とエスノメソドロジーの理論と技法　中澤潤・大野木裕明・南博文（編）観察法　北大路書房　Pp.36-45．

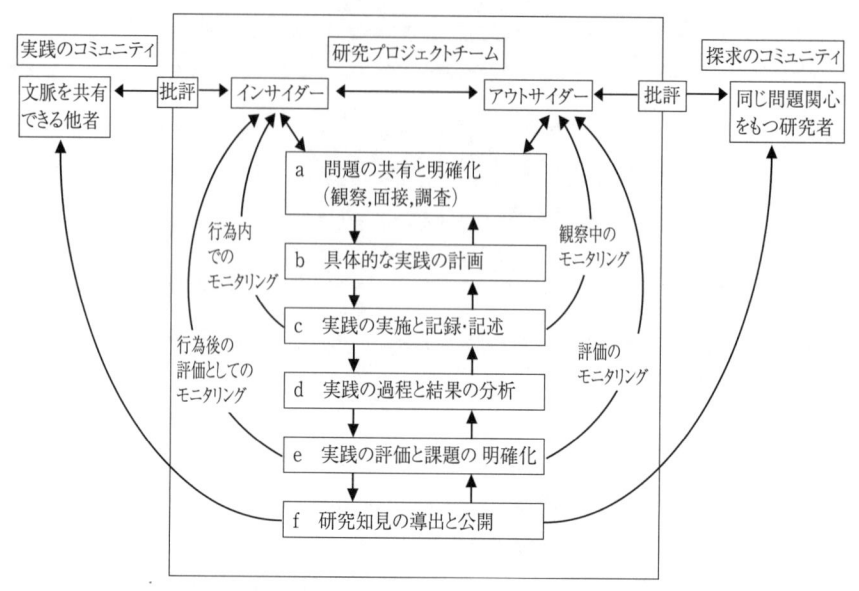

```
         実践のコミュニティ         研究プロジェクトチーム          探求のコミュニティ
         ┌──────┐  批評  ┌──────┐        ┌──────┐  批評  ┌──────┐
         │文脈を共有 │ ←──  │インサイダー│        │アウトサイダー│ ──→  │同じ問題関心│
         │できる他者 │      └──────┘        └──────┘      │をもつ研究者│
         └──────┘                                         └──────┘
                      a  問題の共有と明確化
                         (観察,面接,調査)
              行為内                              観察中の
               での        b  具体的な実践の計画     モニタリング
             モニタリング
                          c  実践の実施と記録・記述
              行為後の
              評価としての  d  実践の過程と結果の分析
             モニタリング                           評価の
                                                  モニタリング
                          e  実践の評価と課題の明確化

                          f  研究知見の導出と公開
```

図9-1　共同生成的なアクション・リサーチ（秋田・市川, 2001）[7]

②関係性を重視すること．

③マルチ・メソッドであること．

　この方法では，出来事が展開されているフィールドに身をおき，自らの感覚で感じ取った生の体験を大切にしなければならない．また，聞き取りやインタビューなどを併用し，多角的理解が求められる．さらにその理解は，対象との関わりを通して見える"相互主観的（intersubjective）"[6]である点が重視されるという特徴も有する．

　次に，観察方法について主なものを概観する[2]．まず**時間見本法**（time sampling method）とは，ある一定の時間内，あるいはある時点での観察すべき行動を抽出する方法である．時間単位が長い場合は直接的観察でも可能であるが，幼児の遊びの研究などではビデオなどの観察装置を使って，その映像から行動生起の頻度や持続時間等をサンプリングする形で分析する．他方，**場面見本法**（situation sampling method）とは，日常生活の中でターゲットとしている行動が繰り返し生起しそうな代表的場面や，日常生活の中で意味のある場面を選択して，その場面で生ずる行動を観察す

6) 鯨岡峻　1999　関係発達論の構築：間主観的アプローチによる　ミネルヴァ書房

7) 秋田喜代美・市川伸一　2001　教育・発達における実践研究　南風原朝和・市川伸一・下山晴彦（編）心理学研究法入門　東京大学出版会　Pp.153-190.

る方法である．この場面見本法は，同一場面で異なる時間帯や曜日に観察することから「定点観察」とも呼ばれる．これに対し**事象見本法**（event sampling method）は，ある特定の事象や行動に焦点をあて，それがどのように生起し，どのような経過をたどり，どのような結果に至るかを観察する方法である．

　さらに，多くの分野で実践研究が展開されていくなか，さまざまな手法が開発されてきた．社会心理学者レヴィン（Lewin, K.）[8] により提唱された**アクション・リサーチ**（action research）もそのひとつである．教育の分野でも学校の組織運営や学習システム開発に関する研究や授業研究等，多くのテーマで研究が行われている．アクション・リサーチとは，実践の場で起こる問題，実践から提示された問題を分析して探求し，そこから導かれた仮説に基づき次の実践を意図的に計画実施することにより問題への解決・対処をはかり，その解決過程をも含めて評価していく研究方法である．たとえば図9-1[7] のような手順を通して，目の前にある問題点を解決し，よりよい実践を作り出していく研究法である．前述のフィールドワーク研究が「ここでは何が起きているのか？　それはなぜか？」という問いであるのに対し，アクション・リサーチは「私はここで何ができるのか？」という問いを中心にすえる[7]．つまりアクション・リサーチでは，「私」を研究の出発点におき「研究」「参加」「行為」を主要3要素とする．

　以上のように，観察法にもさまざまな種類があり，その1つひとつについて理論や技法が開発されてきた．それぞれの長所と限界を理解した上で，目的に合致した方法を選択すると同時に，その方法に習熟することが必要である．

〔伊藤美奈子〕

[8] クルト・レヴィン(1890-1947)．ドイツ生まれ．アメリカで活躍した．ゲシュタルト心理学の影響を強く受け，情緒や動機づけの研究を行った．実践的な理論家として，「よい理論ほど役にたつものはない」という有名な言葉を残した．

Lewin, K. 1946 Action research and minority problems. *Journal of Social Issues*, 2, 34-46.

【参考文献】
中澤潤・大野木裕明・南博文（編）1997　観察法　北大路書房
佐藤郁哉　2002　フィールドワークの技法：問いを育てる，仮説をきたえる　新曜社
南風原朝和・市川伸一・下山晴彦（編）2001　心理学研究法入門　東京大学出版会

II-10 実験法
experimental method

パーソナリティ査定における実験法の意義

パーソナリティ査定のためにはさまざまな方法があるが，いずれの方法にも何らかの制約がある．もっとも一般的な方法は**質問紙法**であるが，回答者が常に正直に答えるという保証はなく，社会的に望ましい方向などへ回答が歪む可能性がある．また，私たちが，常に自己を的確に認識できているかどうかは難しい問題である．**観察法**や**投影法**は，評価や解釈に主観的な要素が入り，その妥当性が問題となる．

パーソナリティ査定に実験的な方法を用いることは，まだ一般的とはいえないが，その意義のひとつは，上記のような既存の方法の制約を補完することだと考えられる．すなわち，厳密に定められた方法により，回答者の意図や査定者の主観の影響をできるだけ排除して，客観的なパーソナリティ査定を行うことである．もうひとつの意義は，近年の心理学における人間観に由来する．認知心理学や社会心理学では，人間の認知には，意識され自己の意思により起動される**統制的過程**（controlled process）と，意識することができず意思とは無関係に進行する**自動的過程**（automatic process）の2つがあると主張されるようになった[1]．これは，パーソナリティや**アイデンティティ**（identity；**自己同一性**）についてもあてはまり，私たちの自己に関する情報処理には，自動的過程に基づく，自分自身でもアクセスできない潜在的な領域があると考えられている[2]．そうした領域を査定しようとする場合には，質問紙などの自己報告的な手法を用いることはできず，巧妙に考案された実験的方法が必要になる．ここでは，そうした方法のいくつかの例を紹介する．

1) 池上知子　2001　自動的処理・統制的処理：意識と無意識の社会心理学　唐沢穣・池上知子・唐沢かおり・大平英樹　社会的認知の心理学：社会を描く心のはたらき　ナカニシヤ出版　Pp.130-151.

2) Devos, T., & Banaji, M. R. 2003 Implicit self and identity. *Annuals of New York Academy of Science*, **1001**, 177-211.

実験的方法を用いるためには，確固とした理論基盤に基づいて，査定しようとするパーソナリティについて明確に定義がなされる必要がある．現在のところ，多くの場合，そうした理論的基盤は**社会的認知**（social cognition）の研究によってもたらされている[3]．

行動的方法

複数の刺激が継時的に提示される場合，先行刺激が後続刺激の処理を促進あるいは阻害する現象を，**プライミング**（priming）と呼ぶ．スパルディング（Spalding, L. R.）とハーディン（Hardin, C. D.）[4]は，まず実験参加者に，自己を表す語（たとえば「私」）か，自己に無関係な語（たとえば「マナー」）をごく短時間（17ミリ秒）呈示し，その直後に，肯定的な意味の形容詞（たとえば「優れた」）か，否定的な意味の形容詞（たとえば「無価値な」）を呈示して，形容詞の意味が肯定的か否定的かを，キー押しにより，できるだけ早く正確に判断することを求めた．**自尊感情**（self-esteem）が高い，つまり自己を肯定的に認識している個人ほど，自己語と肯定的形容詞の意味的連結が強いため，それらが継時的に呈示される条件では，プライミング現象により形容詞に対する判断への負荷が減少し，反応時間が早くなると考えられる．実験参加者はそうした実験論理に気づくことはないため，この方法により査定されるのは，個人が有しているが自覚されることのない**潜在的な自尊感情**（implicit self-esteem）である．同時に，ローゼンバーグ（Rosenberg, M.）の**自尊感情尺度**（質問紙）に回答を求めることにより，実験参加者が自覚している**顕在的な自尊感情**（explicit self-esteem）の測定も行われた[5]．潜在的な自尊感情の低い個人は，自己に関係する話題についてのインタビューにおいて，不安げな態度をより強く表出したが，そうした態度について顕在的な自尊感情の影響は見られなかった．一方，インタビュー中にどの程度不安を感じたかについての自己評定には，顕在的な自尊感情の低さだけが関係していた．この結果は，私たちの自尊感情にも，それが影響する行動にも，意識される側面と意識されない側面が存在することを示唆している．

---

3) 社会的認知研究における方法論とその理論的基盤については，次の文献に詳しい．

大平英樹　2001　社会的認知研究の方法論　唐沢穣・池上知子・唐沢かおり・大平英樹　社会的認知の心理学：社会を描く心のはたらき　ナカニシヤ出版　Pp.189-213.

4) Spalding, L. R., & Hardin, C. D. 1999 Unconscious unease and self-handicapping: Behavioral consequences of individual differences in implicit and explicit self-esteem. *Psychological Science*, 10, 535-539.

5) Rosenberg, M. 1965 *Society and the adolescent self-image*. Princeton, NJ: Princeton University Press.

6) Greenwald, A. G., McGhee, D. E., & Schwartz, J. L. K. 1998 Measuring individual differences in implicit cognition: The Implicit Association Test. *Journal of Personality and Social Psychology*, 74, 1464-1480.

グリーンワルド(Greenwald, A. G.)らは，自尊感情，自己同一性，ステレオタイプ，などのさまざまな概念の潜在的な側面を査定する汎用的な道具として，**潜在的連想テスト**（implicit association test: IAT：図10-1）を開発した[6]．この方法は，社会的な概念（自己，性別，人種など）と，その属性（良い－悪いの評価，性格特性，能力など）が強く関連し

①「男性」と「自然科学」，「女性」と「人文科学」が対にされる：干渉少．

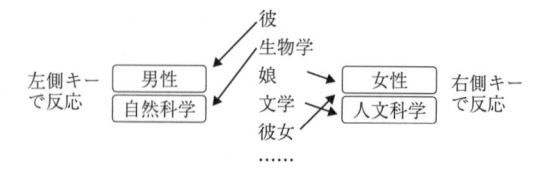

```
        彼
        生物学
左側キー [男性]     [女性] 右側キー
で反応  [自然科学] 娘   [人文科学] で反応
        文学
        彼女
        ……
```

②「男性」と「人文科学」，「女性」と「自然科学」が対にされる：干渉大．

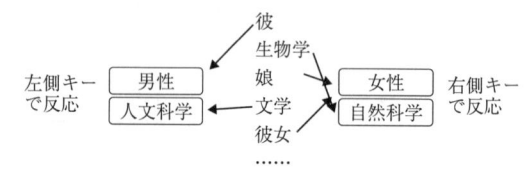

```
        彼
        生物学
左側キー [男性]     [女性] 右側キー
で反応  [人文科学] 娘   [自然科学] で反応
        文学
        彼女
        ……
```

図10-1　潜在的連想テストによる潜在的なジェンダー・ステレオタイプの測定

①「男性」「女性」と，「自然科学」「人文科学」を表す単語が，1つずつ画面の中央に呈示される．「男性」か「自然科学」の場合は左側のキー押しで，「女性」か「人文科学」の場合は右側のキー押しで反応を求められ，**反応潜時**（response latency）が計測される．② 関係が逆転され，「男性」と「人文科学」について左キー，「女性」と「自然科学」について右キーで反応するよう求められる．多くの男性は，男性は自然科学，女性は人文科学，という性別と適合分野に関する観念（ジェンダー・ステレオタイプ）を持っているので，② では概念間の干渉が起こり，① より反応が遅延する．その遅延の度合いが潜在的なステレオタイプの強度を反映すると考えられる．

ているほど，それらは認知構造の中でより近くに配置され，強く結びついているという仮定に基づいている．それらが逆方向に対置されると，干渉を受け反応が遅延するが，それを利用して自覚されない潜在的な態度を測定しようとするものである．この方法は，多くの研究によりさまざまな対象概念について妥当性が確認されつつあり[7]，**再テスト信頼性**（test-retest reliability）も高い（$r = .69$）ことが報告されている[8]．

アメリカに住むアジア系の女子学生に，質問紙への回答によって，女性としてのアイデンティティ（男性より数学的能力が劣るというステレオタイプがある）か，あるいはアジア人としての自己同一性（欧米人より数学的能力に優れているというステレオタイプがある）を意識させた研究がある．その直後に数学能力の試験を行うと，何も操作を加えない条件に比べて，女性アイデンティティ条件では成績が下がり，アジア人アイデンティティ条件では成績が向上した[9]．この結果

7) 潜在的連想テストに関する情報は，次のインターネット上サイトに詳しい．このサイトでは，いくつかのテストを日本語で体験することもできる．
https://implicit.harvard.edu/implicit/japan/

8) Bosson, J. K., Swann, W. B., & Pennebaker, J. W. 2000 Stalking the perfect measure of implicit self-esteem: The blind men and the elephant revisited? *Journal of Perso-nality and Social Psychology*, 79, 631-643.

9) Shih, M., Pittynsky,

は，一般に安定していると考えられているアイデンティティや能力などの属性が，実はかなり変動しうることを示唆する．同時にこの結果は，質問に答えるという手続き自体が，自己のある側面に注目させ，個人のあり方を変容させる可能性をも示しており，質問紙法によるパーソナリティ査定の潜在的な問題点を示唆している．

生理的指標

脳や自律神経系の反応は，客観的な測定が容易で，実験参加者に特別な行動反応を求めなくても評価が可能である．こうした特長を生かして，生理的指標をパーソナリティの査定に利用しようとする研究も進められている．

タイプA（type A）は，攻撃・敵意，時間切迫感，競争，達成努力などを特徴とし，冠状動脈性の心疾患の危険因子とされるパーソナリティである．ストレス課題を課して**血圧**や**心拍**などを測定した研究によると，タイプAの個人は，それ以外の個人に比べて心臓血管系反応の亢進の度合いが大きいことが報告されている．しかし，両者の反応に差を認めない報告も多く，知見は明確ではない．タイプAの特徴の中でも，攻撃性は特に心疾患との関係が深い．攻撃性の高い個人は，暗算課題などでことばによる挑発を行うと，心臓血管系の反応が特に亢進すること，その傾向は怒りを抑制する傾向のある個人に顕著であること，などが報告されている[10]．また，内向的な個人は外向的な個人よりも大脳皮質の賦活水準が高いとする**アイゼンク**（Eysenck, H. J.）[11]のパーソナリティ理論を，**脳波，事象関連電位**などにより検証しようとする研究も行われている．いくつかの研究は仮説を支持する結果を報告しているものの，それに反する報告もまた多い[12]．全般的に，生理的指標によりパーソナリティを査定しようとする研究では一貫した知見が得られておらず，今後の発展が期待される．

〔大平英樹〕

T. L., & Ambady, N. 1999 Stereotype susceptibility: Identity salience and shifts in quantitative performance. *Psychological Science*, 10, 80-83.

10）生理的指標を用いたタイプAの研究については，以下の文献を参照．
山崎勝之　ストレス関連性格の生理心理学的研究　1998　山崎勝男・藤澤清・柿木昇治（編）新生理心理学　3巻－新しい生理心理学の展望　北大路書房　Pp.22-31.

11）ハンス・ユルゲン・アイゼンク（1916-97）は因子分析による性格特性研究の代表的学者．パーソナリティは「外向－内向」，「神経症的傾向」の2次元により記述できるとし，「モーズレイ人格目録」を開発した．

12）生理的指標を用いたアイゼンク理論に関する研究については，以下の文献を参照．
投石安広・松田俊　1998　性格の生物学的基礎　山崎勝男・藤澤清・柿木昇治（編）新生理心理学　3巻－新しい生理心理学の展望　北大路書房　Pp.64-79.

【参考文献】

吉田寿夫（編）2006　心理学研究法の新しいかたち　誠信書房

唐沢穣・池上知子・唐沢かおり・大平英樹　2001　社会的認知の心理学：社会を描く心のはたらき　ナカニシヤ出版

II-11

面接法

interview method

　面接法（interview method）は，非面接者（調査対象者）と対面しながら必要な情報収集を行う心理学的技法の一つである．その基本的性質として以下の3点があげられる[1]．
　① 被面接者の語ったことばを主な資料としている．
　② 被面接者を観察することができる．
　③ 面接者と被面接者との相互交流である．
　つまり，面接法は"ことば"を主な資料としながらも，非言語的メッセージ（表情やしぐさ，声のトーンなど）といった観察材料も大切な情報として，面接者と被面接者相互のやりとりを通して語りを正確に受け取る作業であるといえる．この言語以外の情報には，以下のようなものがある[2]．まず観察によって得られる視覚的情報としては，体格，服装，化粧，顔色，表情，視線，動作，たたずまい，様子などがある．次に聴くことによって得られる言語以外の情報としては，声色，声の強弱，抑揚，話し方，思考の流れ，話の筋道などがある．これら視覚的にも聴覚的にも意識されない情報としては，面接者側に生じる連想，考え，感情，身体感覚，関係の質，その場の雰囲気などがある．さらに，面接者の働きかけ（応答やうなずきなど）に対する反応も重要な情報の一つとなる．さらに，これらの情報が時間の経過とともにどのように変化するのか（流れ）についても注意を払う必要がある．こうした多くの情報を整理・統合しながら面接を進めることが鍵になるといえよう．
　面接法の種類には，大きく分けて**調査面接法**（research interview）と**臨床面接法**（clinical interview）がある[3]．
　調査面接法の最大の特徴は，面接者が被面接者に直接会い，

1) 澤田英三　1995　生涯発達における面接法　無藤隆・やまだようこ（編）講座生涯発達心理学　第1巻　生涯発達心理学とは何か　Pp.214-225.

2) 小林孝雄　2003　面接法　下山晴彦（編）よくわかる臨床心理学　ミネルヴァ書房　Pp.36-37.

3) 澤田英三・南博文　2001　質的調査－観察・面接・フィールドワーク　南風原朝和・市川伸一・下山晴彦（編）心理学研究法入門　東京大学出版会　Pp.19-62.

双方向のコミュニケーションを行いながらデータを収集することにより，質問紙では得られない深い情報や新たな洞察，時間的な流れをもった被面接者の意識や経験の全体をデータとして得やすくなることにある．その反面で，一対一で時間をかけて面接を行う必要があるため，大量の対象者からの情報を得にくいことや，面接者の面接の仕方によって得られる情報が変わる恐れがあることなどの問題もある[4]．こうした問題を防ぐためにも，面接者の面接技法の訓練が重要な課題となるだろう．

この調査面接法には，質問項目の提示とそれに対する回答という形で進められるが，質問項目の構造により以下の3種類に大別される．ひとつは**構造化面接**（structured interview）で，これはあらかじめ用意された質問項目に沿って回答を求める方法である．これに対し，被面接者の話の流れに応じて比較的自由に語られる形をとるのが**非構造化面接**（unstructured interview）である．前者の特徴としては，①異なる事例を対象に一定の測定方法によって一群の変数を導き出せること，②信頼性の高さが保てること，③面接者のことば使いの違いによって生じる問題を回避できること，などがあげられる．後者の特徴は，これらとは排他的関係にあるが，①′質問を対象者に合わせて行う自由があること，②′正確な回答が求められる点で妥当性が高いこと，③′面接対象者の特質に合わせた柔軟な面接による情報収集が可能であること，などがあげられている[4]．

この両者の特徴を兼ね備えた方法が**半構造化面接**（semi-structured interview）である．あらかじめ質問項目は準備しながらも，面接の流れに応じて柔軟に質問を換えたり加えたりする形で行われる方法で，パーソナリティ研究の中でも広く採用されている．半構造化面接を使った代表的な研究としては，マーシャ（Marcia, J. E.）[5]のアイデンティティ・ステイタスに関する研究がある．マーシャは**エリクソン**（Erikson, E. H.）[6]のアイデンティティ理論に基づき，アイデンティティ・ステイタスを判断する2つの重要な概念を取り上げた．ひとつは，役割決定への試みとそれに伴う迷いや葛

4) 渡辺文夫・山内宏太郎 1998 調査的面接法 高橋順一・渡辺文夫・大淵憲一（編）人間科学研究法ハンドブック ナカニシヤ出版 Pp.123-134.

5) Marcia, J. E. 1966 Development and validation of ego-identity status. *Journal of Personality and Social Psychology*, 3, 551-558.

6) エリク・ホンブルガー・エリクソン（1902-94）は，ウィーンの精神分析研究所でアンナ・フロイトの指導のもと児童の精神分析を学ぶ．渡米後，児童分析と平行してアメリカ・インディアンの文化人類学的研究や歴史的人物の伝記分析などを行い，フロイトの精神発達の理論に文化的・歴史的な視点を導入し，アイデンティティ論を展開し，青年の心理社会的モラトリアムの概念を提唱した．また，ライフサイクルにかかわるパーソナリティの発達を研究し，生涯発達の考え方の先駆となった．

表11-1　アイデンティティ・ステイタス（Marcia, 1966）[5]

アイデンティティ・ステイタス		危機	積極的関与
アイデンティティ達成		すでに経験した	している
モラトリアム		現在経験している	曖昧である or 積極的に傾倒しようとしている
フォアクロージャー		経験していない	している
アイデンティティ拡散	危機前	経験していない	していない
	危機後	すでに経験した	していない

藤の有無に関する"危機（crisis）"であり，もうひとつは，人生の重要な領域に対する"積極的関与（傾倒）（commitment）"である．アイデンティティ・ステイタス面接は，職業，宗教，政治の各領域にわたり，19項目の質問から構成されている．その質問項目に対する被面接者の語りの内容から，"危機"については「すでに経験した」「現在経験している」「経験していない」の3つに分類され，"積極的関与"については「している」「あいまいである」「していない」に分類される．この2つの状態の組み合わせにより，表11-1のような4つのアイデンティティ・ステイタスが判定される[7]．その回答内容を分類する際には主観に流れるのを防ぐため，複数人数で分類した結果の一致率からその妥当性を確認しておくなどの作業が必要であろう．また，ことばの表面的な意味だけでなく，表情やその場の雰囲気など，非言語的な情報を加味して分析することが必要になるケースもある．

　調査面接法において大切なのは，面接者と被面接者との間の信頼感（**ラポール**: raport）を形成することである．このラポールが十分でないと，本当の考えや気持ちが語られず，得られたデータそのものの信憑性もゆらいでしまうことになる．このラポール形成のために留意すべき点の一つに面接場所の設定がある．被面接者が安心して気兼ねなく話ができる場所を確保することが必要であろう．

　また，面接への導入にあたっては面接の主旨・目的と記録の取り方，面接結果の利用の仕方などの説明を行い，被面接者の了解を得ることが重要である．特に記録については個人が特定されないような配慮など，細心の注意が求められる．

7）アイデンティティ・ステイタスの詳細については，p.110の表26-1を参照．

より正確に情報を聞き取るためにテープレコーダー等を用いて面接の記録をすることがある．記録にあたっては，被面接者本人の了解を得るだけでなく，面接内容を研究以外の目的に使わないと保証することも必要となる．

この調査面接法に対し，被面接者の自発的な自己表現を通して心理的な援助を行うことを目的とする臨床面接（心理療法やカウンセリング）は，主として非構造化の形で行われる[8]．心理療法やカウンセリングはこの臨床面接に分類されるが，面接方法についてはさまざまな理論（クライエント中心療法，精神分析，行動療法など）やそれに応じた技法が開発されている．この面接を行うには，これらの理論や技法に習熟すると同時に，面接者と被面接者との間に，あらゆる面接法の前提となるラポールが形成されていることが求められる．また，こうした臨床面接では，仮説検証を目的とした研究とは異なり，面接による被面接者（クライエント）の心の動きや変化や成長に焦点があてられる．

また臨床面接の特徴としては，データの信頼性や妥当性よりも，まずは個別性や具体性が重視される点があげられる．それと同時に，客観性を重視する自然科学的な心理学研究とは異なり，主観性を積極的に取り入れていくことも必要となる[8]．

これに対し，受理（インテイク）面接などでは，事例の特性や状況を査定する「心理学的アセスメント」が行われる．そこでは査定のために必要なデータを収集することが目的とされるため，心理療法で求められる傾聴する（"聴く"）姿勢をとりつつも生育歴や家族関係などを"訊く"という半構造化面接が行われる．

以上，目的にあった面接方法を検討するとともに，面接に必要なラポール形成への努力や工夫，さらに面接技術を習得するための継続的な研鑽が不可欠である．　　〔伊藤美奈子〕

8）下山晴彦　2001　臨床における実践研究　南風原朝和・市川伸一・下山晴彦（編）心理学研究法入門　東京大学出版会　Pp.191-218.

【参考文献】
南風原朝和・市川伸一・下山晴彦（編）心理学研究法入門　東京大学出版会
高橋順一・渡辺文夫・大淵憲一（編）人間科学研究法ハンドブック　ナカニシヤ出版

II-12
質問紙法
questionnaire method

質問紙法（questionnaire method）は実験，観察，調査のうち調査と強く関わっている．また心理学分野では社会学分野とは異なり，心理尺度を用いた研究が多いといえる．社会学分野では実態調査などが多い．さらに，社会心理学や認知心理学の分野では，質問紙に刺激を印刷した上で，実験参加者のページをめくるスピードを統制することによって，簡易実験の手法として質問紙が用いられるようになってきた．

ヴント（Wundt, W. M.）[1]によって集大成され近代化した心理学は，その初期において，感覚・知覚に関する実験研究が主たる領域であった．実験方法は内省と呼ばれる方法や反応時間法などが主であった．ヴントの弟子として訓練を受けたキュルペ（Külpe, O.）は，まず心理学の対象を思考のような精神作用に拡大することを主張し，そのために質問法を使ったのであった．ヴントはこうした動向に反対していたが，**ヴュルツブルグ学派**[2]はそれなりの成功を収めた．キュルペと異なる方向から感覚・知覚を超えた高等な精神作用に注目したのが**ビネー**（Binet, A.）[3]であり，1905年の時点ですでに推論なども取り扱うことにより子どもを対象とした知能検査を完成させていた．これらの試みは，実施者側が意味のある言語刺激を与え，それに対して参加者が回答するというスタイルとなり，実施者＝参加者（実験者＝被験者）であるようなスタイルも打ち壊すことになった．もっとも，両者の関係は1対1に保たれていた．

（精神）医学・教育・軍隊・労働などの領域では，できるだけ多くの人の精神状態を対象に短期間で理解することが求められるようになっていた．知能検査の内容や精神科医によ

1）ヴィルヘルム・マックス・ヴント（1832-1920）は1979年，ライプチヒ大学に世界最初の心理学実験室を作った．「内観」にもとづく心理実験により意識的経験を直接調べるヴントの心理学は，「意識心理学」とも呼ばれる．彼の方法論への批判から，その後の多くの心理学の考え方が発展した．実験心理学と同時に，民族心理学も研究した．

2）オスワルド・キュルペ（1862-1915）の指導のもとヴュルツブルグ大学で思考研究を促進した人々のことをヴュルツブルグ学派と呼ぶ．他にカール・マルベ（Karl Marbe 1869-1953）などがいる．

3）アルフレッド・ビネー（1857-1911）．フランスの心理学者．思考の個人差を研究し，Th.シモンとともにはじめて知能検査の実用

る診断のための問診が紙に印刷されて同時に回答を得ることができるのであれば，能率の向上につながると考えたのはごく自然な成り行きだっただろう．

第一次世界大戦のときに用いられた**個人データシート**（personal data sheet）は，パーソナリティに関する最初の質問紙のひとつと認められる．アメリカの心理学者ウッドワース（Woodworth, R. S.）によって神経症傾向をもつ個人を事前にチェックするための検査が作られ，そこに質問紙法が用いられたのである（ただし，データが整理され結果が公刊されたのは戦争終了後の1919年）．

こうした質問紙が必要となったのは，戦場で神経症的症状を呈する兵士が多かったということを反映しており，そうした兵士を軍は必要としなかったのである．質問は，たとえば「あなたは友だちを簡単に作れますか？」「あなたは責任を恐れますか？」というもので，前の項目に「いいえ」後の項目に「はい」と答えると，神経症傾向が高いとされた．この方法は戦争という特定の目的のために開発されたものであったが，後の性格検査や質問紙調査の作成にも影響を与えている．戦争という極限状態に適応できないことが異常なのかという問いも起きるが，それ以上に考える必要があるのは，ある仕事に向く性格を，誰がどのような視点で必要にしているのかを問うことである．なお，アメリカでは**陸軍検査**（Army Test）という名の**集団式知能検査**も作成された．これは新兵を下士官とふつうの兵隊に振り分けるためのものであり，その本質は知能検査なのであるが，多数の兵隊を対象に分類を行うために（ビネーが用いた面接法ではなく）質問紙法が用いられた．

さて，発達・社会・パーソナリティの分野においては，何らかの尺度を用いて尺度間相関を算出したり，群間の尺度得点を比較するような研究が多い．こうした心理学的尺度の使用に際しては信頼性や妥当性について事前に検討しておくことが望ましい．

信頼性（reliability）とは，尺度で把握しようとする結果が，正確で安定したものかどうかについて検討する概念である．たとえば，長さを測るときに，竹でできたモノサシに目

盛りを振る場合と，ゴムひもでできたモノサシに目盛りを振って使用することを考えると，後者（ゴムひも）を用いた場合には，読みとる数値が不安定だということが実感できるだろう．信頼性はこうした感覚と関係している．

妥当性（validity）とは，尺度がとらえようとするものが，そもそも研究者によってとらえようとした現象と一致するかについて検討する概念である．液体が平たい器に入っている場合と細くて背の高いシリンダに入っている場合とでは，後者の方が多く入っていると感じられることがある．これは，量という3次元のものを高さという一次元で測ってしまっている例であり，妥当性には欠けている．

時間の定義が分からずとも時計を用いれば時間が計れると私たちは考えている．また，色の定義は難しく，何が色であるかは定義しきれていないし，その分類方法は多様である．ましてや不安やストレスなどを対象にすれば，さらに混迷は深まる．心理学者たちは信頼性や妥当性について，あるいは心理尺度で行う数値化について——突き詰めて考えてはいないにせよ——その検討方法を手順化することで心理尺度の品質保証を行うことを推奨している[4]．

信頼性の基準としては，再検査法，折半法[5]などがあり，妥当性の基準[6]としては，質問紙の質問項目の内容が，どれだけ調査目的の領域をよく反映しているかを表す**内容的妥当性**（content validity），質問紙が達成度を調べるものであり，その達成度の客観的な基準が確定しているときに，その基準とどのくらいよく相関するかにかかわる**基準関連妥当性**（criterion-related validity），知能，社会性など，心理学研究から導かれた概念（構成概念）を，その質問紙がどのくらい測定できているかにかかわる**構成概念妥当性**（construct validity）がある．これらはいずれも相関係数的な考えを基盤として算出されるものであり，信頼性・妥当性とも，一定の絶対値（0.7以上; できれば0.8程度）が必要である．

心理尺度法の基本的問題

質問紙法は，心理尺度などを印刷することによって大量のデータを簡便に収集することを可能とした．心理尺度法は回

4）鎌原雅彦・宮下一博・大野木裕明・中澤潤（編）1998　心理学マニュアル：質問紙法　北大路書房

5）再検査法とは，同一の質問紙をある程度の時期をおいて2度実施し，両者の相関係数からその信頼性を推定する方法をいう．

折半法とは，1つの質問紙を，たとえば奇数番目の質問項目と偶数番目の項目等，ほぼ等質の部分に2等分し，それぞれの得点間の相関係数から信頼性を推定する方法をいう．

6）Cronbach, L. J. and Meehl, P. E. 1955 Construct validity in psychological tests. *Psychological Bulletin*, 52, 281-302.

答に数値を割り振ることによって，四則演算を可能にし，**相関係数**（correlation coefficient）を基礎としたさまざまな統計手法を用いることを可能にした．項目への回答を「はい」「？」「いいえ」で得ることは質的な3件法であり，このままではせいぜい回答者の比率を検討することしかできない．しかし，これらの回答に1，2，3の数値を割り振るならば，その後は計算が可能になるのである．

　心理尺度法の問題点のひとつは，回答が分散しない項目が弁別力に欠けるとして排除されてしまうことである．たとえばの話であるが，「風邪予防意識尺度」のようなものを考えたとき，「うがいをするように心がける」「夜更かしをしないようにする」「人混みの中ではマスクをするようにする」という5件法の項目があったとしよう．「うがい」項目は95%が「5」をつけ，残りの5%が「4」だったとする．すると，こうした項目は信頼性算出の観点からは排除されてしまうのである．なぜなら，回答者が一様に「5」と答えた分布に偏りのある項目は他の項目と相関しないからである．この場合，もっとも有効かつ内容的に重要な項目が尺度から消えるのである．信頼性がないところに妥当性がないということを鵜のみにする人が多いが，心理尺度においては信頼性をあげることが妥当性を減じる結果になることは銘記されねばならない．

　ここで重要なことは，数値の割り振りによって得られた数字を計算することができても，それは数値が計算可能であることしか示していないことである．個人や個人の心理が数値化され，計算可能になったのではない．また，このことに関連して**有効数字**（significant digit）の概念に敏感になるように強く訴えたい．杉万[7]は，心理学における相関係数算出において小数点第3位まで書くような表記法は，測定精度をあげようと努力している他の諸科学を愚弄するようなものだと強く批判している．

〔サトウタツヤ〕

7）杉万俊夫　2005　社会構成主義と心理学　下山晴彦（編著）心理学論の新しいかたち　誠信書房

【参考文献】
鎌原雅彦・宮下一博・大野木裕明・中澤潤（編）1998　心理学マニュアル：質問紙法　北大路書房

II-13 作業検査法

performance test method

作業検査法（performance test method）は，被検査者に一定の条件下で特定の課題を与え，その作業の経過と結果から性格を診断するものである．その利点としては，実施が容易で一度に多くの被検査者を測定できること，測定の意図が知られにくいため意識的に歪曲した回答が難しいことなどがあげられる．一方，作業という客観的な結果を判定するので，性格の特定の側面しか把握できないという欠点がある．

作業検査法の代表的なものとして，**内田クレペリン検査**がある．この検査は，もともと20世紀の初頭ドイツの精神科医の**クレペリン**（Kraepelin, E.）[1] が1桁の数字の連続加算作業による実験から作業に関係した次の5つの要因を示したことを基にして作られた．5つの要因は以下のとおりである．

(1) 意志緊張：作業中の意志緊張感のことで，作業の最初に現れる初頭努力，最後の方に現れる終末努力をいう．
(2) 興奮：作業の進行中に伴って出現するもので，疲労に打ち克つ如く，促進的に働く．
(3) 慣れ：作業の継続により，作業に関与する諸機能をもっとも都合よい状態にして働く．
(4) 練習効果：同一作業の反復により，慣れの現象が恒久化して，その効果が残存すること．
(5) 疲労：作業の継続につれて現れ作業量の低下をもたらすものである．

こうしたクレペリンの研究結果を基にして，1933年に内田勇三郎が日本で独自に開発したのが内田クレペリン検査である（図13-1）．1桁の数字を連続加算させ，その作業量，誤謬数，作業曲線から被検査者の情動的，知的側面を測定しよ

---

1) エミール・クレペリン (1856-1926)．「早発性痴呆」，「躁鬱病」の概念規定を行った．

```
レンシュウ
7 9 4 6 3 8 6 7 5 9 8 5 6 3 9 7 4 8 9 3 7 4 8 3 9 6 8 4 5 8 4 6 9 5 7 6 3 8 9
3 8 5 9 8 7 6 5 4 9 6 8 3 7 9 8 4 5 8 6 7 4 9 5 4 7 6 9 8 5 9 3 6 7 4 3 8 5 6
8 7 4 9 8 4 7 3 8 5 9 8 5 6 7 3 6 9 4 7 5 9 6 4 9 7 4 8 6 3 4 7 5 6 7 8 4 7 5
4 7 8 6 5 3 9 5 8 4 5 6 7 9 8 4 6 5 7 8 3 7 5 3 8 6 7 5 8 9 3 5 7 9 6 8 9 3 7
8 3 5 9 4 8 7 5 3 8 4 5 8 7 6 8 4 9 7 5 3 9 7 5 3 4 7 9 4 6 5 7 4 9 3 8 5 6 4
```

図13-1　内田クレペリン精神検査用紙の一部　©㈱日本・精神技術研究所

うとするものである．現在の内田クレペリン検査は，数字が縦に34行，横に116列並んでいる．時間は，練習と休憩を除くと30分で終了するようになっている．すなわち，15分ずつ2回に分けて行う．したがって，前期と後期からなっている．

1行につき1分間で，その時間経過後「はい次」といって改行させ，進んでいく．前期の15分（15行）が経過すると用紙を裏にして5分間休憩させる．その後再び後期の15分（15行）を同じように続ける．

結果の判定には，「曲線類型判定」「個別診断的判定」「PF判定法」の3つの方法がある．ここでは，「曲線類型判定」についてのみ記すことにする．なお，「個別診断的判定は，健常者の反応からのずれを初頭部の突出の程度を示す「発動性」，曲線の動揺を表す「可変性」，後期の上昇，下降を示す「亢進性」で見ていくものであり，「PF判定法」は，柏木繁男が考案したもので，作業量に応じた定型反応と比べてそのずれを検討するものである[2]．

さて，「曲線類型判定」では，作業量水準，曲線型，誤答数などを見て健常者と量的，質的にどのくらいへだたっているかで判定する．

まず，前期と後期の各行の作業の最終数字を線で結び，作業曲線を作る．作業量をⒶ，A，B，C，D，の5段階のどれであるかを設定する．この5段階の健常者の反応とのずれを見て，健常者とほぼ類似した反応であれば「定型」，ずれが大きい場合を「非定型」と分類する．定型は，「高度定型」「定型」さらに健常者に類似しているが部分的には非定型の要素がある場合，「準定型」の3つに分類する．非定型は，非定型と重度非定型に分類する．定型と非定型の曲線の特徴は，以下のとおりである（表13-1）[3]．

[2] 柏木繁男　1975　内田クレペリンにおける解析的評価法　金子書房

表13-1 定型曲線と非定型の曲線の特徴（瀧本，1993）[3]

定型曲線の特徴
① 前期の15分の曲線は，U字型をしている．前期では，1分目は最高の値である（初頭努力）．
② 前期は2分目で急激に低下し，5分くらいまで低下が続く．6～10分くらいから作業量の増加が見られる．15分目は1分目に続く作業量が見られる（終末努力）．
③ 後期では，右肩下がりになる．終末努力は見られない．
④ 後期の1分目は，前後期を通じて最高の値になる．2分以降下降し，4，5分で一時上昇し，その後下降を続ける．
⑤ 後期の作業量は，前期の作業量を上回る（休憩効果）．
⑥ 曲線に適度な動揺が見られる．
⑦ 誤答は，ほとんど見られない．全体の1％以下である．

非定型曲線の特徴
① 前期，後期のいずれかあるいは両方に初頭努力が見られない．
② 前期に終末努力が見られない．
③ 休憩効果が見られず，後期の作業量が低下している．
④ 大きな突出や落ち込みが見られる．
⑤ 曲線に適度の動揺が見られず，曲線が平坦化していたり，激しい変化をする．
⑥ 誤答がどの行にも多い．

表13-2 定型者と非定型者の心理行動的特徴（瀧本，1993）[3]

定型者の行動的特徴
① 心的活動の調和，均衡がとれている．したがって，場にふさわしい適切な行動がとれる．
② 仕事に取りかかると直ちに没頭し，努力する．
③ テンポが速く，適度に緊張しているが，気楽な気持ちで仕事をする．
④ 慣れが早く，上達の度合いが高い．仕事の処理能力に優れている．
⑤ 外からの刺激に影響されることが少なく，人格が円満でバランスがとれている．
⑥ 仕事が正確で誤りが少ない．

非定型者の行動的特徴
① 心的活動が不調和で，仕事，行動，性格に偏りや異常が見られる．
② 仕事の取りかかりが悪い．
③ 仕事にむらがあり，時々ぼんやりする．
④ 焦りがあり，事故，失敗が多い．
⑤ わずかな外部からの刺激に影響を受けやすい．
⑥ 抑制力に乏しく，興奮が激しく出やすい．

次に，定型者と非定型者の心理行動的特徴を示す（表13-2）[3]．

最後にこの検査の特徴について触れておく．

長所は，連続加算という単純な作業であるため，実施が容易で，一度に多くの人々を測定できることにある．そのため，学校，企業における人事採用，公務員など多くの機関が使用

[3] 瀧本孝雄 1993 心理テストの実際6 内田クレペリン検査 岡堂哲雄（編）心理テスト入門 日本評論社 Pp.49-54.

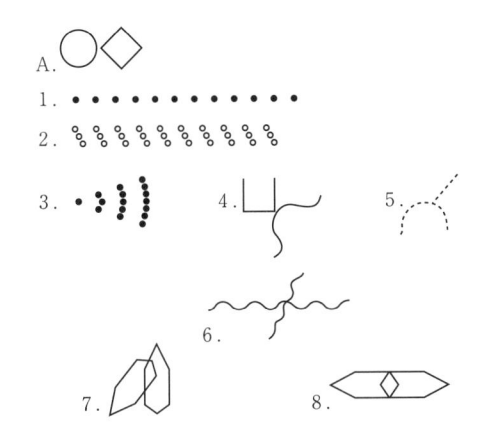

図13-2　ベンダーゲシュタルト検査で使用される視覚図形の例

している．質問紙と違って検査の意図が分かりにくいため，虚偽の反応がしづらく，回答の歪みが少ない．一方，欠点としては，判定に専門的知識が必要で，素人では難しいことがあげられる．

　作業検査法には，これ以外に著名なものとしてベンダーゲジュタルト検査がある．この検査は，ベンダー（Bender, L.）がゲジュタルト理論に基づいて考案したものである．ヴェルトハイマー（Wertheimer, M.）の「まとまりの原理」をはじめとした視知覚研究で使用した幾何学図形などから9つの図形（図13-2）を選び，それらを提示し模写させるもので，視覚・運動機能の成熟度に基づいて，脳の器質的障害や性格の偏りなどを診断する．「まとまりの原理」は視覚を中心とした研究であるが，ベンダーゲジュタルト検査ではそれに運動機能を加えたことに大きな特色がある．5歳から10歳まではコピッツ法を，それ以上はパスカル・サッテル法を使用する．コビッツ法は，発達の程度と情緒の障害，さらに脳損傷の指標が診断でき，実施が容易で言葉を要しないことが利点である[4]．

〔青柳肇〕

4）松原達哉編　心理テスト法入門　日本文化科学社　Pp.391-395.

【参考文献】
日本・精神技術研究所（編）1973　内田クレペリン精神検査・基礎テキスト　日本・精神技術研究所

II-14 投影法

projective technique

投影法（projective technique）は心理検査の一種で，被検査者に提示する刺激のあいまい性や，回答の自由度が大きなものをさす．あいまいさによって，検査を受ける人は，それによって何が分かるのかを察することが困難になる．この特徴によって，その人の無意識の部分が分かると考えられてきた．投影法の多くは，非常に歴史が古いものである．このことは，投影法が長年にわたって臨床家に愛されてきたという事実とともに，現代の心理学理論に照らしてその意義を再考する必要性も示している．

投影法のもっとも代表的な検査である**ロールシャッハ・テスト**（Rorschach Test）は，1921年に**ロールシャッハ**（Rorschach, H.）[1]が開発したものである[2]．インクの染み（インク・ブロット）からなる無意味な図形を被検査者に見せて，それがどのように見えるかを答えてもらう．インク・ブロットのカードは決められた10枚が定められた一定の順序で使われている．結果の解釈は，インクの染みが何の形に見えたかという反応内容だけではなく，図形のどの部分に着目したか（反応領域），図版のどのような特徴からそう見えたか（反応決定因）といった観点からなされる．決定因のような反応の形式に着目した点が，ロールシャッハの独自性である．つまり，動きや手触りなど，図形そのものの性質ではない特徴を見出している点にその人の深層心理があらわれると考えるのである．刺激のあいまいさとは対照的に，実施や解釈の方法には厳密な手順が存在する．実際にはいくつかの流派があり，スコアリング法の提唱者の名前を冠して片口法，エクスナー法などと呼ばれる．

1) ヘルマン・ロールシャッハ（1884-1922）．スイスの精神科医．父親は画家であった．

2) 片口安史 1987 新・心理診断法：ロールシャッハ・テストの解説と研究 金子書房

3) ヘンリー・アレクサンダー・マレー（1893-1988）．アメリカの心理学者．マレーは，パーソナリティを行動から論じようとし，行動に一定の傾向をもたらす内的力を欲求と呼んだ．

4) 山本和郎 1992 心理検査TATかかわり分析：ゆたかな人間理解の方法 東京大学出版会

TAT（Thematic Apperception Test）は**マレー**（Murray, H. A.）[3]が1943年に開発した検査である[4]．日本語では主題統覚検査といわれるが，略称のTATが広く親しまれている．白紙を含む31枚の絵画から対象者に応じた20枚を見せて，物語を作ってもらう．この絵はあいまいさは含むものの有意味な刺激である．TATの背景にはマレーの欲求‐圧力理論がある．これは，ある人の欲求（目標）とそれを阻害する外的要因との相互作用についての理論である．現代的にいえば，動機づけや問題解決の理論に相当する．実際，**達成動機**の研究で有名な**マクレランド**（McClelland, D. C.）[5]の研究は，TATを用いている．

　明確な理論的根拠があるものの，実際には，提示する図版や解釈法などかなり自由にアレンジして用いられている点が，ロールシャッハテストと対照的である．また，有名であるにもかかわらず臨床場面での利用はあまり多くない[6]．しかし，物語という形で個人の動機づけや問題解決の特徴を測定しようとする点は，現代的に見ても興味深い．たとえば，物語の最初と最後だけを提示して，その間を結ぶ1段落以上の物語を作ってもらうことで，問題解決能力を測定する検査（手段‐目的問題解決目録: Means-End Problem Solving Inventory）[7]は，TATと直接の関連はないが，その発想を現代にひきつぐものといえるかもしれない．手段－目的問題解決目録は実証研究で盛んに用いられており，たとえば，抑うつ的な人がネガティブな思考にとらわれたときに，問題解決の質が低下することが分かっている[8]．

　P-Fスタディ（絵画欲求不満検査; Picture-Frustration Study）はローゼンツァイク（Rosenzweig, S.）が1945年に考案したマンガを用いた攻撃性の検査である[9]．欲求不満場面（例．主人公が人に批判されている）が1コマに書かれており，そのセリフ（吹き出し）は空白になっている．被検査者はそれを埋めることを求められる．人物の顔（表情）は書かれていないため，刺激のあいまいさが高くなっている．反応は，攻撃の方向性（自罰，他罰，無罰）によってコード化される．セリフによって反応するところから，攻撃の表出に

5) ディヴィッド・クラレンス・マクレランド (1917-1998). アメリカの心理学者. TATを用いて達成動機を測定する方法を開発し，達成動機と経済的繁栄に関する比較文化的考察を行った．

6) 小川俊樹　2000　ロールシャッハ・テストとTAT　下山晴彦（編著）臨床心理学研究の技法　福村出版　Pp.200-207.

7) Platt, J. J. & Spivack, G. 1975 Unidimensionality of the Means-Ends Problem-Solving (MEPS) Procedure. *Journal of Clinical Psychology*, 31, 15-16.

8) Lyubomirsky, S., Tucker, K. L., Caldwell, N. D., & Berg, K. 1999 Why ruminators are poor problem solvers: Clues from the phenomenology of dysphoric rumination. *Journal of Personality and Social Psychology*, 77, 1041-1060.

9) 秦一士　1993　P-Fスタディ：絵画欲求不満テスト　上里一郎（監修）心理アセスメントハンドブック　西村書店　Pp.192-207.

焦点をあてた検査といえる．近年，セリフとは別に心の中の声も同時に記入する方法を用いた研究が発表されている[10]．これは，マンガという特質を生かした，表に出ない攻撃性をうまくとらえる方法である．ロールシャッハに比べると，やはり使用頻度は低いが，日本は，マンガという表現において世界に類を見ないほど進歩していることを考えれば[11]，今後もっと研究が行われても良いだろう．

　文章完成法（Sentence Completion Test；SCT）は，不完全な文章を与え，残りを完成してもらう方法である．いろいろなやり方があるが，たとえば社会心理学の自己意識の研究では，「＿＿＿の蔵書は少ないが，そのいくつかは古典である」といった文章を完成してもらうことで，どの程度自分に意識を向けているかを判断する（「私の」と埋めれば，自己意識状態と考える）[12]．

　言語連想検査（Word Association Test）は，刺激となることばから思い浮かぶことばを述べてもらう方法である．もとは，**ユング**（Jung, C. G.）[13]が，苦痛な感情と概念の結びついた心的構造（コンプレックス）の存在を仮定し，連想検査における反応内容や，反応時間の遅れからその存在を推測できると考えた[14]．人間の心を連想のネットワークととらえる発想は，現代の認知心理学でも広く受け入れられている．たとえば，感情と概念の結びついたネットワークを仮定することで，感情状態によって思い出しやすい内容が異なることが説明されている[15]．また日本では，個人の言語連想の内容にクラスター分析を適用して，その人特有の概念の構造を視覚化する研究が行われている[16]．

　さらに，感情と関連する情報処理では反応時間も重要な指標となる．たとえば不安の強い人は，不安を喚起するような脅威情報に鋭敏に注意を向ける．その結果，そのような情報に気づくのは早い．逆に，中性的な課題を遂行中に，不安情報が提示されるとそちらに注意がそれてしまい，本来の課題への反応が遅れることもある[15]．このように，連想検査の発想は現代にも脈々とひきつがれている．

　この他にも，絵画をかかせる方法などがあり，芸術療法と

10) 鈴木常元・安齊順子　1999　抑うつ者の外面的および内面的攻撃性　心理臨床学研究, 16, 573-581.

11) 呉智英　1990　現代マンガの全体像・増補版　史輝出版

12) Wegner, D. M., & Guiliano, T. 1980 Arousal induced attention to self. *Journal of Personality and Social Psychology*, 53, 5-13.

13) カール・グスタフ・ユング(1875-1961)．スイス生まれ．フロイトの『夢分析』に感銘を受けフロイトと共に精神分析学の確立を図ったが，フロイトの汎性論に飽き足らなくなり，独自の「分析心理学」を打ち立てた．宗教や神話研究，集合的無意識，内向‐外向，コンプレックス，元型などの概念でも知られる．

14) ユング, C. G.　林道義（訳）1993　連想実験　みすず書房

15) Wells, A. & Matthews, G. 1994 *Attention and emotion*. Laurence Erlbaum.〔箱田裕司・津田彰・丹野義彦（監訳）2002　心理臨床の認知心理学：感情障害の認知モデル　培風館〕

も親近性が強いのが投影法の特徴である．

伝統があり利用の頻度も高い投影法であるが，**信頼性**（reliability）や**妥当性**（validity）の問題が指摘されている[17][18]．回答の自由度が高い分，結果のコード化には検査者の技量が大きく影響する．検査者によって結果が異なってしまうということは信頼性が欠如しているということである．また，妥当性とはある検査が目的とするものをどれだけきちんと測定できているかである．パーソナリティ検査の妥当性を考える場合は，どのようなパーソナリティを想定しているかという理論が前提となる．投影法は伝統があるということは，逆にいえばその測定内容を現代の理論体系に位置づけることが難しいということでもある．

さらに，投影法でなければ分からない現象はあまりないことも見出されている[18]．現代の欧米の臨床心理学では，科学的な根拠を重視する**エビデンス・ベイスト**（evidence-based）が主流となっている．この流れの中では，以上のような問題点のため投影法が積極的に推奨されることはない．アメリカの臨床心理学教育の実態調査では，「研究志向・エビデンス重視・客観的アセスメント重視」という教育と，「現場志向・エビデンス軽視・投影法重視」という教育への分断傾向が見出されている[19]．

では，投影法を学ぶ意義はどこにあるのだろうか．投影法の何よりの特徴は，その発想の自由さである．ロールシャッハなどは，彼が子どもの頃に熱中したイタズラを真剣に研究の道具にすることを試みたのである．柔軟性や遊び心を測る「開放性」というパーソナリティが心理療法を促進するという知見がある[20]．これを踏まえれば，投影法のもつ遊び心は臨床家とクライエントの双方にとって貴重な資源となるだろう．

〔杉浦義典〕

16) 内藤哲雄　1997　PAC分析実施法入門：「個」を科学する新技法への招待　ナカニシヤ出版

17) 柏木繁男　1997　性格の表現と評価：特性5因子論からのアプローチ　有斐閣

18) Lilienfeld, S. O., Wood, J. M., & Garb, H. M. 2000 The scientific status of projective techniques. *Psychological Science in the Public Interest*, 1, 27-66.

19) Horan, W. P., & Blanchard, J. J. 2001 Training opportunities in empirically supported treatments and their relationship to intern recruitment and post internship placement: A survey of directors of internship training. *Clinical Science*, Winter 2001, p.4.

20) Miller, T. R. 1991 The psychotherapeutic utility of the five-factor model of personality: A clinician's experience. *Journal of Personality Assessment*, 57, 415-433.

【参考文献】

市川伸一（編著）1991　心理測定法への招待：測定から見た心理学入門　サイエンス社

下山晴彦（編著）2000　臨床心理学研究の技法　福村出版

II-15 事例研究法

case method

事例研究法（case method）とは個体・事例を丹念に観察もしくは実験することで理解・記述しようとする研究スタイルの総称である．必ずしも1事例であるわけではなく，諸事例研究というような意味合いで使われることが多い．

現在の心理学関連分野における代表的な事例研究といえば，**心理療法・行動療法**や**カウンセリング**の過程，**行動分析**など環境と個人の相互関係の分析，**ナラティブ研究**のような個人の語りとその意味世界の追究，現象学的心理学などである．これらは特殊な領域の話に見えるかもしれないが，目を心理学史上に移すなら，ブロカ（Broca, P.）の脳機能局在研究，**エビングハウス**（Ebbinghaus, H.）[1]の記憶研究，**ビネー**（Binet, A.）[2]の知能研究，**パヴロフ**（Pavlov, I. P.）[3]の条件反射研究，**ピアジェ**（Piaget, J.）[4]の認知発達研究，**スキナー**（Skiner, B. F.）[5]の行動分析，**オルポート**（Allport, G. W.）[6]の人格研究などは，そのほとんどが事例研究を基盤として成し遂げられていることが分かる．なお，これらの歴史的事実に対して，事例研究は初期のアイディアの発想の段階で有用であり，いわばパイロットスタディの役割をもつにすぎない，という理解にとどまるならば，それは過小評価である．スキナーを例にとれば，彼は理論を拒否し条件を変化させつつ個体の行動を観察して記述を徹底することが重要だと主張していた．事例研究はどのようなものであっても，記述を徹底させることが重要であり，未来の大量データのためのパイロットスタディなのではない．

さて，事例研究法を支える方法論上の考え方に**個性記述的アプローチ**（idiographic approach）がある[7]．これは**法則定**

1) ヘルマン・エビングハウス（1850-1909）．ドイツの心理学者．記憶の研究に無意味綴りを用いることを考案．記銘内容が忘却される過程を自身を被験者にして調べた．

2) ビネー（1857-1911）．p.48参照．

3) イワン・ペトロヴィッチ・パブロフ（1849-1936）．帝政ロシア末期から旧ソ連邦初期の生理学者．消化腺の神経支配の研究で1904年にノーベル賞を受賞．彼の条件反射研究は心理学に多大な影響を与えた．

4) ジャン・ピアジェ（1896-1980）．スイスの児童心理学者．認知発達の個体発生的，系統発生的過程を明らかにする発生的認識論を提唱．

5) バラス・フレデリック・スキナー（1904-90）．アメリカの行動主義心理学者．スキナー箱を用いたオペラン

表15-1　クラーエによる個性記述的研究への批判（Krahe, 1992, p.210以下）[10]

1	個性記述的研究は一般化可能性をもたない
2	単一個人だけに適用できるような独自の特性はない
3	個々の事例の研究は仮説を引き出すには有益であるが，それを検証するためには役立たない
4	あらゆる個人の個性記述的研究を実施することは実質的に不可能である
5	個人についての個性記述的研究を行うことは間違ってはいないが，科学ではない
6	個性記述的アプローチに関する理論的な議論は魅力だが，それを実現するために利用できる適当な方法がない
7	個性記述的アプローチをとったところで，法則定立的研究の可能性を超えて達成される進歩はない

立的アプローチ（nomothetic approach）と対比される考え方である．個性記述的という語は，ドイツの哲学者ウィンデルバント（Windelband, W.）がその論文「歴史と自然科学」において，法則定立的アプローチと対置させて使ったものである．自然科学が法則定立的であるのに対して，一回性の出来事を扱う歴史など文化科学においては個性記述的な研究が必要であるとしたのである．

吉村[8]は，心理学的理性に照らして事例研究が担う役割およびそれを実現するための努力のあり方について検討している．その中で彼は事例研究で「まず思い浮かぶのは異常例の記述的報告であろう．異常例は，多くの場合稀少例でもある」としている．この点は誰もが同意するであろう．ただし稀少例は異常例だけではない．たとえば京都大学霊長類研究所で行われている，チンパンジー・アイとアユムの親子の研究は特殊な環境下のチンパンジーの事例研究であるが，チンパンジーと人間の遺伝子共有率の高さと相まって，多くの示唆を与えてくれる[9]．

もとより，異常と正常の違いを量的に理解するか質的に理解するかという問題もある．量的な差異にすぎないのであれば，異常例の検討はそのまま他の人々の理解に役立つ．一方で，質的な差異があるならば人類全体の多様性を受け止めることにつながる．

事例研究は心理学の中でさまざまな役割を占めているように思えるのであるが，批判も多い．

クラーエ（Krahe, B.）はパーソナリティ研究における個性記述的アプローチの問題点や批判される点を整理している（表15-1）[10]．

ト学習，行動分析，ティーチング・マシン等の研究を行った．

6) オルポート (1897-1967). p.3参照.

7) I-2, p.6参照.

8) 吉村浩一　1989 心理学における事例研究法の役割　心理学評論　32, 177-196.

9) Matsuzawa, T. 2003 The Ai Project: Historical and ecological contexts. *Animal Cognition*, 6, 199-211.

10) Krahe, B. 1992 *Personality and social psychology: Towards a synthesis*. London: Sage Publication.〔堀毛一也（編訳）1996 社会的状況とパーソナリティ　北大路書房．特に第7章．〕

事例研究が個の理解に有用であることは誰にも否定できない．特に臨床実践での有用性は認められている．斎藤・岸本[11]は事例研究を「一事例についてのプロセスから詳しいデータを収集し，収集されたデータの分析から，何らかのパターン，構造仮説，理論モデルなどを生成することを試みるタイプの研究法」であるとしている．事例研究の知見が臨床に役立つことについて，疫学的データと比較した場合，臨床現場においてもっとも必要な情報である近未来予測に有用な情報を得ることができるためではないか，と論じている．

水野[12]は，社会学において個人の**生活史研究**が重要になる研究法上の理由として，(1) 生活諸領域を統一的視野の下に把握することの必要性，(2) 人間把握にとっての社会学主義的アプローチ（社会的属性や社会的カテゴリーに着目する人間把握）の限界，がそれぞれ認識されたからだとしている．このような問題意識から水野は，事例媒介的アプローチを提唱するに至る[13]．彼によればこのアプローチには2つのサブタイプがあり，それは現象把握型，モデル構築型であるという．個別事例の理解を踏まえた上で，複数事例の比較やそこから析出される概念，先行研究などの理論的概念を組み入れることでモデルを作っていくのが事例研究に基づく**モデル構築（構成）**である．

事例研究においては，科学主義を標榜する心理学の量的研究が述べる意味での一般化は達成できないことは明らかであり，そのような議論をいくら積み重ねても得るものは少ない．普遍的知識を広く考えた上で，3つの処方箋を考えてみる．

まず，前述のようにモデルを構成するということがひとつの道である．やまだ[14]は，現場（フィールド）心理学におけるモデル構成は「特定の現場に根ざすローカリティをもちながら，他者と共有できるような一般化」を行うものであるとしている．

第2に，スキナーの研究のような徹底的な記述主義から普遍的な知識を求める場合には，研究対象を環境から孤立した個体（閉鎖システム）としてとらえるのではなく，環境や外界と常に交換や交渉を行っている開放システムとして考える

11) 斎藤清二・岸本寛史　2003　ナラティブ・ベイスト・メディスンの実践　金剛出版

12) 水野節夫　1986　生活史研究とその多様な展開　青井和夫監修・宮島喬（編集）社会学の歴史的展開　サイエンス社

13) 水野節夫　2000　事例分析への挑戦－"個人"現象への事例媒介的アプローチの試み　東信堂

14) やまだようこ　2002　現場心理学における質的データからのモデル構成プロセス：「この世とあの世」イメージ画の図像モデルを基に　質的心理学研究, 1, 107-128.

ことが重要である．研究上の焦点を等至点として設定した上で，そこに至る諸事例の複線径路を描いていくサトウら[15]の**複線径路・等至性モデル**（trajectory equifinality model）という試みもここに位置する．

第3に，**普遍性**よりも**転用可能性**を考えることである．臨床心理学などでは事例研究の有効性が実感的に受け入れられている．これは事例研究報告集などが制度化されていることからも分かる．河合[16]は事例研究報告集に対して「一つの症状について何例かをまとめ，それについて普遍的な法則を見出すような論文よりも，一つの事例の赤裸々な報告の方が，はるかに実際に"役立つ"」という感想が寄せられたことを述べ，個の追究と普遍性との関係に思いを馳せているが，一足飛びに普遍性を追求するよりも，転用可能性の積み重ねによる普遍性追求を考える方が実践的であろう．誰にとって有用か，ということを考えれば読み手であり，その読み手は多くの場合実践者だからである．実践者が自身の実践に照らして理解し，実践を変えていく力がある事例研究は，すなわち転用可能性があるということになる．臨床心理学分野における事例研究については山本・鶴田[17]を参照されたい．

イン（Yin, R. K.）[18]は事例研究の一般化について，理論における実験の立場と同じであると述べている．自然科学における実験は，理論から導き出せる諸実験からランダムサンプリングするのではなく，より有効だとされる実験を行い，その一実験によっても理論が検証されることもありうるのである．事例だから普遍化が弱いなどと紋切り型に考えるのではなく，方法のひとつとして成果を生かすための方法論作りこそが目指されるべきであろう． 〔サトウタツヤ〕

15) サトウタツヤ他 2006 複線径路・等至性モデル：人生径路の多様性を描く質的心理学の新しい方法論を目指して 質的心理学研究 5, 255-275. I-6, p.25.も参照．

16) 河合隼雄 1976 事例研究の意義と問題点 臨床心理事例研究 3, 9-12.（河合隼雄 1986 心理療法論考 新曜社 に再録．）

17) 山本力・鶴田和美 2001 心理臨床家のための「事例研究」の進め方 北大路書房

18) Yin, R. K. 1994 Case study research: Design and methods. 2nd ed., Sage Publications.〔近藤公彦（訳）1996 ケース・スタディの方法 千倉書房〕

【参考文献】
吉村浩一 1996 特殊事情がひらく心の世界 ナカニシヤ出版

II-16 研究倫理

ethics of research

およそ心理学に限らず,人間を対象とする学問において,研究をする者が守らなければならない最低限のルールがある.それを**研究倫理**(ethics of research)という.

古澤・斉藤・都筑(2000)は,『心理学・倫理ガイドブック』の序章「心理学研究の倫理」で,とりわけ重要な倫理上の留意点として,3つあげている[1].第1はインフォームド・コンセントの問題,第2はプライバシー保護の問題,第3は,研究結果のフィードバックの問題である.そして,この「3点は,心理学研究に携わっていく者が常に敏感に意識しておかなければならない事柄である.言うまでもなく,研究者と研究協力者は互いに一人の人間として平等の権利を持っている.」と指摘している.

順に詳しく見ていくことにする.

心理学の実験や調査・検査にあたって,その実験や調査・検査を受ける人である**研究協力者**(participants)[2]から基本的に**インフォームド・コンセント**(informed consent)をとることが義務付けられている.インフォームド・コンセントとは,実験や調査・検査の目的・方法などを説明し同意を得ることである.研究に協力するか,拒否するかの決定権は,研究協力者がもっている.決して実験や調査・検査を強要してはならない.また,実際に同意を得て,実験や調査・検査を始めても,いつでも研究参加を中断あるいは放棄でき,そのことによっていかなる不利益も被らないことも伝えておくべきである.研究協力者の年齢が低すぎたり(たとえば,赤ちゃんを研究対象とする場合など),何らかの障害をもっているケース(たとえば,知的障害などで実験者の説明が十分

---

1) 日本発達心理学会(監修)古澤頼雄・斉藤こずゑ・都筑学(編著) 2000 心理学・倫理ガイドブック:リサーチと臨床 有斐閣

2) かつては subjects と言い,被験者・被調査者と呼ばれていたが,現在は研究に協力してくれる人という意味でこのように呼ぶことが多くなった.

理解できない場合など）では，本人から直接インフォームド・コンセントを得られない場合が多く，本人に代わる適切な人（近親者や保護者など）から理解と同意を得る必要がある．

　研究協力者にあらかじめ実験や調査・検査の目的を知らせなかったり，本来の目的とは異なる目的を意図的に告げたりするような「だまし（deception）研究」は現在では倫理上可能な限り行わないようになってきている．やむを得ない研究目的の理由で「だまし研究」を行った場合には，必ず実験や調査・検査の直後に，本来の研究目的や「だまし」をした理由の説明（**デブリーフィング**：debriefing）を行わなければならない．

　プライバシーの保護に関連して，2005年4月に**個人情報保護法**の適用が開始された．5001件以上の個人情報を6ヶ月を通じ検索可能な状態にして保有していると，「個人情報取扱事業者」とされ，この法の適用を受けることになった．「個人情報」とは，ある者を他者と識別する標識となるようなデータをいい，氏名・生年月日・住所などがその代表例である．「個人情報取扱事業者」の義務として，① 個人情報を正しく取得すること，② 個人情報は正確かつ最新のものであるべきこと，③ 個人情報の使用目的を明確に特定すること，④ 個人情報の使用目的を越えて使用しないこと，⑤ 個人情報の本人から，情報の開示，訂正，削除等の要求があった場合これに適切に応じること，⑥ 個人情報の利用方法等を公開すべきこと，⑦ 個人情報の管理を厳正にすべきこと等を規定している．

　この個人情報保護法の適用によって，プライバシーの保護についても心理学者の意識が高まった．しかし，「プライバシー」と「個人情報」とは必ずしも一致しない．「プライバシー」とは他人に知られたくない私的情報であり，「個人情報」とは個人を特定する情報である．研究結果の発表に際して，「個人情報」だけでなく「プライバシー」の保護にも十分な配慮が必要である．特に面接記録や観察記録などメディア媒体を使用した場合には，さらなる慎重を期したい．

研究結果のフィードバックは，研究する者の義務である．研究協力者は，研究結果について知る「権利」がある．しかし，研究結果をすべてありのままに研究協力者に伝えることが，フィードバックではない．結果の何を，どこまで，どのように報告すべきなのかを考える必要がある．また，研究する者は，研究成果を公表し，社会に還元する義務もある．研究発表（学会誌や学会報告など）は広い意味での研究結果の社会的フィードバックである．

研究成果の公表に際して，アメリカ心理学会の倫理綱領には次のような基準があげられている[3]．① 結果の報告に際して改ざんや捏造，誤った報告をしない．② 他者の研究の剽窃あるいは盗用をせず，たとえ出典が明記してあっても，多量の引用はしない[4]．③ 自分が実際に寄与した研究だけに，論文の著者として責任と評価（credit）を担う．④ 既公刊データを承諾なしで新たなデータとして公刊してはいけない．⑤ 研究協力者の非公開やデータ所有権の問題がなければ，検証のためにデータを再分析したいという申し出には，データを公開する，などである．

文献の検索と引用について，気をつけてほしい点をいくつか述べる．文献検索で実際に研究論文を読むことは当然としても，最近ではインターネット上の資料を引用する場合がある．そうした電子メディアによる資料の場合も，著者だけでなくその出所（日時，掲載母体など）を明記する必要がある[5]．文献収集の際，その文献をコピーする場合にも，**著作権**（copyright）の問題を考える必要がある．たしかに著作権者の許諾を得なくても複写できる場合がある．たとえば，「個人的に又は家庭内その他これに準ずる限られた範囲内において使用すること（私的使用）を目的とするとき」（著作権法第30条），「政令で認可された図書館等による一定の条件のもとでの利用者へのコピーを提供すること」（第31条），「学校その他の教育機関において教育を担任する者及び授業を受ける者は，その授業の過程における使用に供することを目的とする場合には，必要と認められる限度において，公表された著作物を複製することができる」（第35条）などであ

---

[3] 1953年に，アメリカ心理学会が倫理基準（ethical standard）を作成し，2002年に最新の「心理学者の倫理基準と行為綱領（Ethical Principles of Psychologists and Code of Conducts）」を出版している．ここでは，American Psychological Association 1994 *Publication Manual of the Ameri-can Psychological Association.* 4th ed. p.293. から引用した．なお，現在2001年に出版された第5版がある．

[4] わが国でも学術雑誌に投稿された論文の不正行為（剽窃）があった．その経緯は，青柳肇 2003「機関誌投稿論文の不正行為に関する事実経過」報告書 パーソナリティ研究 12 (1), 40-46. に掲載されている．

[5] ラッカム, D. W.・原一雄 2004 心理学のための英語案内 サイエンス社 Pp.112-113. に詳しく載っている．一例をあげると，著者・記事（報告書など）の後に，retrieved 年 月 日，from the World Wide Web:http://www.～ というように引用する．

る．これらの制限を越える場合には，著作権者の許諾を得なくてはならないことをしっかり認識してほしい．

さらに大切なことは，その論文で独自に開発された尺度などを使用する場合である．たとえ部分的にでも無断で使用するようなことは許されない．市販されている心理テストやテスト結果の記録用紙でも同じである．海外の研究論文に掲載された尺度を，著作者の許諾なくして翻訳し使用することは，著作権侵害（いわゆる海賊版作成）である．また，元の尺度に独自の項目を加えたり，原型をとどめないほど改変したりしている場合でも，原版の名称で呼ぶ，いわゆる改変版の場合はやっかいである．そのような場合には，くれぐれも原版の名称を勝手に使用してはならない．

心理学の領域で，ようやく研究倫理の必要性に気づき，研究倫理の遵守やその教育を始めている．日本心理学会をはじめとして多くの心理学関連学会では，倫理規定を制定している．日本心理学会「会員倫理綱領および行動規範」では，① 責任の自覚と自己研鑽，② 法令の遵守と権利・福祉の尊重，③ 説明と同意，④ 守秘主義，⑤ 公表に伴う責任，という5つの条項を定めている[6]．日本教育心理学会では，一般綱領として，(1) 人権および人間の尊厳に対する敬意，(2) 学問上および専門職上の自覚と責任をかかげ，倫理規定として以下の6つをあげている[7]．① 人権の尊重，② 研究実施のための配慮と制限，③ 情報の秘密保持の厳守，④ 公開に伴う責任，⑤ 研鑽の義務，⑥ 倫理の遵守である．

こうした規範を守るよう，心理学研究者は要請されている．と同時に，心理学を学ぼうとする学生などに対して，このような研究倫理をしっかりと教育することが望まれる．

〔二宮克美〕

6) 社団法人日本心理学会では会員名簿の最初のページに，「会員倫理綱領および行動規範」が掲載されている．

7) 日本教育心理学会でも会員名簿の末尾に「倫理綱領」が掲載されている．また，日本教育心理学会（編）『教育心理学ハンドブック』の第7章「教育心理学研究のための倫理」に解説がある．

【参考文献】
安藤寿康・安藤典明（編）2005　事例に学ぶ心理学者のための研究倫理　ナカニシヤ出版
日本教育心理学会（編）2003　教育心理学ハンドブック　有斐閣
日本発達心理学会（監修）古澤頼雄・斉藤こずゑ・都筑学（編著）2000　心理学・倫理ガイドブック：リサーチと臨床　有斐閣

III パーソナリティ理論

ファスナッハトの仮面（ドイツ）

類型論

typology / type theory

現象をいくつかのカテゴリーに分けてみる見方を類型論的把握と呼ぶ．**類型論**（typology）はパーソナリティ研究だけに有用なわけではないが，心理学史的にはパーソナリティ研究との関係が密接である．パーソナリティ理論における類型の種類には以下のようなものがある[1]．

1. 理論的（理念的）類型
2. 正規分布を一定の基準で切ることで得られる類型
3. 関連したいくつかの属性（特性）の組み合わせによる類型
4. プロフィールのパターンによる類型

人の性質やパーソナリティをいくつかのタイプ（類型）に分けて理解しようとする見方の源流をさかのぼると，医聖と呼ばれる**ヒポクラテス**（Hippocrates）[2]にいきつく．彼は人間の4つの体液——血液，粘液，黄胆汁，黒胆汁——を重視し，それらの体液のバランスが崩れると病気になる，というある種の病理論を提案した．4つの体液と病気を対応させた類型論である[3]．さらに**ガレノス**（Galenos）[4]は体液を人の性質と対応させた．彼は，4つの体液のいずれかが気質を支配すると考え，多血質，粘液質，胆汁質，憂鬱質というカテゴリーを作った．血液が多い人は陽気，粘液が多い人は粘り強く冷静で沈着，そして，黒胆汁が多い人は憂鬱な感じ，黄胆汁が多い人は怒りっぽい人という理論だった．こうしたことからガレノスは**体液心理学**もしくは体液によるパーソナリティ類型論を完成させたと言われる．しかし当時は体液そのものの検査をしていたわけではない．外界から把握できる行動パターンの個人差の説明原理を仮説的に体液のバランスに

1) 若林明雄　1998　類型論　詫摩武俊監修　性格心理学ハンドブック　福村出版　Pp.58-65.

2) ヒポクラテス（前460-?）．古代ギリシアの医者．

3) 溝口元　1997　性格研究の源流をさかのぼる　朝日新聞社編　多重人格とは何か　朝日新聞社

4) ガレノス(129-199)．実験的証明という方法を導入し，古代ギリシア医学を集大成した．

帰属させたにすぎない面があるし，その妥当性の根拠は感覚的なものであった．

そして，ガレノス以後はパーソナリティ理論自体が発展しなかった．パーソナリティ理論が必要となったのは，個人の性質やあり方に関心をもたれるような時代，つまり近代以降になってからである．折しも科学的心理学の勃興と同じ時代のことである．科学的心理学におけるパーソナリティ理論も類型論から始まったのだが，それは精神医学との関係が影響している．

精神医学の領域では病前パーソナリティという概念が生まれた．たとえば，ドイツの精神医学者**クレッチマー**（Kretschmer, E.）[5]は体型に注目した理論化を行った．やせ型，筋肉質型，肥満型でそれぞれパーソナリティが異なり，また，なりやすい精神病も異なると考えたのである．この研究には当時の最新技術である写真が使われた．つまり，精神病の病像ごとに何人もの写真を同時に同じ印画紙に焼き付けることで，平均的な体型の写真を作り，その類型を理解しようとしたのである．簡略に述べれば，躁鬱病になりやすい人は肥満型，統合失調症になりやすい人はやせ型と整理された．ただしこの説はその後の追試研究の結果，否定されるに至っている[6]．

20世紀前半はパーソナリティ心理学において類型論の行進とでも呼べるくらいさまざまな類型論が提唱され始めた．スイスの精神医学者**ユング**（Jung, C. G.）[7]はフロイト[8]の精神分析に興味をもち，その後継者と目されていた．だが彼はフロイトから離反し，その後にある種の類型論を提唱している．彼は臨床経験をもとに，リビドーと呼ばれる精神的エネルギーが内に向くか，外に向くか，ということで人を類型化しようとした．エネルギーが内に向く人は**内向型**，外に向く人は**外向型**である．また，4つの心的機能（思考，感情，感覚，直感）を考え，どの機能が優位であるかということと，内向外向の2分類をかけあわせて計8つの類型を指定したのである．

この他，ドイツでは**シュプランガー**（Spranger, E.）[9]の価

5) クレッチマー（1888-1964）．p.8参照．

6) 藤井薫 1992 教科書記載のある神話からの解放 精神医学 34, 1272-1273．

7) ユング（1875-1961）．p.58参照．

8) フロイト（1856-1939）．p.26参照．

9) エドゥアルト・シュプランガー（1882-1963）．ドイツの哲学者，教育学者．

値類型があらわれた．シュプランガーは**ディルタイ**(Dilthey, W.)[10]や**ヤスパース**(Jaspers, K.)[11]らとともに**了解心理学**という学派を形成しており，人間の個性の形成を価値観の追求から検討したのである．シュプランガーは何を理想の価値とするかによって6つの類型があるとした．理論的人間，審美的人間，経済的人間，宗教的人間，権力的人間，社会的人間の6つである．**シェルドン**(Sheldon, W. H.)[12]は内胚葉型，中胚葉型，外胚葉型の3つに分ける類型論を提唱した．

類型論はその後の特性論の勃興によって厳しい攻撃を受けた．たとえば**オルポート**(Allport, G. W.)[13]は「どんな類型学もパーソナリティ全体からある断片を抽象して，その断片を不自然に目立たせることに基づいて」おり「類型学はどれも本来は境界線があってはならないことに境界を引いてしまう」として類型論を論難し，特性論の優位を主張している．だが，ミッシェル(Mischel, W.)[14]によってパーソナリティ概念それ自体への疑問が呈されて**人－状況論争**が始まると，類型論は特性論や（精神）力動論とともにその理論的基盤を大いに揺さぶられることになった．ミッシェルに賛同する側の立場はパーソナリティの状況論と総称されるが，この立場ではパーソナリティの把握が難しい．20年以上におよぶ論争の結果，パーソナリティ心理学には，**ビッグ・ファイブ**(Big Five)という新しい理論が登場した．因子を強調しているので特性論の系譜につながるものではあるが，ある意味で特性論と類型論の折衷でもある．ただしここでの類型とは特性の類型である．特性を因子にまとめたときの5つのまとまりを2次因子ではなく，特性の類型としてとらえるのである．コスタ(Costa, P. T., Jr.)とマックレー(McCrae, R. R.)[15]は解放性(openness to experience)，誠実性(conscientiousness)，外向性(extraversion)，協調性(agreeableness)，経験への神経症的傾向(neuroticism)の5因子を提唱し，その頭文字を組み合わせてOCEAN(オーシャン)モデルと称することもある．

オルポート(1937)は，特性をもつという表現が可能であるのに対し，類型をもつという表現が不可能であることを述

10) ウイルヘルム・ディルタイ(1833-1911)．ドイツの哲学者．

11) カール・ヤスパース(1883-1969)．ドイツの精神科医，哲学者．実存主義の代表者のひとり．

12) ウイリアム・ハーバート・シェルドン(1898-1977)．アメリカの心理学者．体型と気質の関係を統計的に研究．

13) オルポート(1897-1967)．p.3参照．
Allport, G. W. 1937 *Personality: A psychological interpretations*. Holt; New York. 〔詫摩武俊・青木孝悦・近藤由紀子・堀正 共(訳) 1982 パーソナリティ：心理学的解釈 新曜社〕

14) Mischel, W. 1968 *Personality and assessment*. New York: Wiley. 〔詫摩武俊(監訳) 1992 パーソナリティの理論：状況主義的アプローチ 誠信書房〕

15) Costa, P. T., Jr., & McCrae, R. R. 1992 Normal personality assessment in clinical practice: The NEO Personality Inventory. *Psychological Assessment*, 4, 5-13.

べ，類型は「人や自然のうちに存在するのではなく，観察者の眼の中にある」ことを指摘した[12]．これは大変重要で興味深い指摘である．オルポートは基本的に類型論に否定的であったが，類型が観察者の眼の中にあることに自覚的でさえあれば，類型論は人間理解のための古くて新しい方法になるかもしれない．

個別事例の寄せ集めでもなく，先験的カテゴリーへの分類でもない，アブダクション（仮説推論）的なカテゴリーは，現象の秩序だった理解を可能にしてくれるかもしれないのである．類型論は分類というイメージが強いが，類型論を分類ととらえると見失うことも多い．類型は何を解明するのかという目的が重要なのであり，類型は「箱」というより「焦点」なのだという若林[1]の指摘は興味深い．このように考えるなら，類型論はパーソナリティ以外にも適用が可能であるし，むしろその方が実り多いであろう．

この意味で，個々の事例を検討していく**文化心理学**や**質的研究**の領域で類型的理解が復活しつつある．遠藤[16]は，発達事象におけるさまざまな経路に焦点をあてるときに，個人の発達径路の多様性を束ねるものとしての類型という考え方が有効ではないかとしている．大橋[17]は個別の事例研究から普遍的な理解を構築する際に類型論を中間項として媒介させることが有効ではないかと論じており，安田[18]は「不妊治療」や「養子縁組」といった社会システムへの関わり方を分岐点や等至点としてサンプリングし，それらを不妊経験に織り込むことによって，経験の多様な径路を類型化する試みを行っている．

類型論を静的な分類箱としてとらえるのではなく，時間的変化を含む焦点化の枠組みとしてとらえるならば，パーソナリティの類型論にも新しい可能性が出てくるかもしれない．

〔サトウタツヤ〕

16) 遠藤利彦（編）2005　発達心理学の新しいかたち　誠信書房

17) 大橋英寿　2005　日本質的心理学会設立記念集会の対談における発言　大橋英寿・やまだようこ　質的心理学の来し方と行方　質的心理学研究　4, 6-15.

18) 安田裕子　2005　不妊という経験を通じた自己の問い直し過程：治療では子どもが授からなかった当事者の選択岐路から　質的心理学研究　4, 201-226.

【参考文献】

戸田まり・サトウタツヤ・伊藤美奈子　2005　グラフィック性格心理学　サイエンス社

III-18
特性論
trait theory

　パーソナリティの**特性論**（trait theory）は，**オルポート**（Allport, G. W.）[1]が最初に提唱した概念である．それまでのパーソナリティ理論は，Ⅲ-17で示した**クレッチマー**[2]に代表される類型論であった．類型論は，それまで人間の普遍性を追求した法則定立的な一般心理学とは異なった個性記述的な心理学から出発し個々人をいくつかの類型に分類するという，いわば法則定立的な心理学と個性記述的な心理学をミックスした形でつくられた理論である．この類型論の考え方は，主としてヨーロッパで作られていった．しかし，アメリカの心理学者たちは，これを批判した．その批判を要約すると，類型論は粗雑な記述であって，実験的に検証することが困難であるというものである．彼らは，生得的で恒常的であるために測定可能なパーソナリティの構成要素を考えようとした．その構成要素あるいは基本単位が，**特性**（trait）であり，人間の反応傾向といってもよい．すなわち，類型論と異なり，パーソナリティを形成する基本単位としての特性の存在を仮定し，その総和をパーソナリティとしたのである．人間間のパーソナリティの違いは，特性の組み合わせによる違いであると見なす．また，人はこうした特性を誰でも多かれ少なかれ有しているから，量的に測定が可能であるとしたのである．特性論は，その後，因子分析という統計手法により急速に発展する．パーソナリティの数量化が可能になったからである．

　オルポートは，日常的に使うパーソナリティの用語をウエブスターの辞書から約18,000語を抽出し，それを大きく4つに分類した．第1群は，「攻撃的」「内向的」「社交的」など

1) オルポート（1897-1967）．p.3参照．

2) クレッチマー（1888-1964）．p.8参照．

心理生物的基礎							共通特性													
身体状況			知能		気質		表出的				態度的									
											対自己		対他者			対価値				
容姿	健康	活力	抽象的（言語的）	機械的（実用的）	感情広	感情強	支配的	自己拡張的	持久的	外向的	自己批判的	自負的	群居的	利他的	社会的知能（如才なさ）	理論的	経済的	芸術的	政治的	宗教的
整	良	大	上	上	広	強	的	的	的	的	的	的	的	的		的	的	的	的	的
不整	不良	小	下	下	感情狭	感情弱	服従的	自己縮小的	動揺的	内向的	自己無批判的	自卑的	独居的	自己的（非社会的行動）	社会的知能低劣（非常識）（社会的）	非理論的	非経済的	非芸術的	非政治的	非宗教的

図18-1 オルポートの心誌 (Allport, G. W., 1937)[3]
（空欄はチェック欄）

実際的な特性を表す用語で，第2群は，「赤面」「狂乱」など一時的な状態を表す用語，第3群は，「価値ある」「重要でない」「好ましい」といった評価を表す用語，第4群は，その他，である．このうち，第1群は約25％あったが，それを人間の安定した行動傾向とし，特性語と考えた．

特性には，個人に固有のものと共通のものがあると考える．前者を**個別特性**（individual trait），後者を**共通特性**（common trait）と名づけた．その上で，共通特性を表出的特性（expressive trait）と態度的特性（attitudinal trait）に分けた．前者は，動機づけられた行動にあらわれるもので，たとえば支配的な人，自己拡張的な人，持久的な人はその例である．後者は，動機づけの機能そのものに関係する特性で，自己や他者に対する態度，価値に対する態度がその例である．

オルポートは，さらに独自の**心誌**（psychograph）を作り上げた．心誌は，個々人のもっている共通特性の強さを図に表したものをいう（図18-1）．この図の心理生物的基礎は，

3) Allport, G.W., 1937 *Personality: A psychological interpretation*. Holt.

特性ではなく，特性が発達していく上での素材ともいえるもので，身体状況，知能，気質からなっている．二重線の右側が共通特性である．心理生物学的基礎の内容と共通特性が上と下に書かれていて，中央に線が横に描かれている．この中央の線は，中央値を表す．個人は，各特性についてさまざまな位置にプロットされる．それを結ぶとその人の特徴がひと目で分かるというものである．

このオルポートの考え方をひきついで，因子分析の手法を導入し，より精緻化していったのが**キャッテル**（Cattell, R. B.）[4]である．キャッテルは，図18-2に示すように特性を5つの層としてとらえる．第1の層は，独自特性（unique trait）と共通特性（common trait）である．これは，オルポートの考えと類似していて，独自特性は，個人特有の興味や態度などで，これは数量化できないものである．一方，共通特性は，人がその多少の違いがあっても共通にもつ特性であり，数量化が可能である．

第2の層は，表面特性（surface trait）と根源特性（source trait）である．表面特性とは，外部から観察可能な行動的な特徴を意味する．これに対して，根源特性は表面特性を規定する潜在的な特性である．これは，多くの表面的特性を因子分析することによって見られるものである．第3の層は，根

4) レイモンド・B・キャッテル（1905-1998）は，ヴントのもとに留学して後，オルポートの因子分析をさらに進めて特性論を推し進めた．知能研究では，流動性知能と結晶性知能を分類した．

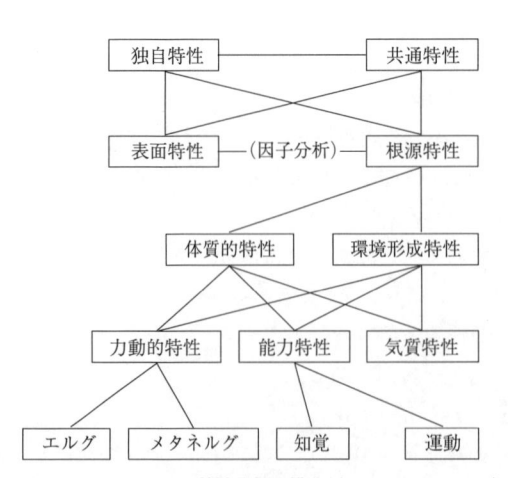

図18-2 キャッテルの特性分類の構造（Cattell, R. B., 1950）

源特性を純粋な形で因子として抽出した場合に考えられる分類であり，体質的特性と環境形成特性である．体質的特性は，遺伝によって生じる特性であり，環境形成特性は，環境の中で経験によって生じてくる特性である．第4の階層は，力動的特性，能力特性，気質特性の3つに分類される．

表18-1　キャッテルの12の根源特性 (Cattell, R. B., 1950)

因子の名称	
因子1	躁うつ気質―分裂気質
因子2	一般的精神能力―知能欠如
因子3	情緒安定性―神経症的情緒不安定性
因子4	支配性・優越性―服従性
因子5	高潮性―退潮性
因子6	積極的性格―消極的性格
因子7	冒険的躁うつ性気質―退えい的分裂性気質
因子8	敏感で小児的・空想的な情緒感―成熟した強い安定性
因子9	社会的に洗練された教養のある精神―粗野
因子10	信心深い躁うつ性気質―偏執病
因子11	ボヘミアン風の無頓着さ―月並の現実主義
因子12	如才なさ―単純さ

力動的特性とは，獲得された興味，態度，情操，コンプレックスなどである．これは，第5の層のエルグ，メタネルグにつながる．

能力的特性は，第5の層の知覚と運動につながる．

第5の層のエルグとは，先天的な根源特性であり，遺伝要因に規定されている．一方，メタネルグは後天的に環境によって作られた根源特性を意味する．キャッテルは，因子分析を使用して表18-1に示すような12の根源特性を示したが，後に，「急進性―保守性」「自己充足性―集団依存性」「高い自己統合性―低い自己統合性」「エルグ緊張―エルグ弛緩」の4因子を加え，最終的に16の特性因子を抽出している[5]．

その後，キャッテルの因子分析による特性論は，さまざまな検討が加えられてきた（Fiske, 1949; Tupes & Christal, 1961; Goldberg, 1992）．その結果，因子数は減少し，5つの因子（特性）が多くの研究に共通に見られ，最近では，これを**ビッグ・ファイブ**（Big Five）と呼ばれるようになった．村上と村上[6]は，日本に適用するにあたって外向性，協調性，勤勉性，情緒安定性，知性の5つの特性用語を使用している．

〔青柳肇〕

5) 瀧本孝雄　1990　性格の特性論　詫摩武俊・瀧本孝雄・鈴木乙史・松井豊　性格心理学への招待　サイエンス社　Pp.63-74.

6) 村上宣寛・村上千恵子　1999　性格は5次元だった　培風館

【参考文献】
本明寛（編）1989　性格の理論　性格心理学新講座Ⅰ　金子書房

III-19
精神分析理論
psychoanalytic theory

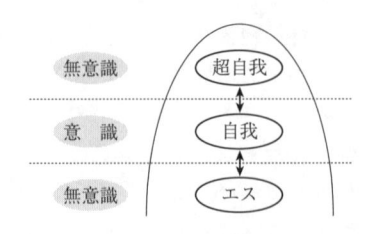

図19-1 フロイトの心的構造論の模式図

　精神分析理論（psychoanalytic theory）は，心理学に無意識という概念を導入し，とりわけ20世紀前半に大きな影響力を誇った．創始者である**フロイト**（Freud, S.）[1]の考えは，その継承者によって変更が加えられ，また精神分析を批判することが，学習理論やヒューマニスティック理論のような新しい流れにつながった．この意味で，どこまでが精神分析の理論であるというように，線引きをすること自体が難しくなっているともいえる．ここでは，創始者フロイトのアイディアがどのように継承されたのか，また，現代の心理学にどのような形で生きているのかも含めて述べる．

　フロイトの理論の骨格は，心的構造論である（図19-1）．これは，**自我**（ego），**エス**（es），**超自我**（super ego）という３つの部分からなる心のモデルである．意識的な自分は自我である．意識すると不安になるような不快な内容が抑圧によって無意識に封じ込められたものがエス（イドともいう）である．エスは，ひたすら快楽を求めるような欲求のエネルギー源である．フロイトは特に性的な欲求（リビドー）の役割を強調した．あまりに奔逸な欲求は受け入れられないため，抑圧されてしまうのである．一方，批判的に自分を監視し罰するような働きは超自我である．これは，道徳意識をつかさどる[2]．

　自我，超自我，エスは常にダイナミックな緊張関係にある．このような力のバランスを調整するために自我が用いる方略が**防衛機制**（defense mechanism）である．人が心のバランスをとるために，さまざまな方略を用いているという考えは，現代ではストレス対処理論という分野に発展している．そこ

1) フロイト（1856-1939）．p.26参照．

2) Westen, D., & Gabberd, G. O. 1999 Psychoanalytic approaches to personality. In L. A. Pervin & O. P. John (Eds.), *Handbook of personality* (2nd ed). Guilford. Pp.57-101. 以下，フロイト理論や愛着理論の解説は，主としてこの文献に拠った．

で研究されている対処方略は，フロイトが述べたものとは随分異なるが，抑圧のように実証的な研究がなされているものもある．**抑圧型**（repressor）の人は，心理検査で不安の得点が低く防衛的傾向の得点の高い人と定義される．このような人は，不安を喚起する場面で生理的には不安反応を示すものの主観的な不安感は増大しない[3]．パーソナリティ研究の観点から興味深いのは，抑圧という無意識と関連する方略を意識的な方法（質問紙法）で測定可能な点である．さらに，ここで防衛的傾向の指標としているのは，社会的望ましさ尺度である．社会的望ましさとは，実際にはありそうにない望ましい行動（例．たとえでしゃばってでも，困っている人を助けるのにちゅうちょしたことはありません）に「あてはまる」と答える傾向で，質問紙法のパーソナリティ測定の結果を歪めてしまう要因と考えられてきた．当初は単なるノイズと考えられていたものが，抑圧という無意識のメカニズムをとらえていたという点は非常に興味深い．

一方，知性化は葛藤を理屈だけで考えて感情から切り離すことである．これに相当する現象も実験的に示されている．自分の苦痛な体験などを書き綴ることが，苦痛の低減と心身の健康の増進に有効であるという研究が蓄積されている（**筆記開示**；expressive writing）[4]．ところが，同じように筆記をしても，感情を書き綴るのではなくことばで分析すると，あまり効果が得られないことが分かった[5]．つまり，知性的に考えるのはあまり治療的ではないのである．このように知性的に考える傾向は不安障害やうつ病の人に共通する[6]．

構造論，防衛機制とならんでフロイト理論の柱となるのは，リビドーの発達理論である．無意識の葛藤の多くが発達過程で満たされなかった性的欲求と関連していることにフロイトは気づいた．性的欲求の焦点は，乳児期から児童期にかけて，身体のいろいろな部位を変遷すると考え，口唇期，肛門期，男根期，潜伏期，性器期という段階を提唱した．ある段階の欲求が満たされないと，それが後に神経症の症状などの形で発現する．それを固着と呼んだ．ここで注意が必要なのは，リビドーの発達は，現実というよりも成人のクライエントの

3) 佐藤徳・安田朝子 1999 「抑圧」の認知精神病理学：情緒システムの機能的解離と身体疾患との関連について 心理学評論, 42, 4, 438-465.

4) Lepore, S. J., & Smyth, J. M. 2002 The writing cure: How expressive writing promotes health and emotional well-being. *American Psychological Association*.〔余語真夫・河野和明・湯川進太郎・佐藤健二・大平英樹（監訳）筆記療法：トラウマやストレスの筆記による心身健康の増進 北大路書房〕

5) Watkins, E. 2004 Adaptive and maladaptive ruminative self-focus during emotional processing. *Behaviour Research and Therapy*, 42, 1037-1052.

6) Hayes, S. C., Follette, V. M., & Linehan, M. M. (Eds.), 2004 *Mindfulness and acceptance: Expanding the cognitive-behavioral tradition*. Guilford.〔春木豊（監修），武藤崇・伊藤義徳・杉浦義典（監訳）マインドフルネス＆アクセプタンス ブレーン出版〕

中に見出された願望やファンタジーであるという点である．

フロイト以後の後継者たちは，このような性欲論を批判することで独自の理論を発展させていった．**エリクソン**（Erikson, E. H.）[7]は，性欲よりも社会における役割へのコミットメントという観点から発達を考えた[8]．エリクソンの**ライフサイクル**（life cycle）理論は，乳児期における世界に対する信頼感の獲得から始まり，青年期における**アイデンティティ**（identity；自己同一性）の獲得を経て，老年期における統合感の獲得にいたるまでの生涯発達を視野に入れた壮大なモデルである．

フロイトも性欲の充足をめぐる母あるいは父との関係を重視していたが，時代が下るにつれて，親子の関係は精神分析理論（あるいはもっと広く精神力動論とも呼ばれる）の中でますます重要な位置を占めるようになった．たとえば，**ボウルビィ**（Bowlby, J.）[9]は，子どもが養育者に対して情緒的な絆を形成し，安心感を得るメカニズムを**アタッチメント**（attachment；**愛着**）[10]と呼んで，その発達理論の中心にすえた．愛着研究者は実際に子どもを観察したり実験を行うことによって，現実の発達をとらえる研究を行った．この点でもフロイトから大きく隔たっている．ストレンジ・シチュエーション・パラダイムは，母子同室の状況から母親が退出し，見知らぬ人が入ってくるという分離場面を設定して，子どもの愛着スタイルを見るものである．現在では，愛着スタイルが，成人のパーソナリティにもひきつがれるかどうかに興味がもたれている．

一方，一時はフロイトの後継者としてその寵愛を一身に受けた**ユング**（Jung, C.）[11]は，他の精神分析家たちとも異なる独自の分析心理学を打ち立てた．まず，ユングの場合，無意識とは抑圧によって追い出された内容と言うよりも，個人を越えて意識に先立って存在する心の本質である（集合無意識）．意識は言うなれば，無意識という大きな海に浮かんだ氷山の一角にすぎない．ユングは意識の中心を自我と呼んだが，それとは独立に自己というものが，無意識も含めた心の中心であると考えた．自己は，心の働きのバランスをとる働

7）エリクソン（1902-94）．p.45参照．

8）Erikson, E. H. 1982 *The life cycle completed: A review*. 〔村瀬孝雄・近藤邦夫（訳）ライフサイクル，その完結　みすず書房〕

9）ジョン・ボウルビィ（1907-90）．イギリスの児童精神医学者．第二次大戦直後の施設児の研究から，愛着と母性剥奪に関する理論を提唱．

10）Ⅳ-25，p.104参照．

11）ユング（1875-1961）．p.58参照．

12）ユング，C. G.（著），林道義（訳）1999　元型論　紀伊国屋書店

きがあり，たとえば非常に男性的な人には，女性的なテーマの夢を見せたりする．ユングは，夢の内容と世界各国の神話に共通したテーマを見出し，集合無意識の中にそのような潜在的な構造（**元型**［archetype］）が存在すると考えた[12]．

またユングは，**内向型**（introversion）－**外向型**（extroversion）の区別を中心とするパーソナリティ論を提唱した．内向型は内面に興味やエネルギーが向く人，外向型は外界に興味の向く人である．内向－外向に，社交性を越えた意味をもたせている点が特徴である．さらに，内向的な人は，無意識は外向的というような相補性が強調されている[13]．ユングは，内向的な人と外向的な人というように，パーソナリティのタイプ分けを考えた．一方，現在では内向性－外向性という次元上に個人を位置づける特性論が一般的である．内向性－外向性は**アイゼンク**（Eysenck, H. J.）[14]の理論や**ビッグ・ファイブ**（Big Five）など多くのパーソナリティモデルに取り入れられている．さらに，矢田部－ギルフォード性格検査（Y-G性格検査）は12の下位尺度があるが，因子分析をすると内向性－外向性と神経症傾向の2因子にまとまってしまう．このように，内向－外向は人のパーソナリティの基本的な次元といえるのである[15]．

精神分析は，非常に大きな影響力をもったが，科学的な根拠を重視する**エビデンス・ベイスト**（evidence-based）の流れの中では，心理療法としての有効性は支持されず，臨床的介入としてはあまり重視されなくなってきている．一方，臨床（心理学）以外へも広く影響をもったという点で，精神分析理論は独自である．フランスの構造主義の思想家**ラカン**（Lacan, J.）[16]などは現代思想として広く親しまれた[17]．また，自己という超越的な存在を仮定するユング理論は，精神分析に止まらず西洋思想の枠にも収まり切らないもので，ニューエイジ思想やトランスパーソナル心理学などのスピリチュアルな流れに大きな影響を与えることになる[18][19]．〔杉浦義典〕

【参考文献】
秋山さと子　1988　ユングの性格分析　講談社
鈴木晶　1992　フロイト以後　講談社

13) Jung, C. G. 1967 *Psychologische typen*. Rascher Verlag.〔林道義訳　1987　タイプ論　みすず書房〕

14) アイゼンク（1916-97）．p.43参照．

15) 辻平治郎編著 1988　5因子性格検査の理論と実際　北大路書房

16) ジャック・ラカン（1901-81）．精神科医，精神分析家，哲学者．パラノイアの研究，自我発達の段階としての「鏡像段階」の提唱でも知られる．

17) 鈴木晶　1992　フロイト以後　講談社

18) 秋山さと子　1987　ユングとオカルト　講談社

19) ニューエイジは，1960年代のアメリカ西海岸のカウンターカルチャーに由来する，物質文明批判，東洋思想への傾倒などの特徴をもつ思想の流れ．トランスパーソナル心理学も同系統の流れであり，自己を超越した統合を重視する．いずれも神秘主義的な色彩を帯びている．

III-20
学習理論
learning theory

特性論や**精神分析理論**の立場に立つパーソナリティ理論では，一般に，ある個人の行動はどんな状況においても一貫したものであると考えられ，そうした一貫性をもたらす原因を特性や自我構造などの内的な要因に求めている．これに対して**学習理論**（learning theory）は，行動の形成可能性や変容可能性を重視し，行動に先立つ事象や，報酬や罰として与えられる行動の結果，環境などがパーソナリティを形づくると主張する．こうした理論的立場は，観察可能な行動に加えて動因や認知過程などの若干の内的要因を認める学習理論と，直接観察不可能な媒介変数をいっさい考慮しない**徹底的行動主義**（radical behaviorism）に大別される．

学習理論におけるパーソナリティ

ロッター（Rotter, J. B.）らは，**社会的学習理論**（social learning theory）を提唱し，パーソナリティの本質は安定した内的特性ではなく，特定の社会的状況に反応する**潜在的可能性**，つまりある状況で取りうる行動のレパートリーであると主張した[1]．たとえば，大学の授業中における行動の潜在的可能性として，講義を真剣に聴く，他のことを考える，友だちと喋る，寝るなどがあげられる．特性論であれば，真剣に講義を聴く学生は「まじめ」「勤勉」などの特性をもっていると考えるだろう．しかし社会的学習理論では，そうした特性は仮定せず，行動は期待と強化価（重要さ）によって決定されると考える．努力して勉強すれば試験でよい点が取れるであろうという期待が高く，その授業の成績が重要であるほど，その学生は講義を真剣に聞くという行動をとると予測される．重要なのは，その学生はいつでも，どの授業でもそ

1) Rotter, J. B. & Hochreich, D. J. 1975 *Personality*. Glenview, IL: Scott, Foresman. 〔詫摩武俊・次良丸睦子・佐山菫子（訳）1980 パーソナリティの心理学　新曜社〕

うした行動をとるとは限らず，難解すぎてよい成績が期待できない場合や，その単位を落としても卒業に影響がない場合などには，他の行動をとる可能性もあるということである．

さらにロッターは，期待を左右する重要な変数として**ローカス・オブ・コントロール**（locus of control；統制の位置）[2]という概念を提唱し，その個人差を測定する尺度を開発している[3]．この変数により，自分に起こることは，自分の行動や態度の結果であると信じる**内的統制**が優勢な個人と，運不運，チャンス，他者の影響などの結果であると信じる**外的統制**が優勢な個人に分けられる．内的統制が優勢な個人ほど，期待を大きく見積もりやすい．ローカス・オブ・コントロールは，観察不可能な内的要因であるが，特性ほど抽象的で広範な概念ではなく，信念や認知の傾向に近い概念である．

動物が行動を学習するには，原則として自分自身の行動が報酬や罰のフィードバックを受ける必要がある．しかし人間は，自分自身で直接体験しなくても，他者が報酬や罰を受けることを観察することにより学習することができる．**バンデューラ**（Bandura, A.）[4]は，これを**観察学習**（observational learning）あるいは**モデリング**（modeling）と呼んでいる．有名な攻撃行動の学習の研究[5]では，就学前の幼児が，モデルがパンチングドールに対してなぐる，蹴るなどの攻撃行動をする映画を見せられた．モデルの攻撃行動が是認され菓子が与えられる報酬条件や，報酬も罰も与えられない統制条件に比べて，攻撃行動を行ったモデルが叱られる場面を見た罰条件の幼児では，その後に同じような場面におかれた際に，顕著に攻撃行動が抑制された．統制条件でも報酬条件と同程度の攻撃行動が行われたのは，報酬も罰も受けない条件では，観察したモデルを単に**模倣**するという学習がなされるためだと解釈されている．

バンデューラの理論において重要な概念に，**自己効力**（self efficacy）[6]がある．これは，ある状況において必要な行動を効果的に遂行できるという確信である．たとえば，重要な試験を前にして，そのために一生懸命勉強するという行動を，自分がどれくらい実行できそうか，という期待（効力期

2) Ⅳ-29，p.122参照．

3) 鎌原雅彦・樋口一辰・清水貞治 1982 Locus of Control 尺度の作成と信頼性，妥当性の検討．教育心理学研究，30，302-307．

4) アルバート・バンデューラ（1925- ）．カナダ生まれ．アメリカで活躍．他者の行動とその結果を観察し代理強化を得ることを重視する，社会的学習の理論を提唱．

5) Bandura, A. 1965 Influences of model's reinforcement contingencies on the acquisition of imitative responses. *Journal of Personality and Social Psychology*, 1, 589-595.

6) Bandura, A. 1977 Self-efficacy: Toward a unifying theory of behavioral change. *Psychological Review*, 84, 191-215.

待）を意味する．この自己効力は，勉強したならば，どれくらいいい成績がとれそうかという**結果期待**[7]とは別の概念であることに注意が必要である．バンデューラによれば，自己効力は結果期待よりも，実際の行動をよく予測するとされている．また自己効力の高い個人は，ストレスにさらされても，よりよく対処ができると考えられている．

徹底的行動主義におけるパーソナリティ

徹底的行動主義（radical behaviorism）と呼ばれる**スキナー**（Skinner, B. F.）[8]の理論では，直接観察不可能な内的説明変数を研究に導入することを認めない．それゆえ必然的に，行動の個人差の源泉として仮定される性格という概念そのものを認めないことになる．この立場によれば，個人差は行動に随伴する**強化**（reinforcement）歴の違いによって説明される．つまり，これまでその個人がどのような行動をとり，それがどのように報酬や罰を受けて，強化されてきたか，あるいは罰を受けてきたかによって，その個人の現在の行動のあり方が決定されていると主張するのである．スキナーの理論では，強化とはある行動の頻度を増加させる手続きのことであり，罰とはある行動の頻度を減少させる手続きをさす．

こうしたパーソナリティの源泉についてのスキナーの立場は，ミッシェル（Mischel, W.）によって継承され，後にパーソナリティ研究における**人－状況論争**を引き起こすことになった[9]．一方，言語学者の**チョムスキー**（Chomsky, N.）[10]は，人間の行動は学習や経験だけにより形成されるものではなく，生得的な生物学的基盤などの内的要因の重要性を主張して，行動主義を批判している[11]．しかしスキナー自身は，たとえば遺伝の要因を，行動や強化の有効性の初期値として認めている．このことからも分かるように，徹底的行動主義ではすべての内的要因を否定しているわけではなく，それらが直接観察できない限りは，科学的理論の中で説明として用いるべきではないと主張しているのである．

強化学習

人間のパーソナリティは，非常に長い時間の中での経験や学習の蓄積により形成される．それゆえ，学習理論に基づい

---

7) IV-28, p.116参照．

8) スキナー（1904-90）．p.60参照．

9) III-23 場の理論・役割理論の項を参照．

10) ノーム・チョムスキー（1928- ）．アメリカの言語学者．生成文法論を提唱し，生得的言語能力の存在を主張し，行動主義を批判した．

11) Chomsky, N. 1959 A review of B. F. Skinner's verbal behavior. *Lan-guage*, 35, 26-58.

て，パーソナリティの形成過程を実験的に検討することはほとんど不可能である．このような場合に威力を発揮すると思われるのがシミュレーションである．**強化学習**（reinforcement learning）は，人間，動物，ロボットなどの主体が，自らの行動とその結果得られる報酬だけに基づいて，新たな行動を学習する過程についての理論的な枠組みと，それに基づく工学的なコンピュータ・モデルである．工学分野での強化学習の主要な研究課題は，不確実性の大きい環境における最適制御である．たとえば宇宙や海底などのような環境で働くロボットを開発する場合，制御規則を設計者があらかじめプログラムすることは困難である．いつ何が起こるか分からないのだから，すべての可能性を考慮してプログラムを組むことは不可能だからである．そのかわりに，達成すべき目標を報酬によって指示することで自律的にロボットが学習することができれば，制御はより容易になる．このように強化学習の研究は，心理学とは独立に発達してきたのだが，最近になり，強化学習が人間や動物の学習過程のよいモデルを提供するとして注目されるようになってきた[12]．

人間は，規範やルールを守り他者と協調しようとする社会性と，独自性を示し，時には規範の枠からはみでる個性の，両方をもっている．そして両者の度合いは，個人により異なっている．柴田ら[13]は，強化学習により，こうした個性や社会性がどのように発現し，分化していくかについての研究を行っている．彼らは混雑している電車の乗り降りという場面を設定し，個々のエージェントが早く正しく移動できることを報酬と定義して，コンピュータによるシミュレーションを行った．その結果，個々のエージェントが単に自らの報酬を獲得すべく学習を行うことにより，利害衝突を回避するための個性と社会性が自律的に形成されたことが示された．コンピュータ・シミュレーションは，学習理論との組み合わせにより，心理学におけるパーソナリティ研究において，将来有望な研究ツールとなる可能性がある．　　〔大平英樹〕

12) 吉田和子・石井信 2004 強化学習の脳内機構と情動による制御 心理学評論, 47, 150-164.

13) 柴田克成・上田雅英・伊藤宏司 2003 強化学習による個性・社会性の発現・分化モデル 計測自動制御学会論文集, 39, 1-9.

【参考文献】

今田寛 1996 学習の心理学 現代心理学シリーズ3 培風館

実森正子・中島定彦 2000 学習の心理：行動のメカニズムを探る サイエンス社

III-21

脳科学

brain science

気質と性格

クロニンジャー（Cloninger, C. R.）は，パーソナリティは**気質**（temperament）と**性格**（character）の2つから構成されると主張した[1]（図21-1）．気質とは，刺激に対する感情的反応の個人差であり，遺伝性が強く，生涯を通して安定している．これに対し性格は，成長の過程で選択された目的や価値観であり，成人期に成熟する．彼の理論の特徴は，これらパーソナリティの2つの要素がそれぞれ異なる脳システムに対応していると考えることである．すなわち，気質は，**扁桃体**（amygdala），**視床下部**（hypothalamus），**線条体**（striatum），その他の辺縁系領域など，感情に関連の深い脳部位の機能により形成され，性格は，**海馬**（hippocampus）や大脳の各連合野など，記憶や認知に関連する神経ネットワークにより担われているとされている（図21-2）．

特に，4つの因子から構成される気質には，それぞれに関連の深い脳内の**神経伝達物質**（neurotransmitter）が想定されている．神経伝達物質とは，**神経細胞**（neuron）どうし

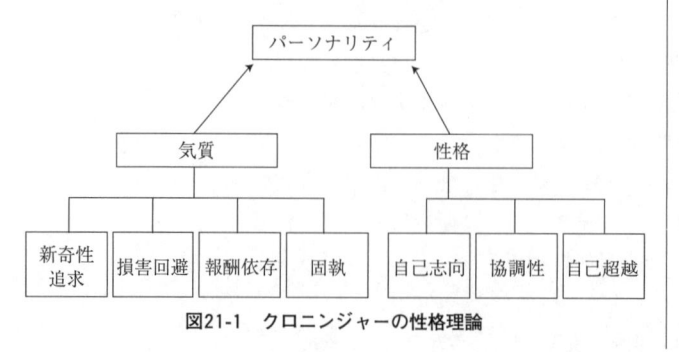

[1] Cloninger, C. R. 1994 Temperament and personality. *Current Opinion in Neurobiology*, 4, 266-273.

図21-1 クロニンジャーの性格理論

の結合部である**シナプス**（synapse）において，情報伝達を制御する化学物質であり，それぞれに機能が異なっている．新奇性追求（novelty seeking）は，新しい刺激やスリルを好み，意思決定が早く，活動的な特性を表し，ドーパミン（dopamine）により規定されていると考えられている．損害回避（harm avoidance）は，リスクに敏感で神経質な特性を表し，セロトニン（serotonin）により規定されると考えられている．報酬依存（reward dependence）は，社交的で他者に依存しがちな特性であり，ノルアドレナリン（noradrenaline）と関連が深いとされる．さらに，固執（persistence）は，ものごとにこだわり，忍耐強い特性であるが，対応する神経伝達物質は特定されていない．さらに，それらの因子を決定づける遺伝子を探索しようとする研究も進められており，新奇性追及とドーパミンD_4受容体の**遺伝子多型**（gene polymorphism：遺伝子の正常範囲の個人差），損害回避とセロトニン・トランスポーターの遺伝子多型が，それぞれ関連するという知見がある[2]．

クロニンジャーの理論は行動遺伝学的な色彩が濃いが，心理学における特性論から生まれた**主要5因子モデル**[3]（five factor model：**ビッグ・ファイブ**とも呼ばれる）においても，各特性の背後に脳機能や遺伝子の個人差があると想定されている．この理論では，パーソナリティは神経質傾向（neuroticism），外向性（extraversion），開放性（openness），快諾性（agreeableness），良心（conscientiousness）の5つの特性から構成されると考える．このうち，認知的に柔軟で意欲に満ちた傾向を表す開放性は，脳においてワーキング・メモリ[4]や実行機能を担う**前頭前野**（prefrontal cortex：図21-2）の背外側部の機能の個人差によって規定されるという知見が報告されている[5]．

こうしたパーソナリティ特性を脳・遺伝子で説明しようとする理論については，支持的データが蓄積されつつあるもの

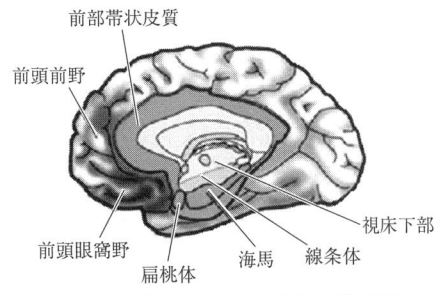

図21-2　パーソナリティに関わる脳の部位

（前部帯状皮質，前頭前野，前頭眼窩野，扁桃体，海馬，線条体，視床下部）

2) Reif, A., & Lesch, K. P. 2003 Toward a molecular architecture of personality. *Behavioral Brain Research*, 139, 1-20.

3) Costa, P. T., Jr., & McCrae, R. R. 1992 Normal personality assessment in clinical practice: The NEO Personality Inventory. *Psychological Assessment*, 4, 5-13.

4) 考えたり行動したりするとき，情報を一時的に保持して目標達成のための活動を支える記憶．

5) DeYoung, C. G., Peterson, J. B., & Higgins, D. M. 2005 Sources of openness/intellect: cognitive and neuropsychological correlates of the fifth factor of personality. *Journal of Personality*, 73, 825-858.

の，理論全体の検証は今後の課題である．また，各特性と脳・遺伝子が単に関連するというだけでなく，それらの関連が，生物学的に妥当か否かの吟味が重要になると思われる．

感情スタイル

デヴィッドソン（Davidson, R. J.）は，感情的反応や感情の制御に関する個人差を，**感情スタイル**（affective style）と呼ぶ．彼は，人間を含む動物には，報酬の獲得に敏感で肯定的な感情と関連の深い接近システム（approach system）と，嫌悪的事象を避けることに敏感で否定的な感情と関連の深い回避システム（withdrawal system）があると考える．そして，どちらのシステムが優位であるかについて個人差があり，それが感情スタイルを形成すると主張している．

デヴィッドソンによれば，そうした個人差を産むのは前頭前野機能の左右差である．前頭前野は行動を計画し実行する知的な精神活動の座である一方，扁桃体などの辺縁系によって起動される感情を，適切に制御する働きをもつ．前頭前野の左半球活動が優勢な個人は，接近システムの働きが強く快感情を経験しやすい．一方，左半球活動が十分でないか，あるいは右半球活動が過剰であると，回避システムの働きが強くなり，不快感情を経験しやすくなる．

この理論についてデヴィッドソンたちは，**脳波**（electroencephalography：**EEG**）のα周波数帯域活動や**陽電子放射断層撮影法**（positron emission tomography：**PET**）により測定した脳の糖代謝を指標として，うつ病患者では右半球活動が優勢であること，右半球活動が優勢な場合，健常者でも否定的気分を報告しやすく，感情的刺激に動揺しやすく回復が遅いこと，右半球が優勢な生後10ヶ月の乳児は刺激に過敏に反応して泣きやすいこと，など多くの支持的な知見を報告している[6]．

この理論は，パーソナリティ全体を扱うものではなく，感情の側面だけに焦点をあてている．また，前頭前野活動の左右差がなぜ感情スタイルの違いを生むのか，どの程度遺伝によって受けつがれるのか，などはまだ不明である．しかし今後，神経解剖学，神経イメージング，遺伝子学などの発達に

6) Davidson, R. J. 2001 Toward a biology of personality and emotion. *Annals of the New York Academy of Sciences*, 935, 191-207.

よって，理論がさらに洗練されていく可能性がある．

パーソナリティの障害と脳

感情の不安定さや人間関係における困難を示す**境界性人格障害**（borderline personality disorder）と，規範意識に欠け犯罪に走りやすい**反社会性人格障害**（antisocial personality disorder）は，いずれも他者に対する攻撃性が著しく高まるという特徴をもつ．しかし，境界性人格障害の個人が刺激に過敏で，衝動的な反応的攻撃（reactive aggression）[6]を生じやすいのに対して，反社会性人格障害の個人は他者を屈服させ利用するための手段として道具的攻撃（instrumental aggression）[7]を生じやすいという相違がある．

ブレア（Blair, R. J. R.）[8]は，こうした障害の背後に脳の機能不全があると主張する．扁桃体が脅威を検出すると，内側視床下部や背側中脳水道灰白質に信号を送ることで，攻撃行動が発動される．前頭眼窩野（orbitofrontal cortex：図21-2）は状況を勘案して，この反応の調整を行う．たとえば他者からの挑発を受けると，扁桃体は攻撃行動を起動する．その際，他者が部下などのように自分より劣位であるか，上司などのように自分よりも優位であるか，を前頭眼窩野が判断し，それによって攻撃を強めたり弱めたりする．一方扁桃体は，他者の苦痛や，自分自身の後悔，人間関係の崩壊など，攻撃の結果生じた有害な影響を学習する機能をももつ．境界性人格障害では，前頭眼窩野の機能不全のために，状況を考慮することができず衝動的な攻撃を起こしてしまう．反社会性人格障害では，扁桃体の機能不全により学習が正しく成立せず，攻撃行動は常に自分の利益になると認識してしまう．

このように，パーソナリティの障害を脳の機能不全から考えることは，複雑な症状を合理的に理解し，有効な治療の方策を考える上で有効であると思われる． 〔大平英樹〕

7) Berkowitz, L. 1993 *Aggression: Its causes, consequences, and control*. Philadelphia: Temple University Press.

8) Blair, R. J. R. 2004 The roles of orbital frontal cortex in the modulation of antisocial behavior. *Brain and Cognition*, 55, 198-208.

【参考文献】

ダマジオ，A.（田中光彦訳）2006　感じる脳：情動と感情の脳科学　よみがえるスピノザ　ダイヤモンド社

ルドゥー，J.（松本元・川村光毅ほか訳）2003　エモーショナル・ブレイン：情動の脳科学　東京大学出版会

III-22
人間主義（ヒューマニスティック）心理学
humanistic psychology

マズロー（Maslow, A.）[1]は，従来のパーソナリティ心理学は，**ワトソン**（Watson, J. B.）[2]の流れを汲む学習心理学と**フロイト**（Freud, S.）[3]の流れを汲む精神分析学との2つに大きな影響を受けてきたという．彼によれば学習理論の流れでは，人間は複雑な機械のようなものであるというメタファー（隠喩）がある．客観的な行動こそが研究対象であって，意識など実証不可能なものを対象にすべきでないというのが，ワトソンの主張であった．その後続いた**ハル**（Hull, C.）[4]や**スキナー**（Skinner, B. F.）[5]らの考えでは，パーソナリティは，経験によって形成されるものであって，習慣行動がパーソナリティであると考える．精神分析学による流れでは，無意識を仮定し，それを中心にして人間の行動を説明しようとしてきた．これに対して，マズローは，この流れのいずれにも与しない**人間主義心理学**（humanistic psychology）を提唱し，自らを**第三の勢力**と名づけた．彼は，人間を学習理論のように複雑な機械とは考えない．選択する，創造性を発揮する，といった人間固有の特徴を重視する．また，精神分析が述べている無意識に支配された人間を考えない．

上田[6]によれば，「マズロー心理学は人間尊重の心理学であり，人間性の何ものにも替えがたい尊厳さにめざめたヒューマニズムの心理学ということができる」としている．その上で，上田は，マズロー心理学の理論的構造を大きく3つに分けて述べている．第1は，全体論的人間観であり，2番目は立体的人間観，そして3番目は価値的人間観である．

第1の**全体論的人間観**とは，人間理解にあたって行動主義のように部分からとらえるのではなく，ゲシュタルト心理

1) アブラハム・ハロルド・マズロー（1908-70）．アメリカの心理学者．生理的欲求，安全欲求，所属・愛情欲求，自尊欲求，自己実現欲求を階層的に捉えた欲求の階層説は有名．

2) ジョン・ブローダス・ワトソン（1878-1958）．アメリカの心理学者．1913年，行動主義心理学を宣言．極端な環境決定論を唱え，恐怖心なども条件づけられたものと考えた．

3) フロイト（1856-1939）．p.26参照．

4) クラーク・ハル（1884-1952）．アメリカの心理学者．学習を説明する原理として習慣強度と動因低減の概念を導入，数学的に記述する学習理論を築いた．

5) スキナー（1904-90）．p.60参照．

6) 上田吉一　1988　人間の完成：マズロー心理学研究　誠信書房

学[7]のように人間の全体理解から始める立場をとる．その内容は，人間は能動的な目的をもった存在であり（目的論的立場），単に現われとしてとらえる（顕型）のではなく本質（元型）としてとらえられるべきであり（元型的立場），個々の心理現象や行動は，人間の本質である信条，目標，世界観にしたがって統合されたとき，初めて人間のもつ心的機能として有効に働き，潜在的可能性の実現が期待される（統一的立場）というものである．

　第2の**立体的立場**とは，人間を立体的な階層構造として理解することをさす．人間は，物質的な存在（原子，分子として見る立場），生物学的な存在（動物の一種として見る立場），神に近い存在（宗教的な立場）というように複雑な存在である．人間性のもつ多様な側面を包括的にとらえるには，立体的な立場にならざるを得ない．従来の心理学では，たとえば生物学的な側面ばかりをとらえ，社会的精神的存在としてとらえる視点が欠落していた．また，人間は，利己的に行動することもあれば，他者を援助することもあるといったように，矛盾した側面をもつ．そこで，マズローは，人間を立体的，階層的にとらえ，それらのすべての側面を包含しようとした．そこで示されたのが，後述する「欲求の階層論」である．人間の成長，発達，自己実現の姿を見ようとしたのである．

　第3の**価値的人間観**とは，人間性の価値に対する尊重の精神が明確になっているということである．精神分析では，人格の基底にある無意識的衝動を重視してきた．このことが臨床心理学や精神医学に大きな貢献をしてきたことは確かであるが，同時に，人間性の尊厳性を低下させてきたことも事実である．マズローは，十全な成長を遂げ，人間としてのあり方を最高度に実現している「完全なる人間」の認識，体験，欲求，行動，生活態度，特性などの存在様式を問題とする．それを通じて，人間性の最高価値を明確にして，人間の人生の指針を示そうとしている．このように，価値を問う心理学といってもよい．したがって，愛情，信頼，受容，肯定，自由，自律，健康，創造，敬虔，無我，献身，喜び，感動という価値が取り上げられている．人間性そのもののうちの最高

[7] 知覚や思考は要素の集合ではなく図と地という全体性に基づくと主張したドイツのベルリン学派の立場．Ⅲ-23のレヴィンもその1人．

表22-1　自己実現者の特徴と行動（Maslow, 1967, Atkinsonら（2000）内田監訳による）[8]

自己実現の特徴
現実を的確に捉え，不確かさを受容できる．
自分や他者を，あるがままに受容できる．
思考や行動が自発的である．
自己中心的でなく，むしろ問題中心的である．
ユーモアのセンスがある．
非常に創造性豊かである．
無理に型を破ろうとしているわけではないが，文化に順応させようとする力に抵抗する．
人類の幸福に関心がある．
人生の基本的な経験に対して，深い理解をもつことができる．
多くの人とよりは，むしろ少数の人と深く充実した対人関係を築いている．
人生を客観的な見地からみることができる．

自己実現へと導く行動
子どものように，吸収と集中をしながら，人生を経験する．
安定的で安全な方法に固執するのではなく，新しいことに挑戦する．
伝統，権威や，過半数の声を聞くよりは，自分の感情に耳を傾けて，自己経験を評価する．
正直でいる．見栄や駆け引きを避ける．
大半の人と見解が一致しない場合は，不人気になることを覚悟できている．
責任感がある．
何をするにしても，一生懸命努力する．
自分が用いている防衛的な行動や態度を見いだし，それらを取り払う勇気を持つ．

表22-2　マズローの至高体験の特徴（上田，1988より）[1]

（1）自己の利害を超越し，対象をあるがままの形で全体的に把握できる．
（2）認識の対象にすっかり没入してしまう．
（3）対象を人間とかかわりのある立場から見るのではなく，人間とは無関係のそれ自体独立した存在としてその本質をとらえようとする．
（4）対象を愛するがゆえに，これに傾倒し，意をつくして繰り返し見るので，その理解がいっそう豊かになる．
（5）認知が自己超越的で，観察者と観察されるものとが一体になり，無我の境地に立つことができる．
（6）それ自体が目的的なもの，正当性をもつものであり，非常に価値の高いものとして受け止められる．
（7）対象に熱中するので，主観的に時空を超越している．
（8）事実のうちに価値を見出すことができ，存在と当為，真・善・美がすべて融合するものとして経験される．
（9）相対的ではなく，絶対的なもの，永遠なるもの，普遍的なるものとして体験される．
（10）能動的認識ではなく，受動的であり，経験を前にして謙虚で無干渉的である．
（11）偉大なるものを前にして，圧倒され，驚異，畏敬，敬服といった感情をもつ．
（12）神秘的経験，宗教的経験などは，「世界が全体として一つの統一体に見られるが，愛情経験や美的経験では，逆に世界の一部が世界全体ととらえられる．」
（13）具体性を失わないで抽象化する能力と，抽象性を失わないで具体的である能力とが同時に見出される．
（14）人間性の本来もつ「多くの二分法，両極性，葛藤」は融合し，超越し，解決せられる．
（15）人を愛し，ゆるし，受け入れ，賛美し，理解し，神のような存在になる．
（16）対象を類の一員としてではなく，それ自体唯一の個別的存在として見る．
（17）一時的であるが，恐れ，不安，抑圧や防衛が消失し，純然たる精神の高揚，満足，喜びが感じられる．

価値とされるB価値（Being Value：存在価値）である真・善・美，全体性，二分法超越（矛盾対立を解決し超越すること），躍動，独自性，完全性，必然性，完成，正義，秩序，単純，富裕（豊かで多様性があり，充実している），無碍（自由自在でこだわりがない），遊び（ゆとりとくつろぎの中で生きる），自己充足（自立的に生き，自分以外を必要としない）は，人間性そのもののうちに生得的に存在すると考える．しかし，多くの人間はこの価値をすでに実現しているわけではない．人間は完全なる存在ではなく，多くの欠点をもち，十分に自己実現を遂げた状態にあるわけでない．十分な成長を遂げていない人は，これらの価値は可能性として潜在しているにすぎないと考えるのである．

マズローは，動機づけ心理学について独自な欲求論を展開している．彼は，欲求を欠乏動機（欲求）と成長動機（欲求）に分類する．欠乏動機とは，精神的，身体的な欠乏状態によって生じ，外界の資源で補おうとするものである．欠乏動機は，充足すると行動は終了する．こうした動機（欲求）は，生理的動機，安全の動機，愛と所属の動機，自尊の動機がある．

一方，成長動機は，自らの中にあまったエネルギーを外側にある価値ある対象に充当させ，成長しようとするものである．成長動機は，充足されても行動が終了することはない．この動機は，自己実現の動機である．

これらの動機は階層をなし，最下層に生理的（飢え，渇き），ついで安全（危険から身を守る），愛と所属（受け入れられ，他者と親しくすること），自尊（尊重されること），**自己実現**（自分の力を最大限に発揮したい）である．マズローは，自己実現できていると判定された人には共通する特徴があることを見出した（表22-1）．また，自己実現した人は，多かれ少なかれ，**至高体験**をもつという．マズローの至高体験については，上田[6]が17の特徴をあげている（表22-2）．

こうした至高体験をもつことで崇高な人格が形成されると考えている．　　　　　　　　　　　　　　　〔青柳肇〕

8）アトキンソン, R. 他　内田一成（監訳）2002　ヒルガードの心理学　ブレーン出版 p.877.

【参考文献】
上田吉一　1988　人間の完成：マズロー心理学研究　誠信書房

III-23

場の理論・役割理論

field theory / role theory

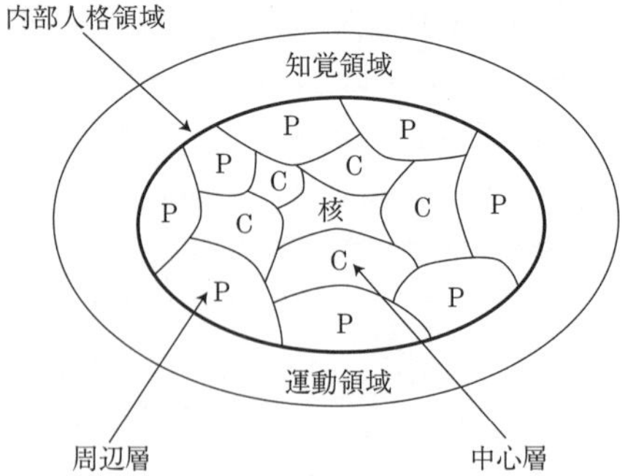

図23-1 レヴィンの理論による人の構造[3)4)]

(図中ラベル：内部人格領域，知覚領域，運動領域，周辺層，中心層，P，C，核)

場の理論

　レヴィン（Lewin, K.）[1)]は，物理学における磁場や電場の概念に触発され，**場の理論**（field theory）を提唱した[2)]．彼は，個人は環境から離れて単独で存在するのではなく，常に環境との関係において理解されるべきだと考えた．彼の理論では，ある時点における個人の行動（behavior: B）は，その人自身のあり方（person: P）と，それを取り囲む環境（environment: E）の関数（function: f）により規定されると考えられ，$B=f(P,E)$ と表現される．

　この理論に基づき，レヴィンは図23-1のような人の構造を考えた[3)]．人は，内部人格領域と，知覚・運動領域からなる．**知覚領域**は環境からの情報を受け取り，それを内部人格領域に伝えて，そこに緊張を起こさせる．**運動領域**は，内部人格領域に生じた緊張を，言語や行為という形で表出し，環境に働きかける．ここでいう緊張とは，何らかの心的なエネルギーの発生であり，情報処理論でいう活性化，生理学でいう覚醒と類似の概念であると考えられる．内部人格領域には，中心に核があり，これを取りまく**中心層**（core）と，その外側の**周辺層**（periphery）がある．中心層と周辺層は，いくつかの領域に分化している．この領域とは，場面，役割，状況などによって規定される「……としての自己」と考えることができるだろう．中心層は自己同一性に深く関わる重要な側面であり，周辺層は比較的表層的で重要度の低い側面である．これらの領域は区分されているが，ある領域に生じた緊張が隣接する領域にも伝えられる可能性がある．その連絡の度合いは，領域を分けている境界の硬さによって異なる．

1) レヴィン（1890-1947）．p.38参照．

2) Lewin, K. 1951 *Field theory in social science*. New York: Harper.〔末永俊郎（訳）1956 社会科学における場の理論　東京創元社〕

3) Lewin, K. 1935 *A dynamic theory of personality*. New York: McGraw-Hill.〔相良守次・小川隆（訳）1957 パーソナリティの力動説　岩波書店〕

4) 瀧本孝雄　1990　性格の諸理論　詫摩武俊・瀧本孝雄・鈴木乙史・松井豊（共著）性格心理学への招待[改訂版]：自分を知り他者を理解するために　サイエンス社　Pp.48-63.

この理論では，パーソナリティとは，こうした知覚・運動領域，内部人格領域が，どのように分化しているか，それらの領域の境界がどの程度硬いか，といった個人差に他ならない．知覚・運動領域と内部人格領域の境界が硬い個人は，環境からの影響を受けにくく，変動しにくい．この境界が柔らかい個人は環境に対して柔軟である．また，内部人格領域が多くの領域に分化している個人は，さまざまな面をもつ複雑なパーソナリティを有する．レヴィンは，この理論に基づいて，アメリカ人とドイツ人のパーソナリティを比較し論じている．アメリカ人は，境界が柔らかく比較的容易に通過しやすい周辺領域を多くもつので，ある程度まではすぐにうちとける．しかし，そこから中心領域への境界はきわめて硬いので，本当に胸襟を開いた関係を構築することは困難である．一方ドイツ人は，表層にごく近い領域に硬い境界があり，関係の初期にはうちとけるのは難しい．しかし，そこから中に入ることができれば非常に親しい関係になれる．

　レヴィンの理論については，知覚・運動領域や内部人格領域などの概念が明確でない，実証性に欠ける，などの批判もある．しかし，パーソナリティ形成における環境や状況の重要性を，いちはやく主張したという点で高く評価されている．

役割理論

　自分はどういう人間であるかという**アイデンティティ**（identity；**自己同一性**）を考えるとき，たとえば日本人，関西出身，教師，町内会長，夫，長男などの社会的な**役割**（role）を基にすることが多い．このとき自己は，外国人に対する日本人，他の地域に対する関西，生徒に対する教師，地域住民に対する町内会長，妻に対する夫，両親に対する長男など，社会の中の他者との関係で規定されている．**役割理論**（role theory）では，人間は，このような人はこうあるべき，という社会の中で期待される**役割期待**（role expectation）や**役割規範**（role norm）を引き受けることにより，自己の行動を決定していくと主張する．そして個人のパーソナリティは，どのような役割を引き受け，それを実現しようとするかによって形成されると考えている．同一の個人の中で，複数の役

割が葛藤を起こす場合も考えられる．たとえば，プロ野球のプレイング・マネージャーは，選手を管理する監督として冷徹さに徹する必要があるが，同時にチームの一員として選手とうちとけ，連帯感を保たねばならない．このような場合，その個人は場面によって異なるパーソナリティをもつようにも見えるだろう．こうした意味で役割理論は，個人の中に安定したパーソナリティを仮定する**特性論**や**精神分析理論**とは大きく異なっている．また，個人の経験の履歴を重視する**学習理論**に対して，社会との関係性を重視するという相違がある．

役割理論は，**ミード**（Mead, G. H.）[5]の自我論[6]を端緒とし，その後社会学の分野において**マートン**（Merton, R. K.）[7]や**パーソンズ**（Parsons, T.）[8]によって発展し，個人と文化の相互作用の分析に威力を発揮した．また，人間のパーソナリティが，与えられた役割により劇的な変容を起こすことを示した例として，**ジンバルドー**（Zimbardo, P. G.）[9]による有名な「**監獄実験**」[10]があげられる．この研究は，くじによって看守役と囚人役に割り振られた学生が，大学内に設けられた模擬監獄でそれぞれの役割を果たすというだけの内容であった．それなのに，わずか数日の間に，看守役の学生は冷酷で暴力的な態度を，囚人役の学生は無気力で服従的な態度を身につけた．その効果が危険なほど大きかったために，予定された実験期間の途中で中止せざるをえなかった．

役割理論は，人間は，ある地位につくことによって，そこで期待される役割をそのまま演じるという一種の決定論であり，人間を，受動的で無力な存在として考えすぎているという批判もある．しかし，私たちはともすれば，ジンバルドーの研究に見られるような役割の影響力の大きさに気づかず，行動の原因として内的な特性の影響を過大視する傾向がある（**基本的帰属錯誤**：fundamental attribution error）．そのことを明確に指摘したことが，役割理論の功績であろう．

状況論・社会構築主義

場の理論や役割理論の主張にもかかわらず，心理学では長い間，内的な特性や自我構造をパーソナリティの基盤として仮定する立場が主流であった．**ミッシェル**（Mischel, W.）[11]

---

5) ジョージ・ハーバート・ミード（1863-1931）．アメリカの哲学者，社会心理学者．役割取得，主我と客我，「一般化された他者」などの概念を用いて自己論を展開した．

6) Mead, G. H. 1934 *Mind, self, and society*. Chicago: University of Chicago Press.〔稲葉三千男・滝沢正樹・中野収（訳）1973 精神・自我・社会 青木書店〕

7) ロバート・キング・マートン（1910-2003）．アメリカ．パーソンズと並ぶ機能主義の社会学者．
Merton, R. K. 1949 *Social theory and social structure*. New York: Free Press.〔森東吾・森好夫・金沢実・中島竜太郎（訳）1961 社会理論と社会構造 みすず書房〕

8) タルコット・パーソンズ（1902-1979）．アメリカの社会学者で，構造機能主義の代表的研究者．
Parsons, T. 1949 *The structure of social action*. Glencoe, IL: Free Press.〔稲上毅・厚東洋輔・溝部明男（訳）1974-1989 社会的行為の構造 1-5巻 木鐸社〕

9) フィリップ・ジョ

は，**社会的学習理論**[12]の立場から，そうした考え方を批判した．もし内的な特性や自我構造が，表出されるパーソナリティを決定づけているならば，ある個人はどんな場面，状況でも，同じ行動パターンを示すはずである．これを**通状況的一貫性の仮定**という．しかし結果として，この仮定を支持する証拠は得られなかった[13]．そこで，パーソナリティと呼ばれる行動に表れる比較的安定した個人差は，人の内的要因と状況要因の相互作用によって形成されるという主張がなされるようになった．これを**状況論**（situationism）あるいは**相互作用論**（interactionism）と呼ぶ．この考え方によれば，個人が安定したパーソナリティをもつように見えるのは，その個人が生きている状況が安定しているからだと主張される．ミッシェルの批判を契機として，状況論を支持する研究者と，特性論や精神分析理論の立場に立つ研究者の間に長期にわたる論争が行われた（**人－状況論争**）．現在では，パーソナリティの形成や表出に状況が影響することは，多くの心理学者が認めている．しかし，パーソナリティにおける状況要因を整理し，その影響を実証的に研究する方法が十分に整備されておらず，その開発が急務であるといえよう．

　状況論や相互作用論も，遺伝や生理的反応の生得的個人差のような内的要因を考えるし，比較的安定した行動パターンとしてのパーソナリティという概念は認めている．しかし**社会的構築主義**（social constructionism）[14]では，パーソナリティという本質があるわけでなく，私たちが日常において，言語によって経験を意味づけ，それを統合し，他者と分かち合う過程で生成される**物語**（narrative）であると主張される．個人は，他者との共同作業において，暫定的な自己についての物語をそのつど作り上げるのである．この立場は，パーソナリティそのものを実証的に分析することを目的としてはいない．むしろ，パーソナリティの存在を自明のものと仮定する，心理学などの既存の学問的知識を脱構築する批判理論としての役割があると考えることができる．　　　　〔大平英樹〕

ージ・ジンバルドー（1933- ）．アメリカの心理学者．集団や群集の場面における心理学的メカニズムを研究．スタンフォード大学教授．

10) 監獄実験についての情報は，ジンバルドーのウェブ・サイトで見ることができる．
http://www.zimbardo.com/

11) Mischel, W. 1968 *Personality and assessment*. New York: Wiley. 〔詫摩武俊（監訳）1992　パーソナリティの理論：状況主義的アプローチ　誠信書房〕

12) Ⅲ-20, p.82参照．

13) 渡邊芳之　1998　性格の一貫性　詫摩武俊（監修）性格心理学ハンドブック　福村出版　Pp.172-179.

14) Burr, V. 1995 *An introduction to social constructionism*. London: Routledge. 〔田中一彦（訳）1997　社会的構築主義への招待：言語分析とは何か　川島書店〕

【参考文献】
古畑和孝（編）2002　社会心理学小辞典・増補版　有斐閣

III-24
社会認知理論
social cognition theory

　社会的認知（social cognition）とは，自己，他者，集団などの社会的対象に対して形成される，知覚，記憶，推論，判断などの認知をいう[1]．この用語が使われ始めたのは1940年代で，**ニュールック心理学**（new look psychology）の立場から，社会的事象に対する認識が個人の価値や態度に影響されることを強調した研究が行われた[2]．またアッシュ（Asch, S. E.）やアンダーソン（Anderson, N. H.）は，人間が他者の印象を形成する際に，個々の情報がどのような働きをするかを研究した．さらに**フェスティンガー**（Festinger, L.）[3]の**認知的不協和理論**（cognitive dissonance theory）では，矛盾する記憶や信念を抱いた場合に人間は不快になり，それを低減するために，一方の記憶や信念を変えるように動機づけられると主張された．「健康に悪い」ことを知りつつ「喫煙する」人が，『タバコの害は完全に証明されてはいない』と思おうとするのは，その一例である．このように社会心理学では古くから，人間の社会的行動に対して，その人間が抱く認知から説明しようとする試みがなされてきた．

　これら初期の社会的認知研究では，内的な認知そのものはブラック・ボックスとされ，その仕組みについては保留した上で，さまざまな刺激・条件と行動の関係を分析することが目指された．これに対して，1960年代から認知心理学が台頭し，その影響を受け，1980年代頃には，人間をコンピュータのような**情報処理**機構と見なし，社会的事象に関する認知のメカニズムや行動におけるその機能を積極的に探求しようとする，新しい社会的認知研究の流れが興ってきた．そこでは，人間の内的過程に，注意，知覚，情報の検索や保持，判断，

1) 山本眞理子・外山みどり・池上知子・遠藤由美・北村英哉・宮本聡介（編）2001　社会的認知ハンドブック　北大路書房

2) 同じコインの大きさを，貧しい子どもは裕福な子どもより大きく知覚する，という報告はその代表例である．
　Bruner, J. S., & Goodman, C. C. 1947 Value and need as organizing factors in perception. *Journal of Abnormal and Social Psychology*, 42, 33-44.

3) レオン・フェスティンガー（1919-89）．アメリカの心理学者．認知的不協和理論以外にも，社会的比較過程の理論という重要な社会心理学的理論を提唱した．

処理結果の出力など複数の情報処理段階が存在することが前提とされ，それぞれの段階における情報処理を実現するシステムのモデルが想定される．さらに，そのモデルを反応時間や記憶成績などの実験手法で検証することが試みられる．こうした社会的認知研究では，**アイデンティティ**（identity；**自己同一性**）やパーソナリティなどの個人差も，個人が有する情報処理システムの機構や機能の違いとして考えられるようになった[4]．

社会的認知とパーソナリティ

こうした社会的認知的なパーソナリティ理論の先駆をなすのが，ケリー（Kelly, G. A.）の**パーソナル・コンストラクト理論**（personal constructs theory）[5]である．彼は，人間が自分を取りまく環境に生じる事象を，解釈，予測，統制するために用いる概念をコンストラクトと呼んだ．本来，世界は連続的なものである．人間が世界を認識するということは，言語の働きによって世界を分節化することだと考えられる．たとえば，優しい‐冷たいという一対のことばとそれによって指し示される概念によって，私たちはある人物の行動（たとえば，老人に席を譲る）を解釈し，その人物の一側面を理解して，将来どのような行動をとるかを予測することができる．ここで用いられた優しい‐冷たいという概念がコンストラクトである．どんな性質を優しい，または冷たいと呼ぶかなど，概念の用いられ方は個人によって異なる．また，そもそもこの概念を使って他者を評価するかどうかも個人によって異なる．こうして人間は，経験を通じて独自のコンストラクトの集合を作り上げていく．このコンストラクト・システムの独自性が，自他の行動の解釈，予測，統制の仕方の個人差をもたらすのであり，それこそがパーソナリティの基盤であると，ケリーは考えた．彼はこの理論をもとに，「役割コンストラクト・レパートリー・テスト」と呼ばれるコンストラクト・システムの測定方法をも考案している．

パーソナル・コンストラクト理論は，当初，現象学的理論として位置づけられた．たしかに，言語に媒介された概念によって世界を分節化するという考え方は，フッサール

4）この考え方は，たとえばアイボなどのロボットが，ハードウエアや最初に組み込まれたプログラムは同じでも，学習機能によりさまざまな個性をもつようになることを思い浮かべると分かりやすいだろう．

5）Kelly, G. A. 1955 *The psychology of personal constructs*. Norton.

(Husserl, E.) などの現象学の思想と関連する．また，自己や他者について有限個の対立概念の束を抽出することにより分析するという考え方は，フランスの文化人類学者レヴィ＝ストロース（Lévi-Strauss, C.）などにより提唱された構造主義と通じるものがある．

それに対し，この理論を情報処理論的な方向に発展させたのが，ヒギンズ（Higgins, E. T.）らの**カテゴリー・アクセシビリティ・モデル**（category accessibility model）[6]である．アクセシビリティとは，長期記憶に貯蔵されている知識の検索しやすさのことであり，情報処理論的な概念である．ヒギンズは，「優しい」「敵意的な」「有能な」などの，人間の特性を表現する概念をカテゴリーと呼んだ．そして，カテゴリーは，あたかもコンピュータ上のデータベースのように私たちの長期記憶の中に保持されており，その意味内容は個人間である程度共有されている，と考えた．しかしその一方，個々のカテゴリーへのアクセシビリティには個人差があり，私たちは，自分にとって検索しやすいカテゴリーを使って人物や事象の判断を行っていると主張されている．たとえば，「会議で反対意見を述べた人を理路整然と論破し，その帰りに部下を居酒屋に誘ってねぎらった」という人物の行動を観察した場合，検索しやすいカテゴリーによって，この人物は優しい，敵意的だ，有能だ，というように評価が分かれてくる．ヒギンズの理論では，どのような場合でも，使われやすいカテゴリーは個人の中で安定しており，これが他者や世界の見方を規定し，パーソナリティの基盤を形成すると主張している．

アイデンティティ

私たちは，自分がどんな人間であるかについて認識することができ，その認識はある程度安定している．こうした自己についての観念を，アイデンティティ（自己同一性）と呼ぶ．しかし反面，私たちのアイデンティティは時としてゆらぐことがある．成功しているときには，自分が有能な人間であると思っていても，ひとつの失敗で大きな無力感を感じることがある．職場では冷徹な人物が，趣味や地域のサークルでは温かい一面を見せたりもする．

[6] Higgins, E. T., Rholes, W. S., & Jones, C. R. 1977 Category accessibility and impression formation. *Journal of Experimental Social Psychology*, 13, 141-154.

このような自己の性質を表現するために考えられたのが，**力動的自己概念**（dynamic self-concept）[7]である．私たちは，自己の属性，行動，パーソナリティなどについて膨大な知識を有し，それらは長期記憶中に貯蔵されていると考える．しかし，それらの自己知識の，すべての部分が常時検索可能になっているわけではない．これはちょうど，コンピュータのディスクに保存されている情報のすべてに同時にアクセスできるわけでなく，ある時点では特定の情報のみが検索可能で，メモリ上に読み出されてくることに似ている．マーカス（Markus, H.）とウァーフ（Wurf, E.）は，自己知識のうち，思考や記憶の中で現在活性化し，作動している領域を作動自己（working self）と呼んだ．この考え方をとることにより，自己同一性が安定しつつも，ある範囲で環境の影響を受けて変化しうることを，情報処理論的に表現することが可能になった．そうした考え方は，単に思弁的な理論に終わるのではなく，認知心理学的な実験的方法によって理論の真偽が検討可能になるという点が，特に重要である．

社会的認知の観点からパーソナリティを考えることは，パーソナリティの歪みを理解する上でも有益である．バージ（Bargh, J. A.）とトータ（Tota, M. E.）[8]は，抑うつ的な個人においては，「ゆううつな」「暗い」などの否定的な性格特性のアクセシビリティが高まっており，しかもそれらが自己概念と強く結びついていると主張した．彼らはこの仮説を，肯定的，否定的な特性を表現する形容詞が，自己と他者にあてはまるか否かの判断を求め，そこでの反応時間を計測する実験により検証している．その結果，抑うつ的な個人は，自己に対して否定的な特性で判断を行うときのみに反応時間が短いことが示され，仮説の妥当性が立証された．こうした方法により，抑うつ，不安，人格障害などのパーソナリティの歪みを，実証的に検討することが可能になるかもしれない．

〔大平英樹〕

7) Markus, H., & Wurf, E. 1987 The dynamic self-concept: A social psychological perspective. *Annual Review of Psychology*, 8, 299-337.

8) Bargh, J. A., & Tota, M. E. 1988 Context-dependent automatic processing in depression: Accessibility of negative constructs with regards to self but not others. *Journal of Personality and Social Psychology*, 54, 925-939.

【参考文献】
岡隆（編）2003　現代の社会的認知研究　培風館
唐沢穰他　2001　社会的認知の心理学：社会を描く心のはたらき　ナカニシヤ出版

IV パーソナリティ発達の諸相

京劇の仮面(中国)

IV-25
内的作業モデル
internal working model
（*IWM*）

　人が特定の他者との間に築く緊密な**情緒的絆**（emotional bond）を**アタッチメント**（attachment, **愛着**）というが, その理論の提唱者である**ボウルビィ**（Bowlby, J.）[1]によれば, 当初は, 危機的な状況に際して, あるいは潜在的な危機に備えて, 特定の対象との近接を求め, これを維持しようとする個体の傾性であるとし[2], 不安や恐れといったネガティブな情動を, 特定の対象との近接関係を確立・維持することで低減しようとする行動制御システムとされた. しかし, その後, **内的作業モデル**（internal working modele ; IWM）という概念を導入することで, アタッチメント行動の個人差や, その連続性, 後の対人関係に及ぼす影響などを論じることが可能になった.

　ボウルビィによれば, 子どもは主要なアタッチメント対象との間で経験された相互作用を通じて, 自分の周りの世界やアタッチメント対象, 自己に関する心的な**表象モデル**を築き上げる. そして, このモデルに支えられてさまざまな出来事を知覚し, 将来を予測し, 自分の行動の計画を立てるのだという[3].

　内的作業モデルは, このようなアタッチメント対象との間でかわされた相互作用の経験に基づいて形成される. つまり, 自分にとってアタッチメント対象は誰であり, その対象からどのような応答が期待できるのか, また, 自分はそのアタッチメント対象から愛され, 受容される存在であるのかといった, 自己およびアタッチメント対象に関する主観的確信がモデルの中核をなす. そして発達早期におけるアタッチメント対象との経験を基礎として築き上げられた内的作業モデル

1) ボウルビィ (1907-90). p.80参照.

2) Bowlby, J. 1969 *Attachment and loss* : *Vol.1. Attachment.* New York: Basic Books. 〔黒田実郎（訳）1976　母子関係の理論Ⅰ　愛着行動　岩崎学術出版社〕

3) Bowlby, J. 1973 *Attachment and loss* : *Vol.2. Separation.* New York: Basic Books. 〔黒田実郎（訳）1977　母子関係の理論Ⅱ　分離不安　岩崎学術出版社〕

4) 乳児が実験室で見知らぬ人と対面, あるいは養育者と分離することでアタッチメントを活性化させ, 養育者との分離時および再会時の乳児の反応を査定する方法.
Ainsworth, M. D. S., Blehar, M. C., Waters, E., & Wall, S. 1978 *Patterns of attachment: A psychological study of the Strange Situation.* Hillsdale,

表25-1 乳児期の3つの愛着スタイルのおもな特徴（Ainsworth et al., 1978）[4]（金政，2005の訳による）[6]

	愛着スタイル		
	安定型	アンビバレント型	回避型
割合（アメリカでのデータ）	約65%	約15%	約20%
ストレンジ・シチュエーションにおけるおもな特徴	この愛着スタイルの赤ん坊は母親が自分のまわりにいる場合は活動的に探索を行うが，母親との分離の際には強く抵抗を示す．母親との再会を快く受け入れ，進んで近寄っていく．	母親との分離の際に極端な苦悩や混乱をみせるが，再会時に憤りや困惑といった矛盾した行動をとり，母親をうまく受け入れることができない．	母親から距離をおき，親密なコンタクトを避ける傾向にある．母親との分離に際しても，苦悩や混乱をみせない．また，再会においても，母親に関心を示さず，無視している場合が多い．
母親の特徴	温かく，感受性豊か	感受性が鈍く，一貫性に欠ける	冷たく，融通のきかない場合が多い

は，特定のアタッチメント対象との関係だけでなく，他の人との関係においても一般化され，個人の対人関係のあり方に一貫性と安定性をもたらす機能を果たす．

乳幼児期におけるアタッチメントの質が，青年期や成人期にいかなる様相を示すかという**アタッチメントの連続性**については，生涯発達の視点から，近年，研究法の開発とも相まって盛んに研究されるようになった．乳幼児期のアタッチメントは，行動を組織的に観察する**ストレンジ・シチュエーション法**（strange situation procedure；**SSP**）[4]によって測定され，一方，成人期のそれは，面接での語りを通してその個人の表象を扱う**成人愛着面接**（adult attachment interview；**AAI**）[5]によって測定される．そして同一個人における2時点間の一致率を見るものである．なお，SSPでは，乳児のアタッチメントに見られる個人差を，A. 回避型，B. 安定型，C. アンビバレント型，D. 無秩序型に分類し（表25-1），これに対してAAIでは，安定のカテゴリーであるF. 自律型と，不安定のカテゴリーであるDs. アタッチメント軽視型，E. とらわれ型，U. 未解決型に分類している．そしてこのAAIの分類は，上記SSPの分類に順に対応すると仮定されている．

実際，ある長期縦断研究によれば，乳幼児期にSSPで測定

NJ： Lawrence Erlbaum Associates.

5）メイン（Main, M.）らによって開発された半構造化された面接手法．過去の養育者とのアタッチメントをめぐる語りから，語りの内容と語り方に分けて評定し，語りの首尾一貫性や想起に対する拒絶的態度など，語りの特徴をとらえて4タイプに分類する．

Hesse, E. 1999 The Adult Attachment Interview: Historical and current perspectives. In J. Cassidy & P.R. Shaver (Eds.), *Handbook of attachment*. New York: Guilford, Pp.395-433.

6）金政祐司 2005 恋する・愛する 和田実（編）男と女の対人心理学 北大路書房, Pp.65-92.

表25-2 成人における3つの愛着スタイルの説明と特徴 (Feeney et al., 2000)[11] (金政, 2005の訳による)[6]

	愛着スタイル		
	安定型	アンビバレント型	回避型
愛着に関する描写のおもな内容	親密さや依存を快く思っており、また、対人関係における不安もない.	極端な親密性を対人関係に求め、相手から見捨てられることや愛の欠如への不安を感じている.	親密さを不快に感じており、他人に依存することを嫌う.
愛着経歴（両親の印象）	両親との関係を温かいものであるとみなしており、両親を尊敬している.	父親を不公平であるとみなしている.	母親を冷たく、否定的であるとみなしている.
作業モデル	他人と仲良くなりやすく、自己不信はあまりみられず、他人を善意ある者とみており、愛を長く続くものであるとしている.	自己懐疑的で他者から誤解を受けていると感じやすく、真実の愛はまれなものであるとみなし、個人は自分に関与することを望んでいないと思っている.	愛情をあまり続かないものであるとみなし、時間とともにしだいに弱まっていくものであると思っている.
恋愛における経験	幸せで、信頼できる、友情のある関係（パートナーに友情を感じやすい）.	相手への没頭（嫉妬や脅迫的な感情を相手に感じる）、性的に強くひきつけられており、情緒の起伏が激しい.	親密さからの回避や不安、相手を受け入れにくい.

されたアタッチメントと20歳のときにAAIで測定された同一個人のそれとでは，A，B，C 3タイプの分類で64％，安定／不安定の2分類で72％と高い一致率を報告している[7]. しかし，ハイリスク・サンプル（単親家庭，低所得，低サポートなど）では，必ずしもこうした連続性を見出していない. アタッチメントの連続性は，発達早期の被養育経験に基づいて個人が内在化した内的作業モデルにのみ拠っているというより，環境や親の養育態度などに相対的に高い連続性があることによっても保持されていると見るべきだろう[8].

アタッチメントの個人差を問題にする場合，青年期・成人期の研究では2つの大きな流れがあるといわれる[8]. ひとつは，上記に見たような発達早期における親子の関係性の質が，後に子どもが取り結ぶ種々の人間関係の構築の仕方を含め，生涯発達全般に相対的に強い影響を及ぼすというもので，AAIで測定されるような，過去の自己と養育者との関係性に

7) Waters, E., Merrick, S. K., Treboux, D., Crowell, J. A., & Albersheim, L. 2000 Attachment security from infancy to early adulthood: A 20-year longitudinal study. *Child Development*, 71, 684-689.

8) 安藤智子・遠藤利彦 2005 青年期・成人期のアタッチメント 数井みゆき・遠藤利彦（編）アタッチメント ミネルヴァ書房 Pp.127-173.

関する記憶表象，すなわち内的作業モデルを抽出しようとするものである．

　もうひとつは，対人魅力や恋愛[9]など，人格・社会心理学からのアプローチである．ハザン（Hazan, C.）とシェイバー（Shaver, P. R.）の研究[10]に端を発し，親友や恋人，配偶者など現在の主要なアタッチメント対象との関係性の様態を，質問紙を用いて測定した個人のアタッチメントスタイルと関連づけてみようとするものである．そこでは種々の対人関係領域に通じる共通の基本的枠組みとしてアタッチメントおよび内的作業モデルが用いられていると考えられている（表25-2）．

　さらに，ハザンらは，アタッチメントを成立させる4つの要素が恋愛関係にも見られることを指摘し，恋愛それ自体が，子どもが養育者との間で展開するアタッチメントと共通点をもつ愛着関係であるとした[12]．すなわち，恋愛関係や夫婦関係は，相手との緊密さを求め（① 近接性の探求），ストレス時には相手からの慰めを希求し（② 安全な避難所），また，相手に会えなくなると苦悩を経験する（③ 分離苦悩）とともに，その関係から信頼や安全を提供される（④ 安全基地）ことから，乳幼児期の親子関係と同様の愛着関係と見なすことができるというものである．

　一方，こうした2つの流れに見る，異なった測定法を用いて取り出されるアタッチメントの類型にどれだけ一致が認められるかという点については，そもそも両者は焦点化している関係性が異なり，また取り扱う意識（表象）レベルも異なることから，一致を疑問視する者は多く，両者の間に有意な関連を認めたものは少ないという[8]．しかし，少なくとも乳幼児期の親子関係と恋愛・配偶関係というまったく異なった関係が，アタッチメント理論によって1つの線上に並んだことは確かなことだろう．　　　　　　　〔伊藤裕子〕

9)「Ⅳ-33　愛と結婚」参照．

10) Hazan, C. & Shaver, P. 1987 Romantic love conceptualized as an attachment process. *Journal of Personality and Social Psychology*, 52, 511-524.

11) Feeney, J. A., Noller, P., & Roberts, N. 2000 Attachment and close relationships. In C. Hendrick & S. S. Hendrick (Eds.), *Close relationships*. Thousand Oaks, CA： Sage. Pp.185-201.

12) Shaver, P. R. & Hazan, C. 1988 A biased overview of the study of love. *Journal of Social and Personal Relationships*, 5, 473-501.

【参考文献】
数井みゆき・遠藤利彦（編）2005　アタッチメント：生涯にわたる絆　ミネルヴァ書房

IV-26
アイデンティティ
identity

エリクソン（Erikson, E. H.）[1]によれば，統合された**アイデンティティ**（identity；**自己同一性**）の感覚とは，「私は他の誰とも違う自分自身である」という**斉一性**（sameness）の感覚と，「これまでの私も，今の私も，これからの私も私であり続ける」という**連続性**（continuity）の感覚からなり，そしてこの感覚は自分が認めるだけでなく，他者もそれを承認することが必要だという[2]．すなわち，斉一性と連続性の感覚をもった主体的な自分が，社会の中で認められた「～としての自分」という感覚に合致しているという安定感，安心感，自信を意味する．アイデンティティの感覚は，個人だけでなく，他者や社会との**相互性**（mutuality）によって成立するものなのである．

アイデンティティは，エリクソンが人間の生涯を8段階に区分し，その第5段階の青年期における発達主題をいうが，それぞれの段階には固有の**心理社会的危機**（psycho-social crisis）が存在するとした（図26-1）．心理社会的危機とは，ライフサイクルの中で，次の段階に進むか，あるいは退行的に発達の前の段階に逆戻りするか，横道にそれるという意味での「岐路」ないし「峠」の意味で用いられる．

青年期にはさまざまな問題に直面し，自らの責任と判断でものごとを選び取っていかなければならない．進学や就職など進路の問題，友人や異性との関係，価値観，さらには人生観に関わることで，迷い，悩み，時には方向を失いながら，自分自身で決定を下していかなければならない．その1つひとつの意思決定が危機であり，納得して1つの方向に向かっていく状態を統合または**達成**（achievement）と呼び，反対

1）エリクソン（1902-94）．p.45参照．

2）Erikson, E. H. 1950 *Childhood and society*. New York: Norton.〔仁科弥生（訳）1977, 1980　幼児期と社会 1・2　みすず書房〕

に，「自分のしたいことが分からない」というように，選択肢を前にして途方に暮れた状態を**拡散**（diffusion）と呼んだ．青年期は，この両要素が常にせめぎ合っている状態で，切り離すことのできない心理力動的な関係にある．それゆえ発達的に見ると危機は常に存在しており，それまで発達してきた心的体制が，発達的に次の新しい心的体制に向かい，再体制化されていくものとしてとらえることができる[3]．

臨床家としてのエリクソンはアイデンティティの拡散状態を記述の中心にすえたが，その後，発達心理学にこの概念が導入されると，青年期における**発達課題**（developmental tasks）としてとらえられるようになり，実証研究が盛んになっていった．その代表的なものがマーシャ（Marcia, J. E.）の半構造化面接による**アイデンティティ・ステイタス**（identity status）研究である[4]．そこでは危機の経験と積極的関与（commitment）の有無によって，アイデンティティ達成の様態を，アイデンティティ達成，**モラトリアム**（moratorium）[5]，フォアクロージャー（foreclosure）[6]，アイデンティティ拡散の4つのステイタスに分類した（表26-1）．ここでいう危機とは，個々人が自分にとって意義ある選択を積極的に試み，意思を決定する葛藤の期間をさし，積極的関与とは，意思決定の後に続いて起こる人生の重要な領域（マ

		1	2	3	4	5	6	7	8
Ⅷ	老年期								統合性 対 絶望
Ⅶ	中年期							世代性 対 自己陶酔	
Ⅵ	成人初期						親密性 対 孤立		
Ⅴ	思春期 青年期					アイデンティティ 対 アイデンティティ 拡散			
Ⅳ	学童期				勤勉性 対 劣等感				
Ⅲ	幼児後期			自発性 対 罪悪感					
Ⅱ	幼児前期		自律性 対 恥・疑惑						
Ⅰ	乳児期	信頼感 対 不信感							

図26-1　エリクソンの個体発達分化の図式
（Erikson, 1950；仁科（訳），1977による）[2]

3) 鑪幹八郎　1988　青年の同一性　西平直喜・久世敏雄（編）青年心理学ハンドブック　福村書店　Pp.257-279.

4) Marcia, J. E. 1966 Development and validation of ego identity status. *Journal of Personality and Social Psychology*, 3, 551-558.

5) もとは金融機関の破綻・崩壊を防ぐために債務の返済を一定期間猶予するという意味の経済用語．エリクソンは，青年が社会から責任や義務を免除されていることを指してこ

表26-1 マーシャのアイデンティティ・ステイタス (Marcia, 1966)[4]

アイデンティティ・ステイタス	危　機	積極的関与	概　要
アイデンティティ達成	経験した	している	幼児期からのあり方について確信がなくなり，いくつかの可能性について本気で考えた末，自分自身の解決に達して，それに基づいて行動している．
モラトリアム	その最中	しようとしている	いくつかの選択肢について迷っているところで，その不確かさを克服しようと一生懸命努力している．
フォアクロージャー	経験していない	している	自分の目標と親の目標の間に不協和がない．どんな体験も幼児期以来の信念を補強するだけになっている．硬さ（融通のきかなさ）が特徴的．
アイデンティティ拡散	経験していない	していない	危機前：今まで本当に何者かであった経験がないので，何者かである自分を想像することが不可能．
	経験した	していない	危機後：すべてのことが可能だし可能なままにしておかなければならない．

ーシャの研究では職業とイデオロギー（宗教と政治））への傾倒を意味する．

　マーシャの考案したこの方法は，その後，膨大な数の研究を生み出す原動力となったが，一方で，測定されたステイタスはアイデンティティ達成の程度を示す「結果」であるのか「プロセス」かという問題が生じてきた[7]．というのも，達成と評定された者がその後の追跡調査でフォアクロージャーと評定されるような，理論的には不可能なパターンが多く出現したからである．マーシャ自身も後に，青年期のアイデンティティ・ステイタスは固定的なものではなく，流動的なプロセスの途上であると述べており，研究はその後，アイデンティティの発達は青年期にとどまらず，成人期を通して発達するという生涯発達の視点からアイデンティティをとらえる方向へと発展していった．

　他方，アイデンティティ研究のもう1つの流れとしてジェンダーの視点からのとらえ直しがある．エリクソンは，自らの理論が女性の発達を十分に考慮していないことへの補遺として**内的空間**（inner space）説を提唱したが[8]，その後，女性のアイデンティティの特徴をとらえるために，面接の領域に，

のことばを転用した．なお，エリクソンはモラトリアムを「時期」の意味で用いたが，マーシャはこれを「状態」像として使用している．

6) 一見アイデンティティが達成されたかのような状態をさす．両親によって予定された道を歩んでるという意味で予定アイデンティティと訳されているが，早期完了とも訳されている．

7) 岡本祐子　2002　ライフサイクルとアイデンティティ　岡本祐子（編）アイデンティティ生涯発達論の射程　ミネルヴァ書房　Pp.3-57.

表26-2 アイデンティティ探究における関係性の2つのレベル（杉村，1999）[9]

高いレベル	低いレベル
このレベルの青年は，自己と他者の視点を認識することができる．また，一部の青年は，両者の視点のくいちがいを自己と他者のあいだの相互調整によって解決することができる．自己と他者の関係の表象を構成しており，どのような他者が，自分の人生の意志決定に関与しているのか，それらの他者が意志決定のプロセスにおいてどのような役割を果たしているかを明細化することができる．	このレベルの青年は，自己と他者の視点を認識することができない．あるいは単に他者の視点をコピーしている．自己と他者の関係の表象をほとんどもたず，どのような他者が，自分の人生の意志決定に関与しているのか，それらの他者が意志決定のプロセスにおいてどのような役割を果たしているのかを明細化することができない．

「婚前性交への態度」「性役割」「友情とデート」など対人関係に関わる領域が研究者によって付加されるようになった．こうして男性のアイデンティティには職業や価値観などの**個人内領域**（intrapersonal domain）が，女性には**対人関係領域**（interpersonal domain）が重要であるという，男性と女性を二分法的にとらえる理解の仕方ができあがっていった．

しかし，その後，性差について領域を分けて検討するというやり方に対して批判が生まれた．また，エリクソン自身も，個人の自我は他者との相互的な関わりの中からあらわれると考えて自己と他者との相互性を強調していたことから，アイデンティティそのものが本来関係の中で発達するという**関係性**（relatedness）からみたアイデンティティ発達という新たな視点が生み出された[9]．そのプロセスとは，人生の重要な選択において，ある決定に際して他者（親，友人，恋人など）の視点に気づき，それを自己の視点と付き合わせながら内在化させ，また，食い違いが生じたときはそれを相互調整するプロセスだといえる（表26-2）[9][10]．こうして関係性の視点を導入することによって，これまで問題とされたアイデンティティ発達における性差は，関係性の程度や質の違いとして解釈されるようになった．

〔伊藤裕子〕

[8] Erikson, E.H. 1968 *Identity: Youth and crisis.* New York: Norton.〔岩瀬庸理（訳）1969 アイデンティティ：青年と危機 北望社〕

[9] 杉村和美 1999 現代女性の青年期から中年期までのアイデンティティ発達 岡本祐子（編）女性の生涯発達とアイデンティティ：個としての発達・関わりの中での成熟 北大路書房 Pp.55-86.

[10] 杉村和美 1998 青年期におけるアイデンティティの形成：関係性の観点からのとらえ直し 発達心理学研究, 9, 45-55.

【参考文献】
岡本祐子（編）2002 アイデンティティ生涯発達論の射程 ミネルヴァ書房
鑪幹八郎 2002 アイデンティティとライフサイクル論 ナカニシヤ出版

IV-27 自己意識
self-consciousness

　自己は，自らの生体と環境との調整をつかさどるインターフェースである．無論，およそすべての生き物は，植物であれ動物であれ，それぞれのやり方で己と環境との調整をはかりながら生きている[1]．だが，彼らは人間のような自己を持ち合わせておらず，あらかじめ生物学的に組み込まれたシステムを用いて調整しているため，しばしば「機械じかけ」と呼ばれる．なぜ人間には**自己意識**（self-consciousness）があるのだろうか．「機械じかけ」の動物が行う調整と，自己が行う調整はどのような違いがあるだろうか．

　自己は，適応的に生きるために，ヒトが進化の過程で獲得してきたと考えられている．ハンフリー（Humphrey, N.）はその著『内なる目』[2]で，自分と同様に高等な頭脳をもち計らい事に長けている仲間を理解し，一方的にだまされないようしながらうまくやるためには，自己の経験を意識化することが有利に働いた，と述べている．つまり，自分の心を理解し，それを他者に重ね合わせることが，相手が考えていることを理解するのに役立ち，自分の生存の最適化を促進したというのである．たとえば，自分があるものに関心をもっているときは視線をそちらに向けているということを意識化できるからこそ，他者も同様にその視線の先にあるものに関心をもっているだろうと推測し，また自分があるものに視線を向けるなら「それに関心をもっているはずだ」と他者が推測するだろうと考えて，欺きなど自分の行動計画を立てることが可能となる．人間にとっては自然環境以上に社会的環境が大きな意味をもち，人々の間で調整することが最重要課題のひとつとなり，自分のしていることや考えていることを意識

1）たとえば，鶏はつつき順位（ペッキング・オーダー）に従って餌をついばみ，どんなに空腹状態にあってもつつき秩序を厳密に守る．自分の順番が来るまで生理的欲求を制御することによって，攻撃されることを回避し，群環境に己をうまく位置づけているわけである．

2）Humphrey, N. 1986 The inner eye. Faber & Farber.〔垂水雄二訳 1993 内なる目 紀伊国屋書店〕

し，記憶に貯蔵するようになったと考えられる．

自己概念

自分とはいかなる人間であるかについて自分自身がもっている信念を**自己概念**（self-concept）という．**ジェームズ**（James, W.）[3]は，自己概念を物質的自己（身体や所有物など），社会的自己（他者から見られている自己），そして精神的自己（性格特性や能力など）という3領域に分類した．しかし，自己概念の側面は年齢によって異なり，幼い子どもにおいては無論あてはまらない．幼児期には，身体的概念が優位を占め，自己を大きさや色などの物資的次元で描写し，「私は自転車に乗れる」などと行動に自分自身を見る[4]．児童期後期になると，自己理解は質的な変化を示し，自分の考えや願望・意志などの心理的な性質に気づき始める．さらに，社会的比較が用いられるようになり，○○と比べて自分の方がうまくできる，というとらえ方をするようになる[5]．そして，年長の子どもは，自分を社会の中に位置づけ，集団での位置や他者との人間関係などの点からも自己を定義するようになる．青年期には，自分のもっている社会的関係の性質，行為主体としての自分，意志の力をもちうる自分を明確に意識し，心理学的側面からの自己理解が比重を増す．また，青年期は自己内省化傾向が強まり，相異なる自己の諸側面を体系だて内的に一貫した統合的なものを志向するようになることも特徴のひとつである．

自尊感情と自己受容

自己概念が自分自身に対する認知的な理解であるのに対して，**自尊感情**はその名が示すとおり，自分に対する評価感情である．しかし，自己概念は純粋に認知活動だけの産物とは言いがたく，多分に評価を含んでおり，厳密に線を引くのは実は容易ではない．自尊感情には，比較的安定し，自分に対する概括的な評価感情である**特性自尊感情**（trait self-esteem）と状況に対するリアクションとして変動する**状態自尊感情**（state self-esteem）とがあるが，特に指定していない場合は通常特性自尊感情のことをさすことが多い．

自尊感情は心理学の中でもとりわけ高い関心を集め続けて

---

[3] ウィリアム・ジェームズ（1842-1910）．草創期のアメリカの心理学者．プラグマティズム哲学を展開し，「意識の流れ」の概念は心理学を超えて大きな影響を与えた．

[4] デーモン，W.（山本多喜司編訳）1990 社会性と人格の発達心理学 北大路書房

[5] Ruble, D. N. 1983 The Development of social comparison processes and their role in achievement-related self-socialization. In E. T. Higgins, D.N. Ruble, & W.W. Hartup (Eds.), *Social Cognition and Social Behavior: Developmental perspectives*, New York: Cambridge University Press.

きたテーマのひとつである．それは，自尊感情が適応と深く関わっていると考えられているからである．自尊感情が高い人は，たとえば，自己概念が肯定的であり，自分自身を貶めるような見方をせず，自己効力感が高いため，困難に遭遇してもあきらめずに粘り強く努力し，その結果成績が優秀で情緒が安定しており，社交性の面でも優れている．対照的に，自尊感情が低い人は抑うつ的であり，自己概念が否定的な傾向にある．自分はできないと思っている場合が多く，困難に突き当たると容易にあきらめ，成績は相対的に劣り，情緒が不安定で，社会的スキルが低い．つまり，簡単に言うならば，自尊感情の高さは適応と結びついている，とされている．ここから，自尊感情が適応の原因であり，反社会的行動や非社会的行動など種々の問題の原因は自尊感情が低いからだという考えが生じることになった．多くの個人的そして社会的問題の根源は自尊感情の低さにある，という主張がある[6]．たしかに，自尊感情の高さは種々の望ましさと，そして自尊感情の低さは非社会的・反社会的傾向と結びついているようであるが，これまでの研究のほとんどが相関研究であり，因果関係は直接証明されていない．また，自尊感情の高い人がさまざま適応上の問題を起こす場合があることも指摘されている．したがって，自尊感情が上昇すれば（原因），問題は解決する（結果）と理解するのは誤りであろう．

　自尊感情はどのように発達するのだろうか．多くの研究者がほぼ一貫して主張しているのは，幼少期に周囲の他者，特に重要他者としての親からの**受容**（acceptance）が大きな影響をもつ，ということである．不幸な例外も存在するが，多くの場合，子どもは親から愛されて育つ．そうした過程で，自分は親から歓迎される存在であることを感じ取り，さらに一般化して基本的に自分以外の他者から認めてもらえる存在であると考え，自己価値を確信できるようになる．自尊感情は，まず自分がどのような人間であるかを把握した上で，そのような自分にどの程度の価値をおくかによって決まると考えるかもしれないが，ブラウン（Brown, J. D.）は，その反対で，親の愛情を内在化させた者は自分に価値をおき，そこ

6) Branden, N. 1994 *The six pillars of self-esteem*. New York: Bantam Books.

から自分はどのような人間であるかを把握する，と考えている[7]．そして，その証拠として，自尊感情の低い人に比べて高い人は，諸側面にわたって，自己を肯定的にとらえていることをあげている（表27-1，群差はすべて統計的に有意）．このような研究から，自己受容や自尊感情は決して，他者とはまったく無関係なものとして，閉じた系の中で自分で自分を好きになり価値を与えることではなくて，むしろ他者から与えられ役割期待に応えるという過程を繰り返しながら，自己を受容し自分でも価値があるとの確信を築いていくことだと示唆される．

ただ，自尊感情と親の愛情が関連するといっても，親が子どもに愛を与えていると考えることと，子どもが親から愛されていると感じることとの間にズレが生じたり，あるいは愛情があっても必ずしも自尊感情の発達の促進に結びつかない場合がある．前者の場合は，子どもは実際には「十分に愛されていない」と受け止めるから，そもそも親が子どもを愛さない場合と同じことになる．また後者は，親の愛情がより大きな社会と対応しない性質のものである場合に見られ，たとえば何でも子どものしたいようにさせることを愛情だと考えているような場合である．他者の視点からは受け入れがたいから，子どもは結局，家庭の外で他者からの受容に確信がもてず，**自己愛的傾向**が生じてしまう．人の基礎は家庭にあるとはよく聞かれることばであるが，斎藤[8]が指摘するように，家庭はまた社会に対して開かれ，個人と家庭と社会とが相互に価値観を照らし合わせ，調整することが個人の健全な発達を促進すると思われる．

〔遠藤由美〕

表27-1　自尊感情の関数としての自己評価
（Brown, 1993 より一部抜粋）[7]

属 性	高自尊感情群	低自尊感情群
よい特性		
スポーツが得意	5.60	4.78
色っぽい	4.80	3.60
頭がいい	5.68	5.04
才能がある	5.45	4.42
人に好かれる	5.75	5.00
悪い特性		
有能でない	1.50	2.20
魅力的でない	1.68	2.67
ちゃらんぽらん	1.55	2.29
知的でない	1.43	1.98
嫌われている	1.95	2.40

7) Brown, J.D. 1993 Self-esteem and self-evaluation: Feeling is believing. In J. Suls (Ed.) *Psychological perspectives on the self*. Vol.4. *The self in social perspective*. Pp.27-58, Hillsdale, NJ: Lawrence Erlbaum Associates.

8) 斎藤環　1998　社会的ひきこもり：終わらない思春期　PHP新書

【参考文献】
キーナン,J.P.（山下篤子訳）2006　うぬぼれる脳　NHKブックス

IV-28
自己効力
self efficacy

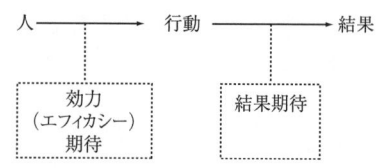

図28-1 効力（エフィカシー）期待と結果期待の相違（Bandura, A., 1977）[1]

　自己効力（self efficacy）は，バンデューラ（Bandura, A.）[1]によって提唱された概念である[2]．近年，自己効力を自己効力感と表記する日本の心理学者もいる．しかし，「感」という字を加えることによって，自己効力と効力感（feeling of efficacy）の概念との混同が生じてしまうことがある．**効力感**は，ホワイト（White, R. W.）[3]の概念であり，環境に効果的に働きかけられるという**コンピテンス**（有能感）の動機づけ的な側面について強調した場合の用語である．この用語は，本明らが訳した本[4]では，自己効力と記されている．上述のような理由から，意図的に「感」を除いたと考えられる．またそれとは逆に，ホワイトの効力感の意味で効力感に「自己」を加えて自己効力感を使用している学者もいる．こうした用法は，誤りと言わざるを得ないし，混乱を生むことにもなる．自己効力の英語のカタカナ表記である**セルフ・エフィカシー**は，日本語としてもすでに定着している．

　バンデューラの自己効力の概念は，ホワイトの効力感のそれとは異なり，「結果を考慮することなく，行動を行うことができるという感覚」と定義される．

　バンデューラは，人間行動の先行要因として，**効力（エフィカシー）期待**（efficacy expectancy）と**結果期待**（outcome expectancy）をあげる[5]．効力期待を特にセルフ・エフィカシー（自己効力）とも呼ぶ（図28-1参照）．結果期待は，行動がどのような結果をもたらすかという予測に関するものであるのに対して，効力期待は結果の如何にかかわらず，行動そのものがうまくできそうかどうかに関するものである．期待をこのように区別するのは，一定の行動が望ましい

1) バンデューラ（1925-）. p.83参照.

2) Bandura, A. 1977 Self-efficacy: Toward a unifying theory of behavioral change. *Psychological Review*, 84, 191-215.

3) White, R. 1959 Motivation reconsidered: The concept of competence. *Psychological Review*, 66, 297-333.

4) バンデューラ（編）本明寛・野口京子（監訳）1997 激動社会の中の自己効力　金子書房

5) III-20, p.83-84参照.

結果を生むことは確信できても，その行動を行うことについては確信をもてないことがあるからである．バンデューラによれば，動機づけには，効力期待こそが重要なものであるが，従来の動機づけ理論は，効力期待を考慮したものは皆無で，結果期待だけを考慮したものであった．したがって，先に述べた効力感は，結果期待に関した概念であるのに対して，自己効力は効力期待に関した概念なのである．

バンデューラは自己効力に3つの次元を仮定する．大きさ（magnitude），強さ（strength），一般性（generality）である．

大きさの次元は，解決すべき課題を困難度の水準で配列したとき，どのくらいの強さまでできるかという見通しを意味している．セルフ・エフィカシーの大きさは，困難度の高い課題をできると見通すほど大きく，容易な課題しかできないと見通した場合小さいという．

強さの次元は不確実な場面でのセルフ・エフィカシーの消失の程度（確実性）を表す．すなわち，特定の水準の課題をどの程度確実に遂行できるかを意味する．自己効力が容易に消失しないほど強いということになる．したがって，一般的にいえば，困難度が高くなるとセルフ・エフィカシーの強さは弱くなる．

一般性の次元は，特定の場面や状況を超えた一般的自己効力を意味している．特定の場面で得られたセルフ・エフィカシーがいろいろな場面でも同じように働けば一般性は高く，特殊な場面に限られれば低いということになる．

自己効力が出現するための4つ情報源がある（図28-2参照）．それらは，**遂行成就**（performance accomplishments），**代理的経験**（vicarious experience），**言語的説得**（verbal persuasion），**情動喚起**（emotional arousal）である．遂行成就とは，その行動を実際に行ったことがあるという経験であり，それを行うにあたっては**参加モデリング**（モデルと一緒に行為する），**脱感作**（弱い刺激から強い刺激に徐々に慣らしていくこと），遂行にさらすこと，**自己教示**（自分に言い聞かせる）による遂行があげられる．代理的経験とは，**観察学習**させることをいう．それには，実際のモデリング，シン

ボリックなモデリングがある．言語的説得は，自分または他者からの言語によってその行動ができると思い込ませることをいう．示唆，奨励，自己教示，解釈療法がある．情動喚起とは，行動を起こさせるような感情を引き起こすことをいう．帰属による情動，リラクゼーションによる興奮の低減，シンボリックな脱感作，シンボルにさらすことがあげられる．

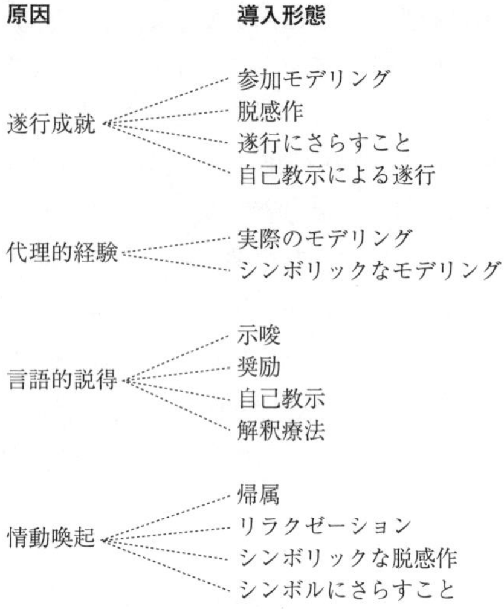

この4つの情報源のうち，もっとも有効なのが，遂行成就である．それは，われわれがやろうとしている行動が自分でうまくやれたと感じることで，その行動への遂行可能性は上昇することや，うまくでき得なかったとき後の遂行可能性が低下することは日常的に経験することである．

臨床場面では，他の3つの情報源も有効であることが知られている．たとえば，代理的経験であるが，自分と似た人間が上手に行動しているのを見れば自分にもできるという考えをもったり，うまくできないのを見ると自分もうまくできないという気持ちになることは容易に想像できる．言語的説得は，一般にはその効果が低く考えられがちであるが，坂野[6]は，遂行行動や代理的経験に付加的に使用すれば有効であると述べている．

情動喚起は，たとえば，うまくできると思っていたことが行動直前になって心臓の高鳴りを感じて，うまくできないのではないかと自信がなくなったりすることをいう．バイオフィードバックは，情動メカニズムに基づいて自己調節を行い，自信を回復させる試みといってよいであろう．

バンデューラによると自己効力は，行動を認知的側面，動機づけ的側面，情動的側面，選択的側面の4つの面から統制しているという．認知的側面は，自分の能力の評定や目標設定の仕方の統制に関わり，動機づけ的側面は，結果の予測や

原因	導入形態
遂行成就	参加モデリング 脱感作 遂行にさらすこと 自己教示による遂行
代理的経験	実際のモデリング シンボリックなモデリング
言語的説得	示唆 奨励 自己教示 解釈療法
情動喚起	帰属 リラクゼーション シンボリックな脱感作 シンボルにさらすこと

図28-2　自己効力情報の源泉と対処の導入形態
（Bandura, A., 1977）[2]

6）坂野雄二　1997
セルフ・エフィカシー
日本行動科学会（編）
動機づけの基礎と実際：行動の理解と制御をめざして　川島書店
Pp.190-200.

達成努力を規定する．情動的側面は，不安や自己統制のあり方に影響し，選択的側面は，自己効力をもてる課題を選択しようとするといった行動に影響を与える．

先に述べたように，自己効力の概念は臨床場面で使用されることが多いが，教育の場面で利用されることも多い．

臨床場面で使用される例として，不登校とセルフ・エフィカシーを扱った前田と坂野の研究[7]がある．彼らは，10歳の女児の不登校を対象にした治療を行った．望ましい行動をとるまでの行動を難易度が異なる水準によって細分化し，下位の水準の行動から順に強化を与えていき，その際各水準のセルフ・エフィカシーを測定した．強化は，その水準の課題を行えたとき，シールを貼ることで行った．下位の水準の行動のセルフ・エフィカシーが高まると順次，次の水準の行動に移らせるという方法により，7ヶ月後には確実に登校が可能になった．この結果で重要なことは，遂行可能性は，セルフ・エフィカシーの高まりの後で高まったことであった．

教育場面の例としては，シャンク（Schunk, D. H.）の学業不振時とセルフ・エフィカシーに関する一連の研究がある[8]．

算数の引き算能力の劣った子どもにモデルを見せて訓練し，セルフ・エフィカシーを測定した．モデルは，テレビモニターで示された．モデルとなったのは，同齢同性のよくできる習熟モデル，同齢同性の努力モデル（苦手でもやろうとし，ついにはできるようになる），教師モデルで，その他にモデルなしの統制群を設定した．同齢同性モデルは，習熟，努力を問わず，教師モデルやモデルのない統制群より学習へのセルフ・エフィカシーも高まり成績も向上した．教師モデルは，モデルなしよりセルフ・エフィカシー，成績とも高得点であった．この結果は，単にモデルがあるというだけではなく，モデルに類似していることが重要であることを示しており，バンデューラの情報源のひとつである代理経験の効果を実証するものとなった． 〔青柳肇〕

7) 前田基成・坂野雄二 1987 登校拒否の治療過程におけるSelf-Efficacy の一役割の検討 筑波大学臨床心理学論集三，45-58．

8) Schunk, D. H. 1983 Developing children's Self-efficay and skills: The roles of social comparative information and goal setting. *Contemporary Educational Psychology*, 8, 76-86.

【参考文献】
青柳肇 1991 不安・恐怖，学習性無力感，セルフ・エフィカシー 宮本美沙子（編）新・児童心理学講座 情緒と動機づけの発達 金子書房 Pp.185-219.

IV-29
自己制御
self-regulation

ジェームズ（James, W.）[1]は主我（I）と客我（Me）を合わせたものを自己としてとらえた．主我とは，実行機能の主体としての自己であり，客我とは，身体的，社会的対象としての自己である．だが，その後の心理学史において主我はあまり注目されることはなかった．しかし最近，適応的生の実現には自己制御が重要だと考えられるようになり，主我に関心が向けられるようになってきた．主我の実行機能とは，計画し，取りかかり，進行中の認知活動や行動を点検する，意図的で積極的な自己の役割をいう．

自己制御（self-regulation）とは，文字どおり自分の思考・感情・行為を自分自身で制御することである[2]．しかし，自己という存在まるごとに働きかけるわけではない．感情や思考を制御するとは，自分自身が感じていること，考えていることを制御することであり，反応の仕方を変えることである．したがって，通常，望ましくない事態を回避する，あるいは望ましい状態に近づくといった何らかの目標到達点を描くことから始まる一連の過程を経る．

人には，したくないがしなければならないこと，したいがやめた方がよいこと，思わずしてしまいそうになるがしてはならないことなど，自分の欲求や願望に逆らったり，実現の仕方を調整したりしなければならないことが多々ある．幼い子どもは，思いに身を任せて泣いたりはしゃいだりするが，周囲の大人がこれはこのような理由で我慢しなければならないなどとフィードバックを与えているうちに，やがて，他者からの統制がなくても自分自身で自分の行動を統制できるようになる．つまり，社会規範や賞罰の**内在化**が進むにつれ，

[1] ウィリアム・ジェームズ（1842-1910）．p.113参照．
James, W. 1892 *Psychology*. New York: Harper Torch Books.

[2] 自己制御という語は，セルフ・コントロール（または自己統制）とほぼ同義として使用されることが多い．両者を厳密に区別する場合は，セルフ・コントロールが自己の反応を意識的に意図的に変革することであるのに対して，自己制御は，自分自身による意図的ないし非意図的な変化をも含めたより広い意味として用いる．ただし，このような区別は，後で述べる「非意図的な自己制御」の存在が明らかにされてから以降のことである．

外在的な統制から他者によらない自己統制へと発達し，社会的状況を読み，自己の欲求や願望を統制し，抑制（いわゆる我慢を）したり，あるいは社会的に適切だと認められるような形で満たすことができるよう自己調整の仕方を獲得するようになる．自己制御には，どのようにすることがよいことか，そして他者は何をよしとするかを考えられる能力が必要であり，**社会的能力**や**道徳性**の発達と結びついている．つまり，どのように反応することが社会的に適切かを考える力があってこそ，自分の行動の指針が立つのである．

自己制御においては言語能力が重要な役割を果たしていると考えられている．言語は他者へ伝達するコミュニケーション機能を有するだけでなく，自己の内なる思考を展開する道具としても機能する（内言）．言語的媒介を通して，ある場面で最初に思い浮かんだ反応をそのまま外に出すのではなく，別の観点から事象をとらえ直し，別の反応の可能性を探ることができるようになる．一般に言語能力が発達すると，言語の制止機能が強まり，だめと言われている違反行動をしなくなる．ハーティグ（Hartig, M.）らによる3歳から7歳児を対象とした実験では，実験者の不在中に魅力的な玩具に触ってはいけないという**誘惑抵抗**事態を設定したが，違反行動を言語化させると制止が強まり，また年長ほど言語統制効果が大きいことが見出されている．特に，実際に正しく言語化した子どもたちでは，違反をまったくしなかった者が多かったが，言語化条件に割り当てられても正しく言語化しなかった者は短時間のうちに違反を犯してしまうという対照的な結果が見られている[3]．また，攻撃的行動をとる子どもは，ふつうの子どもと一般知能では違いがないのに，言語能力において劣ると報告されている[4]．他にも言語化と自己統制との関連を検討した研究は多く，衝動や感情抑制に言語・内言の関わりが示唆されている[5]．

自己制御は文字どおり自分自身を制御することであるから，自己をどのようにとらえているかが関わってくる．すなわち，さまざまな出来事に対する自分の統制力をどの程度と考えているかによって，そもそも統制しようとしない場合が

[3] Hartig, M. & Kanfer, F. H. 1973 The role of verbal self-instructions in children's resistance to temptation. *Journal of Personality and Social Psychology*, 25, 259-267.

[4] Camp, B. W. 1977 Verbal mediation in young aggressive boys. *Journal of Abnormal Psychology*, 86, 145-153.

[5] 柏木惠子 1983 子どもの「自己」の発達 東京大学出版会を参照．

生じてくる．出来事に対する自分の統制力の信念を**ローカス・オブ・コントロール**[6]という．自分の内外で起きる出来事に対して統制できないとして否定的な感覚をもつ人，つまり外的なローカス・オブ・コントロールをもつ人は，自分にはものごとの行方を動かす力がなく，むしろ運命や他者の手にゆだねられていると感じている．これは，長期にわたり自分では変えられない困難な状況を経験すると**学習性無力感**を発達させ，実際に制御できる場合に直面してもしようとしなくなるという指摘[7]とも通じる．ドゥエック（Dweck, C. S.）ら[8]は，教育場面において，指導の仕方によっては，学校での失敗はコントロールできない要因，特に能力不足のせいだということを過度に学習し，あきらめてしまった子どもたちを作り出していると指摘している．

東[9]は，自己制御には文化的要因が関わっていると論じている．東らが行った日米比較研究においては，米国では幼稚園児くらいの年齢の子どもを教師が外的に統制するのに対して，日本の場合は早くから「よい子アイデンティティ」とでもいえるものを子ども自身が発達させているという違いが見出された．日本では，子どもが仮に適切でない行為をしても，子どものよい子アイデンティティに働きかけ「よい子はそんなことをしませんよ」といった簡単な指示を出すと，子どもは自分の行動を律することができる．このような知見は，子どもの自己制御能力には言語能力という発達的要因だけでなく，文化的・社会的要因も関わっていることを示唆している．東はまた，日本の子どもは間違えないように慎重に行動しようとし，米国の子どもは間違えることを気にしないという違いがあることも指摘している．こうした社会化・発達の道筋の行方に，ヒギンズ（Higgins, E. T.）[10]が提唱しているプロモーション（promotion: プラスの価値の存在や成功の追求）とプリベンション（prevention: マイナスの価値の不在や失敗回避の追求）という2つの異なる動機づけパターンができあがるのかもしれない．

自己制御は，意図的意識的にそして多分に努力を投入して，自分自身の反応の仕方を変えることをいう．だが，厳密には

6) Ⅲ-20, p.83参照．

7) Seligman, M. E. P. 1975 *Helplessness*. San Francisco: W. H. Freeman.

8) Dweck, C. S., Davidson, W., Nelson, S., & Enna, B. 1978 Sex differences in learned helplessness: Ⅱ. The contingencies of evaluative feedback in the classroom. Ⅲ. An experimental analysis. *Developmental Psychology*, 14, 268-276.

9) 東洋 1994 日本人のしつけと教育：発達の日米比較にもとづいて 東京大学出版会

10) Higgins, E. T. 1998 Promotion and prevention: Regulatory focus as a motivational principle. In M. P. Zanna (Ed.) *Advances in experimental social psychology*, Vol.30, San Diego: Academic Press, Pp.1-46.

これはもはや古典的定義と言わざるをえない。バージ(Bargh, J.)[11]を旗手とする社会的認知の研究者たちは、意識や意図や意志は効果的な自己制御に不可欠の要素ではない、むしろ「招かざる客だ」と言い放つ。すなわち、人はすべての行為と選択を吟味せずとも、刻一刻とどの瞬間をとってもきわめてうまく自分自身を管理しているのだというのである。これは、勉強とはしたくない気持ちを抑えて強いて勉めることであり、ダイエットとは湧いてくる食欲を無理にでも押さえ込むことだとして、自己制御を日常語の「我慢」というイメージでとらえている私たちには衝撃的なものに響くかもしれない。彼らは、自己制御は状況に応じた柔軟な対応や目標間の葛藤の管理などの素早い実行であり、意志の力を超えたところに展開されるより複合的な過程である、と考えている。

つのる恋心を意志の力で制御しようとしても、結果は失敗に終わることが多いだろう[12]。最近の研究においても、まさにこれと同様のことが指摘され、ステレオタイプ的判断や悲観的な考えなど望ましくない思考を意識的に抑制しようとすると、反動でかえってそれが強まることが見出されている。これは**リバウンド効果**と名づけられている[13]。ある思考を抑制するためには、今頭の中にあることが抑制しようとしていることか否かを、監視し続けなければならず、常に抑制対象を自動的に活性化している状態にある。したがって、十分な認知資源がないときには、抑制対象から注意をそらすことができず、活性化している抑制対象が思考の中に登場してしまうのである。

近年の研究は、自己制御には制御資源や認知資源が必要なことを明らかにしている。事前の別課題遂行により制御資源が枯渇しているとき、たとえば強い疲労時には、自己制御に失敗する傾向が報告されている[14]。自己制御は、単に意志や決意の強さだけの問題ではないようである。　〔遠藤由美〕

11) Bargh, J. 2004 Bypassing the will: Toward demystifying the nonconscious control of social behavior. In R. R. Hassin, J. S. Ulman, J. A. Bargh (Eds.) *The new unconscious*. New York: Oxford University Press, Pp.37-60.

12) 次のようなエピソードがある。哲学者のカント(Immanuel Kant, I.: 1724-1804)が失恋し、仕事にならなかった。理性的な彼は、「恋人のことを考えるな」と壁に張り紙をした。だが、考えまいとすればするほど、皮肉なことに、頭から離れなくなった、というのである。

13) Wegner, D. M. 1994 Ironic processes of mental control. *Psychological Review*, 101, 34-52.

14) Muraven, M. & Baumeister, R. F. 2000 Self-regulation and depletion of limited resources: Does self-control resemble a muscle? *Psycholgical Bulletin*, 126, 247-259.

【参考文献】
森　真一　2000　自己コントロールの檻：感情マネジメント社会の現実　講談社選書メチエ

IV-30
自己開示
self-disclosure

図30-1 自己開示の幅と深さ (Taylor et al., 1994 より)[1]
初対面の人など親密度が浅い関係においては，自己に関する情報の開示はあまり行われず季節や天候の話などに話題が限られている．しかし，親密度が高まるにつれ開示の幅と深さが増大し，親密な関係においては，たわいないことも個人的で深刻なことも話題にされるようになる．

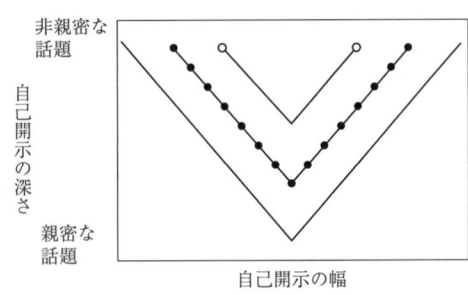

○──○ なじみのない他者
●──● 気楽な知人
──── 親友

恋の始まりは，ただ自分1人でときめきとまどっているだけであるが，双方の基本的意思が確認されるにつれ，家族構成や居住地といった属性情報だけでなく，幼かった頃の思い出，大切にしていること，将来の夢，今考えていること感じていることなど，自発的にあるいは求められて，少しずつあなたに伝えるようになる．すると，あなたは，相手をより深く理解できたと感じ，意外な側面を発見した気がして喜びを味わい，その人柄にいっそう魅力を感じるようになり，関係が徐々に発展する．こうした経験を多かれ少なかれ誰しももっているだろう．**自己開示**（self-disclosure）[2]とは，自分についての情報を他者に対して示すことである．自己開示は，人間関係を構築する際の重要な過程であり，関係の深化に伴い増加し，相手を引きつける魅力を作り出し，親密度や好意度を高めるものとなる．

自分に関して他者に伝える情報は大きく2つのタイプがある．ひとつは，家族構成，所属クラブなど聞き手が知らない事実を伝えるものであり，記述的開示（descriptive disclosure）と呼ばれている．もうひとつは，将来は○○という形で世の中の役に立ちたい，自分の顔の形が気に入らないなど個人的な意見や願望，感情などであり，自己や他者や状況などへの評価を伝達する評価的開示（evaluative disclosure）である．

自己開示は，自分が望む自己イメージを意図的に相手に与えようとする**自己呈示**（self-presentation）とは区別され，

1) Taylor, S., Peplau, A., & Sears, D. O. 1994 *Social Psychology,* 8th ed., Prentice Hall, p.318.

2) 自己開示はジュラード（Jourard. S. M.）によって提唱された．
Jourard. S. M. 1964 *The transparent self: Self-disclosure and well-being.* New York: Van Nostrand Reinhold.
Jourard. S. M. 1971 *Self-Disclosure: An experimental analysis of the transparent self.* New York: Wiley.

真の自分を相手に理解してもらおうとする行為である.

自己開示と関係の発展・維持

親密な人間関係を作る過程において,自己開示はきわめて重要な役割を果たす.私たちは通常,見知らぬ他者については,表面的に見て分かること以上の知識をもたない.たとえば,性別やおおよその年齢,身なりについては,外見から把握できる.だが,他者の内面や伝えられなければ分からない個人的情報について,特に前者については本人しか持ち得ないのだから,それを語ってもらうことより他に,他者である私たちにはその人個人について知るすべがないのである.知ることにより,その人の魅力を発見し,その人を理解し,その人が必要としていることをこちらから提供できるようになり,関係が深まっていく.だが逆に,関係が深まらないと,伝えられないこと,伝えたくないこともあり,深い自己開示へと発展しないのも事実である.言い換えれば,関係の深さと自己開示の幅や深さには双方向的な関係があることになる.図30-1は,関係の深まりに伴い,当事者間で語られるトピックスに広がりが生まれることを示している.さまざまな話題が共有されるということは,その中にきわめて個人的なこと,内面に関することが含まれることを意味する.初対面の人との会話でつまったら「まず天気の話題を」とはよく聞く話であるが,これは個人的なことを話題として取り上げることを回避しながら会話を続けるコツだということを思い出せば,関係の深さと自己開示との関係が理解できるだろう.

自己開示と親密度

これまでの自己開示研究のメタ分析は,次の3つのことを明らかにしている[3].(1)人は嫌いな人よりも好きな人により多く開示する.(2)自分に開示してくれた人を,好きになる.(3)自分が開示をした場合,聞き手である相手をより好きになる.

これらはいずれも,自己開示が好意や親密さ,そして関係の深化発展と密接に関わっていることを示唆している.ただし,これが成立するには,適切な時期に適切な開示が行われること,開示が双方向的であること,という条件が必要であ

3) Collins, N. L. & Miller, L. C. 1994 Self-disclosure and liking: A meta analytic review. *Psychological Bulletin*, 116, 457-475.

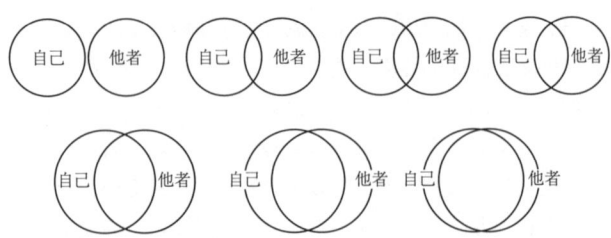

る．よく知らない人の突然の深い自己開示は，相手に不安やとまどいや警戒感を生み出すに違いない．また，こちらは深い開示をしているにもかかわらず，相手はいつまでたっても表層的なことしか

図30-2　関係親密度スケール（Aron et al., 1992 より）[6]
自己と他者がどれほど近しい関係にあると認識しているかを測定するスケールとして，アロンらによって開発されたものである．ベン図のような自己を表す円と他者を表す円の重なりの程度を変化させた7つのパターンの中から，参加者は自分と相手との関係をもっともよく表していると思うものを1つ選択する．Including the other in the self（IOS）が正式な名称である．

こちらに対して見せようとしないなら，そこに「私を信頼していない」という暗黙のメッセージを読みとることになり，関係への危機となるだろう．適切な時期や状況に見あった開示をする人がもっとも好まれる[4)5)]．自己開示は関係が浅い段階での狭く浅いものから，時間をかけて徐々に双方が2人の間の社会的境界線を越え共有する事項を増やしていくとき，好意度が増し関係が深まっていく（図30-2）．ただ，どのような開示が適切かについては，文化や性差による違いが認められている．

　別の言い方で表現すれば，自己開示が好意と結びつくのは，自分をさらけ出すことに対して私たちが与える意味，そして私たちがその関係に何を求めているかに依存する，ということになる．もし，友だちのAさんが失恋したことをあなたに打ち明けたなら，そこからAさんがあなたを信頼していることを読みとり，そして支えてあげたいと思い，そのようにできる自分を「よい友だちだ」，あるいは2人の関係は「よい関係だ」と見なすことができるだろう．しかし，親しくない人が家の財政状況を詳細に語り始めたら，あなたはその意図を測りかねて困惑し，その人の人格への共感に曇りが生じ，相手への好意度を上昇させたり自分も同じことを話題にするということにはならないはずである．

自己開示の危険性

　私たちは誰かと親しくなりたいという親和欲求をもってい

4) Altman, I. & Taylor, D. A. 1973 *Social penetration: The development of interpersonal relationships*. New York: Holt, Rinehart and Winston.

5) Derlega, V. J. & Chaikin, A. L. 1975 *Sharing intimacy: What we reveal to others and why*. Englewood Cliffs, NJ: Prentice-Hall.

6) Aron, A., Aron, E. N., & Smollan, D. 1992 Inclusion of other in the self scale and the structure of interpersonal closeness. *Journal of Personality and Social Pscyhology*, **63**, 596-612.

るが，相手を問わず誰であっても親しくなりたいと思うわけではない．個人差があるものの，私たちは限られた人にだけ知ってもらいたい，あるいは誰にも知られたくない情報というものも持っており，誰がどのように私について知るかを自分自身がコントロールしておきたいと思う側面も持ち合わせている．これは**情報プライバシー**（informational privacy）と呼ばれている[7]．

自分を他者に対してさらけ出すことは，人を接近させ結びつける反面，危険を伴う場合もある．デルレガ（Derlega, V. J.）[8]は，次の4点をあげて自己開示の危険性を示唆している．① 無関心の確認：新たな関係を築く際に自分が自己開示したのに，相手はそれには関心を示さない，ということを確認せざるをえなくなる状況が発生する．② 拒絶：たとえば自分の病気のことを打ち明けたら，友人が去っていった．このように，自己開示によって，他者が自分を避ける材料を提供することになる場合がある．③ 統制喪失：自分の弱点や個人的情報を相手に伝えると，何かの折りに相手はそれを利用して開示者を統制しようとする．④ 裏切り：相手を信用して打ち明ける「ここだけの秘密」は，しばしば裏切られて，第三者に広まっていく．つまり，情報プライバシーが侵害されることにつながる．

最近は，**インターネット**などの普及と人々の人間関係に関する感覚の変化により，相互に親しさと信頼性を確認しながら徐々に深い開示へと進むという一般法則が崩れ，見知らぬ者どうしが匿名でいきなり深い開示をする機会をもつようになった．それによって，身近で親しいがゆえに話せないような内容を知らない誰かに打ち明けサポートしてもらうことで救われているケースがある一方，他人の自殺願望を利用した快楽殺人などの問題も発生している．自己開示が人と人を結び融合させるものであるとともに，悪意のある他者の前では，無防備な自己をさらけ出すことと等しくなってしまうことを，認識する必要があろう． 〔遠藤由美〕

7) Burgoon, J. K., Parrott, R., Le Poire, B. A., Kelly, D. L., Walter, J. B., & Perry, D. 1989 Maintaining and restoring privacy through communication in different types of relationships. *Journal of Social and Personality Relationships*, 6, 131-158.

8) Derlega, V. J. 1984 Self-disclore and intimate relationships. In V. J. Derlega (Ed.) *Communication, intimacy and close relationships*. New York: Academic Press, Pp.1-10.

【参考文献】
ペネベーカー, J.（余語真夫訳）2000　オープニングアップ　北大路書房

IV-31
親子関係
parent-child relationship

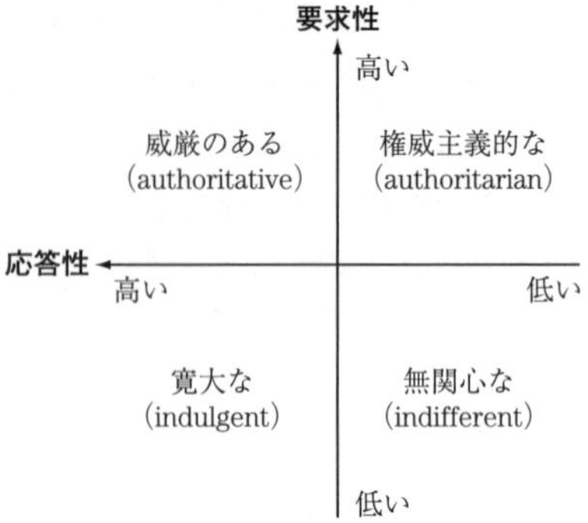

図31-1 養育行動のスタイル (Maccoby & Martin, 1983)[6]

要求性　高い
- 威厳のある (authoritative)
- 権威主義的な (authoritarian)

応答性　高い ← → 低い
- 寛大な (indulgent)
- 無関心な (indifferent)

低い

　人間関係の出発点は**親子関係**（parent-child relationship）にある．**ボウルビィ**（Bolby, J.）[1]は，「危機的な状況に際して，あるいは潜在的な危機に備えて，特定対象との接近を求め，またこれを維持あるいは回復しようとする生物個体の傾性」を**アタッチメント**（attachment；**愛着**）と呼んだ[2]．そして，このような近接関係の確立，維持，回復を通して，自らが安全であるという感覚を絶えず確保しようとするのが，人間の本性と考えた．人が特定の他者（一般的には養育者）との間に築く緊密な「情緒的絆（emotional bond）」であるアタッチメントは，一生涯続くものと仮定されている．発達初期の養育者との具体的な相互作用の特質が，徐々に自己や他者および対人関係に関する一般化されたイメージや主観的確信として取り込まれる．これが**内的作業モデル**（internal working model）であり，個人のその後の人生における一貫した対人関係スタイルやパーソナリティを持続的に支える機能を果たすと考えられている[3]．

　養育者が子どもを育てる際にとる行動や態度を**養育態度**という．古くはサイモンズ（Symonds, P. M.）が親子関係の類型化を試みた[4]．支配‐服従，保護‐拒否という2つの因子軸から，かまいすぎ型，残忍型，甘やかし型，無視型の4類型を提案した．また，**キャッテル**（Cattell, R. B.）は，因子分析の手法を用いて，愛着—冷淡，承認的—拒否的，敵意・加虐的—攻撃的でない，支配的—服従的，嫉妬的—信頼的，誇りに思う—恥じている，友人的態度—社会的距離をもつ，保護的—放任的，要求的—独立的という9つの養育

1) ボウルビィ (1907-1990). p.80参照.

2) Bowlby, J. 1969 *Attachment and loss*: Vol.1. *Attachment*. New York: Basic Books.〔黒田実郎（訳）1976 母子関係の理論 I 愛着行動 岩崎学術出版社〕

3) IV-25, p.104参照.

4) Symonds, P. M. 1939 *The psychology of parent-child relationships*. New York: Applenton-Century.

5) Cattell, R. B. 1950 *Personality*. New York: McGraw-Hill. キャッテル (1905-1998). p.76参照.

態度因子を見出している[5]．

親の**要求性**（demandingness）と**応答性**（responsiveness）という2つの次元から養育行動のスタイルを分ける試みもある[6]．要求性とは，子どもに成熟した責任ある行動を期待し，要求する程度である．応答性とは，子どもの要求に受容的・支持的な方法で反応する程度である．この2つの次元の高低から，4つの養育行動のスタイルに分けられる（図31-1）．バウムリンド（Baumrind, D.）によれば，威厳のある親に育てられた子どもは心理社会的に有能であるという[7]．

最近では，ホフマン（Hoffman, M. L.）が「力中心」「愛情の除去」「誘導的方法」という3つの養育態度に分けている[8]．**力中心**的しつけとは，身体的暴力で脅すこと，子どもの持ち物や権利を奪うこと，必要なものを与えないことなどで，力で押さえつけようとするやり方である．**愛情の除去**とは，子どもを無視したり，子どもに話しかけたりせず，子どもの話を聞こうとしないといったやり方である．**誘導的方法**とは，子どもを説得したり，困ったことをしたときには，迷惑をかけた相手の気持ちを考えさせたり，自分のやったことの意味を反省させたりするやり方である．ホフマンは，誘導的方法が「思いやり」の発達や罪悪感の発達に有効であると述べている．

これまで述べてきた養育態度の研究では，「親から子へ」の一方向的影響を扱っている．しかし，子どものもつ気質や先有傾向が親の養育態度にも影響を及ぼしていると考える「子から親へ」の影響も考慮した双方向的影響を扱う必要性が認められるようになった．生後間もない新生児にも活動水準，反応の強さ，気の散りやすさなどにおいて個人差があり，それによって親の育てやすさや関わり方にも違いが出てくる．トーマス（Thomas, A.）らは，育てやすい子（easy child），ウォームアップの遅い子（slow to warm-up child），むずかしい子（difficult child）という典型3パターンをあげ，それぞれが親の対応との関係により，良い点を伸ばすことにもなれば，問題を引き起こすこともあると指摘している[9]．こうした考え方に時間的な流れを加えたのが相乗的相互作用モデルであり，図31-2に示した[10]．

6) Maccoby, E. E. & Martin, J. A. 1983 Socialization in the context of the family: Parent-child interaction. In E. H. Hetherington (Ed.) *Handbook of child psychology*, 4th ed. Vol.4.: *Socialization, personality, and development*. New York: Wiley, Pp.1-101.

7) Baumrind, D. 1991 Parenting styles and adolescent development. In R. M. Lerner, A. C. Petersen, & J. Brooks-Gunn (Eds.) *Encyclopedia of adolescence*, Vol.II. New York: Garland Publishing, Pp.746-758.

8) Hoffman, M. L. 2000 *Empathy and moral development: Implications for caring and justice*. Cambridge: Cambridge University Press.〔菊池章夫・二宮克美（訳）2001 共感と道徳性の発達心理学：思いやりと正義とのかかわりで 川島書店〕

9) Thomas, A., Chess, S., & Birch, H. G. 1968 *Temperament and behavior disorder in children*. New York: New York University Press.

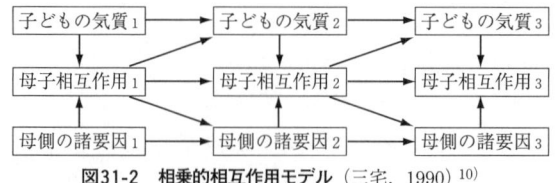

```
子どもの気質1 ─→ 子どもの気質2 ─→ 子どもの気質3
母子相互作用1 ─→ 母子相互作用2 ─→ 母子相互作用3
母側の諸要因1 ─→ 母側の諸要因2 ─→ 母側の諸要因3
```

図31-2　相乗的相互作用モデル（三宅，1990）[10]

問題行動を起こす十代の若者は，大人の強制的・弾圧的な行動を生起させるという例をあげ，パターソン（Patterson, G. R.）は「親が子どもの行動を形成し，また子どもが親の行動を形成する」過程を描いている[11]．

青年期の親子関係について，シルバーバーグ（Silverberg, S. B.）とステインバーグ（Steinberg, L. D.）の研究は，青年の情緒的自律が高いと同性の親の同一性への関心（人生の再評価）も高いこと，親子の葛藤水準は母親の精神的健康と関連することなどを示している[12]．また，親が仕事に満足しているほど，子どもが青年期に達したときの家族周期の移行をうまくできることを明らかにしている．

グローテヴァント（Grotevant, H. D.）とクーパー（Cooper, C. R.）は，独自性（individuality）と結合性（connectedness）という2つの次元の相互作用が家族関係にあると考え，その総体を**個性化**（individuation）とした[13]．家族関係の情緒的成熟の指標である独自性は，自己主張と自他の分離によって，また家族の特質を表す結合性は，家族成員間の相互性と浸透性の概念によって分析される．自己主張は自己の視点からそれを伝えることであり，分離は自己と他者の差異を指摘する能力である．相互性は他者の視点への感受性と尊重であり，浸透性は他者の視点への開放性と応答性である．家族成員間のコミュニケーション行動を分析した結果，同一性探究の高い青年は，父親は相互性と分離を示し，母親は浸透性が低いことが示された．青年期の親子関係の課題は，親と子の間で独自性と結合性のバランスをどのように保つかである．親からの独立を達成することは，親や家族との連続した結合性のもとで独自性を発達させることである．

スメタナ（Smetana, J.）とダッディス（Daddis, C.）は，

10）三宅和夫　1990　シリーズ人間の発達5　子どもの個性　東京大学出版会

11）Patterson, G. R. 1982 *Coercive family processes*. Eugene, OR: Castalia.

12）Silverberg, S. B. & Steinberg, L. D. 1987 Adolescent autonomy, parent-adolescent conflict and parental well-being. *Journal of Youth and Adolescence*, 16, 293-312.

Silverberg, S. B. & Steinberg, L. D. 1990 Psychological well-being of parents at midlife: The impact of early adolescent children. *Developmental Psychology*, 26, 658-666.

13）Grotevant, H. D. & Cooper, C. R. 1986 Individuation in family relationships: A perspective on individual differences in the development of identity and role-taking skill in adolescence. *Human Development*, 29, 82-100.

青年期の親子間葛藤の問題，特に親の心理的統制と監視を，社会的に規制された領域（道徳や慣習）と個人的領域（外見や友人選択など）に分けて検討している[14]。個人的領域で，青年は年齢があがるにつれ，青年自身の自己決定権や支配権を親よりも認める傾向にあり，そこに親子間の葛藤が生じやすいことを明らかにしている。つまり，親子間の葛藤について，親は慣習の観点から解釈し，青年はそれを個人的権限の点から判断する。親が何歳頃から，個人的領域の事柄について青年に自己決定権を認めるかが問題となるのである。

さらにスメタナらは，親子関係における自己開示と秘密について検討し，青年は道徳や慣習などの問題よりも自己管理（prudential）の問題を親に開示する義務があり，個人的な問題は親に開示する義務はあまりないと考えていることを見出した[15]。一方，親は青年よりも多くの自己開示を青年が親にすべきであると考えていた。自己開示についての義務感や秘密について親子間で考え方に違いが見られる。また実際には，青年は父親よりも母親に個人的な問題で自己開示していることが明らかにされている。

青年期の親子関係は，それまでの親子関係とは異なり，お互いの新しい扱い方を確立し，再統合化する時期である。親子関係が変化することによって，システムとしての家族は新たな均衡がとれたものになる。この意味で，青年期の親子関係が変化するのはむしろ健全といえる。

親子関係の問題は，何も子どもが児童期や青年期に限定されるわけではなく，子どもが成人しその親が年老いたときにも見られる。たとえば，高齢社会の到来によって，老親の介助や介護をその子どもである中年期に入った者がどう考えるか，どうかかわるかの問題などがあげられる。親子関係の問題を生涯発達の視点から，今一度見直す必要があると思われる。　　　　　　　　　　　　　　　〔二宮克美〕

[14] Smetana, J., & Daddis, C. 2002 Domain-specific antecedents of parental psychological control and monitoring: The role of parental beliefs and practices. *Child Development*, 73, 563-580.

[15] Smetana, J.G., Metzger, A., Gettman, D.C., & Campione-Barr, N. 2006 Disclosure and secrecy in adolescent-parent relationships. *Child Development*, 77, 201-217.

【参考文献】
子安増生・二宮克美（編）2004　キーワードコレクション発達心理学（改訂版）新曜社

IV-32
きょうだいと仲間
sibling and peer relationship

図32-1　きょうだい家族はナナメの人間関係（依田，1990）[1]

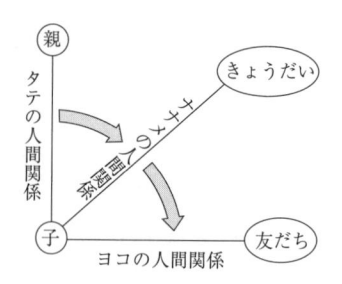

⇒印は，きょうだいのいる子どもはきょうだい関係が親子関係から出発し，友だち関係をつくる場合の橋渡しの役割を果たしていることを示している．

　親子関係や大人－子ども関係は，保護したり，教わるといった「タテ」の関係である．**仲間関係**（peer relationship）は，相互に対等な関係で「ヨコ」の関係である．**きょうだい関係**（sibling relationship）はこの両面を備えた「ナナメ」の関係といえる（図32-1）[1]．あるときには，上の子ども（兄・姉）が下の子ども（弟・妹）の面倒を見たり，行動のモデルを示したり，指示・命令をするなどの「タテ」の関係が見られる．一方，別の場面では，対等なライバルとして競争したり，けんか相手になったりするような「ヨコ」の関係も見られる．
　きょうだい（sibling）のいることがパーソナリティの形成

1) 依田明　1990　きょうだいの研究　大日本図書

2) 依田明・深津千賀子　1963　出生順位と性格　教育心理学研究　11, 239-246.

表32-1　長子的性格と次子（末子）的性格（依田・深津，1963[2]；依田・飯嶋，1981[3]；浜崎・依田，1985[4] より作成）

63	81	85	長子的性格	63	81	85	次子（末子）的性格
○			気に入らないとだまりこむ	○			おしゃべり
○			人前に出るのを嫌う	○	○	○	父に甘える
○			親切	○	○		母に甘える
○	○		自制的	○	○		母につげ口
○	○		話すより聞き上手	○			強情
○	○	○	仕事がていねい	○	○	○	依存的
○	○		めんどうが嫌い	○			人まねがうまい
○	○		ひかえめ	○			食事の好き嫌いが多い
	○		遠慮		○	○	お調子者
	○		自分の用を人に押しつけたり頼んだりする		○		嫉妬
	○		母に口ごたえ		○		外で遊ぶことが好き
	○		きちょうめん		○		知ったかぶり
	○		すまじしや		○		父につげ口
		○	父にしかられる			○	せっかち
						○	はきはきしてほがらか

注）63：依田・深津（1963）にみられた性格特性　81：依田・飯嶋（1981）にみられた性格特性　85：浜崎・依田（1985）にみられた性格特性

にどのような影響を与えているのだろうか．「長女だからしっかりしている」「末っ子だから甘えん坊だ」などの出生順位との関連を検討した結果を表32-1に示した．わが国では，名前ではなく，「お兄ちゃん」「お姉ちゃん」というようにきょうだいの地位で呼ばれることが多かった時代では，こうした出生順位とパーソナリティの違いが見られたのかもしれない．

シシレリ（Cicirelli, V. G.）は，一生涯続くきょうだい関係にもアタッチメント理論の内的作業モデルを援用できると指摘している[5]．つまり母親とのアタッチメント・スタイルがプロトタイプとなり，それがきょうだい関係にもあらわれると考えている．

同じ家庭で育ったきょうだいの間のさまざまな特徴の相関関係を表32-2に示した．ダン（Dunn, J.）とプロミン（Plomin, R.）は，育った家庭での食事パターンや体重に対する態度が同じであるにもかかわらず，実のきょうだいの身長と体重の相関は0.50であるのに，養子縁組のきょうだいの身長と体重の相関はほとんど0であったと指摘している．また，パーソナリティの相関が実のきょうだいでは0.15，養子縁組のきょうだいでは0.05であることから，図32-2に示したように遺伝と共有する環境がパーソナリティに影響する割合を指摘している．つまり，パーソナリティの変動の約40％が遺伝の要因に，約35％が非共有環境での経験に起因するという[6]．

なお，**一人っ子**（only child）については「わがままだ」と言われることが多いが，一人っ子特有のパーソナリティ特徴についてはっきりとした根拠はない．

仲間（peer）とは，自分と年齢が近く，身体的にも心理的にもまた社会的にも類似した立場にあるものをいう．仲間関

表32-2 同じ家庭で育ったきょうだいの相関

特　徴	相関
身長	0.50
体重	0.50
口の幅	0.30
知能指数	0.47
学業成績	0.50
高血圧	0.07
喘息	0.07
糖尿病	0.06
外向性	0.25
神経質	0.07
パーソナリティ全体	0.15
一卵性双生児のパーソナリティ全体	0.50
二卵性双生児のパーソナリティ全体	0.30
養子縁組きょうだいのパーソナリティ全体	0.05
養子縁組きょうだいの身長	0.02
養子縁組きょうだいの体重	0.05

3) 依田明・飯嶋一恵 1981 出生順位と性格 家庭教育研究所紀要 2, 23-29.

4) 浜崎信行・依田明 1985 出生順位と性格2：三人きょうだいの場合 横浜国立大学教育紀要，25, 187-196.

5) Cicirelli, V. G. 1995 *Sibling relationships across the life span*. New York: Plenum Press.

6) Dunn, J. & Plomin, R. 1990 *Separate lives: Why siblings are so different*. New York: Basic Books.

係の中でも，特に特定の人物との間に好ましい感情をもち，お互いに心理的に支えあう親密な関係を**友人関係**（friendship）という．

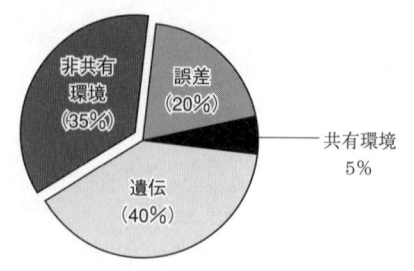

図32-2 パーソナリティにおける変動の構成要素
(Dunn and Plomin, 1990) 6)

非共有環境 (35%)
誤差 (20%)
共有環境 5%
遺伝 (40%)

ブラウン（Brown, B. B.）は，青年期における仲間との相互作用は3つの異なる水準があると指摘した7)．1つは，個々人の友情に特色づけられた2者間の水準である．この2者間には仲間関係の他に，恋愛関係にある相手や敵対関係にある相手（例，いじめ－いじめられ）との関係も含まれる．2つ目は，お互いが定期的に相互作用しあう小集団の仲間からなる関係である．**徒党**（クリーク；clique）と呼ばれるこの集団は，閉鎖性，持続期間，相互尊敬や感情といった面で変化する絡みあった関係である．3番目は，青年期以前ではほとんど見られない関係であり，**群集**（クラウド；crowd）と呼ばれている．お互い個人的には詳しく知り合っていないが，同じようなイメージや評判を共有し，同じ民族とか近隣といった共通の特徴をもっている．これはもはや行動的というよりは認知的なものであり，具体的で相互作用的というよりは象徴的なものである．

仲間関係を考える際，どの水準で問題とするかを考慮する必要がある．ここでは，主として2者間の水準や小集団の水準を考えることにする．

ハータップ（Hartup, W. W.）は，友人関係の本質は同等であると見なしている相手との間の互恵性と積極的な関わりであると指摘している8)．そして，友人関係は子どもの社会化にとって次の4つの働きをしているとした．① コミュニケーションや協同，仲間に入っていくといった基本的なスキルを獲得したり洗練する社会的文脈，② 他者についての知識のみならず自分についての知識を獲得していく情報源，③

7) Brown, B. B. 2004 Adolescents' relationships with peers. In R. H. Lerner & L. Steinberg (Eds.) *Handbook of adolescent psychology*. 2nd edition. New Jersey: John Wiley and Sons, Pp.363-394.

8) Hartup, W. W. 1992 Peer relationships in early and middle childhood. In V. B. Van Hasselt & M. Hersen (Eds.) *Handbook of social development: A lifespan perspective*. New York: Plenum Press, Pp.257-281.

楽しんだり悩みを解決したりといった情動的・認知的な資源，④ 親密な関係に必要とされる相互的な自制や親密性を模倣することによる後々の対人関係の先駆け，の4つである．

セルマン（Selman, R. B.）とシュルツ（Schultz, L. H.）は，子どもの**友情の理解**は**社会的視点取得能力**に関連するとして，5段階の発達モデルを提起している[9]．

　① レベル0：友情の自己中心的理解（友だちとは近くにいて，そのとき一緒に遊んでくれる人）
　② レベル1：友情の一方的理解（助けてくれるのが友だち）
　③ レベル2：友情の互恵的理解（友人関係に互恵性と相互の調整という認識をもつようになるが，その関係は遊んでいるときに限られる．都合の良いときだけの協同）
　④ レベル3：友情の相互的理解（親密で相互に共有した関係）
　⑤ レベル4：友情の相互依存的理解（相手の独立と依存の2つの感情を統合する能力を通して友情は発展し続けるという感覚）

ハータップらは，生涯を通しての友人関係の重要性について，3つにまとめている[10]．① 友人は児童期から高齢期にいたるまで，自尊心や幸福感を育成する認知的・感情的な資源である，② 個々人が良い結果を達成するために修得しなければならない年齢相応の発達課題という点から見ると，友人はお互いに社会化しあっている，③ 社会的スキルのある友人間の支持的で親密な関係は発達的に有利である．友人をもつことは生涯にわたる幸福感と関連するが，それは友人のアイデンティティと友人との関係の質に依存しているといえる．　　　　　　　　　　　　　　　〔二宮克美〕

9) Selman, R. L. & Schultz, L. H. 1990 *Making a friend in youth: Developmental theory and pair therapy*. Chicago: The University of Chicago Press. 〔大西文行（監訳）1996 ペア・セラピィ：どうしたらよい友だち関係がつくれるか　I巻　北大路書房〕

10) Hartup, W. W. & Stevens, N. 1997 Friendships and adaptation in the life course. *Psychological Bulletin*, 121, 355-370.

【参考文献】
依田明　1990　きょうだいの研究　大日本図書
セルマン，R.L.・シュルツ，L.H.（大西文行監訳）1996　ペア・セラピィ：どうしたらよい友だち関係がつくれるか　I巻　北大路書房

IV-33 愛と結婚
love and marriage

愛情（love）は，**好意**（liking）の強まった状態と一般に考えられているが，好きになることと愛することには本質的に異なる側面があることを実証的に明らかにしたのはルービン（Rubin, Z.）である．すなわち，愛情は，相手に対する親和・依存欲求，積極的な関心と援助，排他性と一体化からなり，それに対して好意は，相手を好ましい人間と見なし，尊敬と信頼をもち，同時に自分との間に類似性を認知することによって特徴づけられるという[1][2]．

愛に関する理論には，リー（Lee, J. A.）の**恋愛の色彩理論**があり，恋愛をその様式からとらえて，エロス（美への愛），ストーゲイ（友愛的な愛），ルダス（遊びの愛），マニア（熱狂的な愛），アガペー（愛他的な愛），プラグマ（実利的な愛）の6つの類型を提出している[3]．一方，愛の構成要素に着目したスタンバーグ（Sternberg, R. J.）は，愛情が親密性（intimacy），情熱（passion），コミットメント（commitment）の3要素から構成されるという**愛の三角理論**（triangular theory of love）を提唱した[4]．親密性は，愛情関係における共通の核となるもので，親しみの感情や温かい経験を喚起する．情熱は，他者と結合することを強く望む状態で，性的欲求が顕著である．コミットメントは，短期間ではある人を愛するという決心を，長期間では関係を調整し維持することを含んでいる．

愛情や恋愛に関する研究を見ると，そこには共通した成分が見出される．これまでの研究を整理した戸田によると，表33-1に見るように，それは3つの成分にまとめられる[5]．世話（care）とは，相手の幸福を気づかい，相手の欲求を満足

1) Rubin, Z. 1970 Measurement of romantic love. *Journal of Personality and Social Psychology*, 16, 265-273.

2) ルービン，Z. 市川孝一・桶野芳雄（訳）1991 愛することの心理学 思索社

3) Lee, J. A. 1977 A typology of styles of loving. *Personality and Social Psychology Bulletin*, 3, 173-182.

4) Sternberg, R. J. 1986 A triangular theory of love. *Psychological Review*, 93, 119-135.

5) 戸田弘二 2000 愛情・恋愛 詫摩武俊他（編）人間と性格・第3巻：性格と対人関係 ブレーン出版, Pp.17-32.

表33-1　恋愛の成分 (戸田, 2000) [5]

研究者	アタッチメント/コミットメント	世話	セクシャリティ	その他の成分
シェイバーら (1988)	アタッチメント	養護	セクシャリティ	
ウィルソンとナイアス (1976)	安全と保護の欲求	養護欲求	性欲求	
ルービン (1973)	愛着	心遣い		親密性
ディビス (1985)		世話	情熱	
パムら (1975)	愛着	愛他性		外見的魅力, 相性, 尊敬
クリテリら (1986)	ロマンティックな依存		生理的覚醒	コミュニケーションの親密さ, 尊敬, ロマンティックな相性
ハットフィールド (1988)	友愛		熱愛	
スターンバーグ (1988)	コミットメントと親密性		情熱	
長田 (1990)	コミットメント	世話		

させ, 相手の価値を実現させるためのさまざまな行動をいう. アタッチメント／コミットメント (attachment/commitment) は, 相手との親密な関係を保ちたいという欲求や行動, あるいは関係を継続することへの決意を表す. 前者の情緒的な結びつきを意味する場合はアタッチメントが, 後者の関係継続への決意を意味する場合はコミットメントが使われている. 第3の成分セクシュアリティ (sexuality) は, 恋愛において特有な成分で, 相手に対する性的興奮と性行動への欲求を意味する.

　アタッチメントは, 元来親と子の愛着関係をさすものだったが, ハザン (Hazan, C.) らは, 恋愛をアタッチメント過程と見なし, 乳幼児期における3つの**愛着スタイル** (安定型, アンビバレント型, 回避型) をもとに成人 (青年期) の愛着スタイルを分類し, 恋愛における情緒的体験と関連づけた[6]. 実際, 先のスタンバーグの愛情の3要素について愛着スタイルの違いで比較すると, 親密な異性に対して, 安定型は親密性とコミットメントで, アンビバレント型は情熱において, 回避型の人よりも高い得点を示し, 愛着スタイルの質が恋愛関係にも影響を及ぼしていることが明らかにされている[7].

　では, 実際の**恋愛行動**ではどうだろう. 松井は首都圏の大学生の調査結果から, 恋愛行動の進展には一定の順序性があ

6) Hazan, C. & Shaver, P. 1987 Romantic love conceptualized as an attachment process. *Journal of Personality and Social Psychology*, 52, 511-524.

7) 金政祐司・大坊郁夫　2003　青年期の愛着スタイルが親密な異性関係に及ぼす影響　社会心理学研究, 19, 59-74.

ることを明らかにした[8]．第1段階は，悩みを打ち明けるなど内面の開示，プレゼントをする，肩や身体に触れるなどを含む．第2段階は，デートや一緒に買い物をする，手や腕を組むなど，第3段階は，部屋を訪問したりキスをするなど，第4段階は，恋人として友人に紹介する，そして最後の第5段階は，セックスを経て結婚を考えるというものである．つまり，一気に盛り上がる恋愛も，ゆっくり時間をかけて育まれる恋愛も，行動の進展速度に違いは見られるものの，ほぼ同じようなステップを踏んでいるのだという．

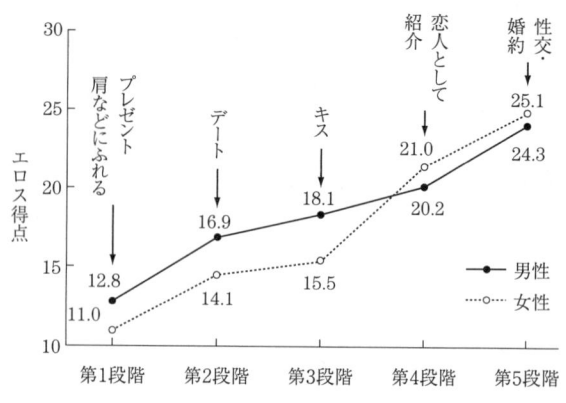

図33-1 恋愛行動段階別にみたエロス得点 （松井，1998より作成）[9]

しかし，このような恋愛行動の進展に伴う恋愛感情には性差が見られるという．1,300名を超える首都圏の大学生を対象に，先のリーの恋愛の様式のひとつであるエロス得点（相手に一目惚れし，ロマンチックな感情を抱き，恋愛至上主義の考えをもつ）を恋愛行動の進展段階ごと見ると，図33-1[9]に見るように，段階の進展につれて得点も上昇するが，恋愛の初期から中期にかけては男性が女性を上回り，キスを経て周囲に恋人として相手を紹介するようになる第4，第5段階で男女の差がなくなる．これは熱狂的な愛であるマニア，愛他的な愛であるアガペーにも同様の性差が見られるという[10]．

このように恋愛初期から中期では男性の方が恋愛感情を高めやすいことを，松井は**コミットの性差仮説**としてさまざまな角度から検討しているが[10]，カップルの男女間で，恋愛感情の高まり方が異なることはこれまでにも多く指摘されてきた．遠矢は，恋人と親しい異性の友人という位置づけに対して，男性は両者の境界があいまいなのに対して，女性は両者を画然と区別することを明らかにし，男性は恋人でなくても

8) 松井豊 1993 恋ごころの科学 サイエンス社

9) この図は，松井（1998）[10] が，松井（松井豊 1993 恋愛行動の段階と恋愛意識 心理学研究, 64, 335-342.）をもとに作図したものを，池田（池田政子 2000 異性関係とセクシュアリティ 伊藤裕子（編）ジェンダーの発達心理学 ミネルヴァ書房 Pp.162-182.）が各段階の内容に説明を加えたものである．

10) 松井豊 1998 恋愛における性差 松井豊（編）恋愛の心理 現代のエスプリ（至文堂), 368, 113-121.

一定以上親しい異性の対象に恋愛感情を感じるが，女性は恋人以外には恋愛感情を抱きにくいことを示唆している[11]．恋愛関係に入りやすい男性と，「恋人」と認知するまでは慎重な女性との違いを示すものといえよう．

最後に，近年の**結婚**（marriage）事情について概観しておきたい．今や平均**結婚年齢**は男性で30歳に届こうとしており，**晩婚化**は止まることを知らない．結婚には，まず，① 結婚へと押し出す「押しの要因」（一人暮らしの不便さや独身でいることの肩身の狭さからの脱出，親元からの独立の欲求，親や周囲の結婚への期待）と，② 結婚への期待や憧れとなる「引きの要因」（結婚による経済的安定や日常生活の便利さ，社会的信用，愛する人と生活を共にし家族をつくる）があって初めて本人が結婚の必要性を認め，そこに，③ 結婚を考えることのできる異性との出会い・プロポーズという「引き金要因」，さらに，④ 結婚生活をスタートさせる諸条件の整備という「通路づけ要因」がなければならない[12]．しかし，もはや若者を結婚へと押し出す要因はすべからく衰退し，引きの要因も，道具的，社会的側面は薄れ，情緒的側面のみとなった[13]．すなわち，若者にとって結婚の必要性が一時代昔に比べ極端に低下したのだといえる．

結婚を取りまく物理的・経済的状況や周囲の意識が変化したにもかかわらず，日本では**性別役割分業**意識が根強く，男性には一家を養える収入が，女性には家事・育児への専心が望まれ，このことが男女双方にとって結婚をちゅうちょさせる要因になっている[14]．戦後の高度経済成長期を通じてできあがった「男は仕事，女は家事・育児」の構図を，さらに続くだろう経済の低成長期において，男女ともに意識の内側から払拭しない限り，結婚難は当分続くだろう． 〔伊藤裕子〕

11) 遠矢幸子 1998 対人関係の親密化過程 松井豊（編）恋愛の心理 現代のエスプリ（至文堂），368, 73-85.

12) 伊藤裕子 1996 新たな家族の成立 齋藤誠一（編）人間関係の発達心理学 第4巻：青年期の人間関係 培風館 Pp.55-83.

13) 伊藤裕子 1995 結婚年齢 発達（ミネルヴァ書房），61, 55-57.

14) 山田昌弘 2000 結婚の現在的意味 善積京子（編）シリーズ家族はいま 第1巻：結婚とパートナー関係 ミネルヴァ書房 Pp.56-80.

【参考文献】
詫摩武俊・鈴木乙史・清水弘司・松井豊（編）2000 シリーズ人間と性格 第3巻：性格と対人関係 ブレーン出版
和田実（編）2005 男と女の対人心理学 北大路書房

IV-34

エイジング

aging

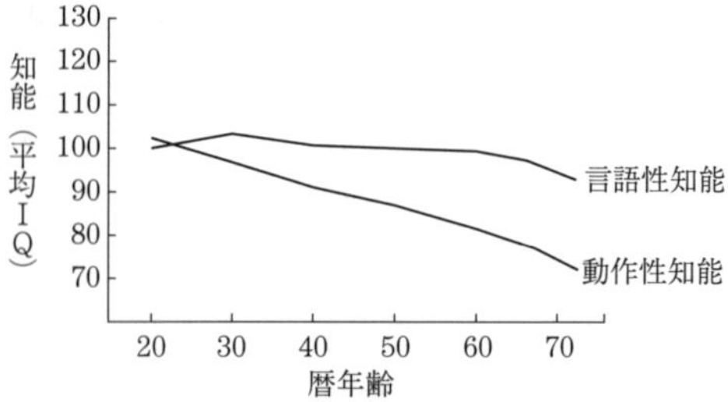

図34-1 言語性知能と動作性知能の年齢による変化
（Salthouse, 1992 より作成）[9]

言語性IQ（結晶性知能）は年齢による変化はあまり大きくないが，動作性IQ（流動性知能）は年齢に伴って低下していくことが読み取れる．

　パーソナリティ発達理論に多大な影響を与えた**フロイト**（Freud, S.）[1]は，パーソナリティの基盤は人生の初期の段階でほぼできあがってしまうという見解をとった．かつて，赤ん坊が個性や能力を獲得して社会生活をおくる成人期に到達するまでの変化を，発達として考える傾向が一般的であったのである．また，現実に，平均寿命が今日ほど長くはなく，いわゆる「現役時代」を終えると間もなく人生の終焉を迎える人が多かったため，**エイジング**（aging）にはほとんど関心が払われることはなかった．しかしながら，近年，人は誕生の瞬間から高齢期に至るまでの間さまざまな意味においてプラスとマイナスの変化をし続けるものだという考えがとられるようになり，たとえ縮小衰退というイメージでとらえられる現象を含むとしても，生涯にわたる変化の過程を生涯発達としてとらえようと考えるようになってきた[2]．

　エイジングという語はいろいろな意味で使用される[2]．初めにごく簡単にそれらを説明しておこう．① **加齢**と訳され，年齢を重ねることをいう．② **老化**，いわゆる生理的に個体の機能が衰退していく状態をいう．③ **高齢化**：高齢者集団の変化．④ 円熟または熟成：人間だけでなく，物質などにも用いる．⑤ 老人問題または加齢に伴う社会問題．⑥ 受精から死に至るまでの変化をいう．

　ここでは，中年期以降のパーソナリティに主な焦点をあてて，その特徴を解説することにする．人生は一度しかめぐらない四季，あるいは1日の時間の流れに喩えられる．エイジングがいわゆる老化という意味に使用されるとき，中年期以

1) フロイト（1856-1939）．p.26参照．

2) 西村純一　1994　成人発達の心理学　酒井書店

降の変化をさす．晩秋から冬に向けての季節の変化や日ざしが斜めに差し込む午後の移ろいになぞらえられる．人が時を重ねることは生物時計の進行とは別次元であることを示唆する研究がある．ノイガルテン（Neugarten, B. L.）は，中年期において**時間展望**が徐々に変化し，人生を誕生以降に経過した時間としてではなく，死を起点とした残された時間としてとらえるようになることを示した[3]．このような変化は，自己の内面性へと目を向けさせることにつながる．同様にリーバーマン（Lieberman, M. A.）ら[4]や落合[5]も高齢者の心理的世界を理解するには，時間の展望を考慮する必要があることを説いている．人は生物学的時間を通り抜けながら，主観的心理的時間をも生きており，そこに人生や自己の意味づけが発生するのかもしれない．

　高齢期には，多くの人々にとって避けることができないいくつかの要因の影響を受けて，成人期とは質的に異なるライフステージに移行する．心身機能低下がなぜ生起するのかについては，遺伝子にあらかじめ老化が書き込まれているというプログラム説（生物時計説）と，疲労や紫外線などによって身体損傷が起きるというすり切れ説が主要なものとしてあげられているが，まだ明確な答えは確立していない．いずれにしても，人はある年齢層になると，さまざまな点において多かれ少なかれ「老い」の兆候に気づくようになる．しかし，個々の老いの兆候の気づきと，老いの自覚とは必ずしも連動しない．というのは，この時期の変化は衰退（例：視力の衰え）を特徴とするから，個々の側面のわずかずつの変化に気づき認めることはできても，自己全体が縮小したことは認めがたく，老いたことを否認・無視しようと抵抗を試みる．高齢者のなかには，70歳をはるかに過ぎても，自分を中年と知覚する人々がいるのは[6]，老いへの抵抗を表していると考えることができる．しかし，自分を中年あるいは「**永遠の青年**」と認めている者は，自分はすでに「高齢者」だと思っている人よりも，適応状態がよく，気力や体力においてまさり，活動性が高く，何らかの仕事に携わっている傾向がある[7]．

　機能低下は同じスピードで広がるわけではない．研究は，

3) Neugarten, B. L. 1977 Personality and aging. In J. E. Birren & K. W. Schaie（Eds.）*Handbook of the psychology of aging.* New York: Academic Press, Pp.626-649.

4) Lieberman, M. A. & Coplan, A. S. 1970 Distance from death as a variable in the study of aging. *Developmental Psychology*, 2, 71-84.

5) 落合良行　1989　青年期における孤独感の構造　風間書房

6) Simpson, J. B. 1988 *Simpson's contemporary quatations.* Boston, MA: Houghton Miffin.

7) Turner, B. F. 1979 The self concept of older women. *Research on Aging*, 1, 464-480.

エイジングが認知能力全般の低下と結びついているのではないことを明らかにしている．知能は情報処理速度や学習効率などに関わる**流動性知能**と，経験を通じて学習された文章理解能力や世界に関する知識などの**結晶性知能**に大別される[8]．前者は年齢とともに低下するが，後者は維持される傾向がある[9]（図34-1）．また，特に経験に基づく総合判断などは，場合によっては年齢に伴って上昇する可能性もある．

　第2に，社会的地位・役割の変化が起きる．親子関係においては親としての役割を終え，成長した子の世代からいたわりや保護を受ける立場におかれ，世代が交代する．職業生活では多くの場合，定年制度という外的要因によって，ある日を境として職場での地位を失う．老人プロセスに関する理論のひとつである**離脱理論**（disengagement theory）は，老人が社会から引退するのは，発達的に見て必然的であるとしている．しかし，最終的には社会から離脱・引退するとしても，引退の時期に関してはなかなか難しい問題が今日生じている．平均寿命が延び，健康志向が高まり，アンチエイジング[10]の諸活動を実践するいわゆる「元気なお年寄り」が増えてくると，社会的に決められた引退や与えられる役割と，高齢者の心身状態や欲求（例：もっと長く働きたい）との間にズレが生じることになり，これが種々の問題を引き起こしている．

　第3に，死が身近なものとして意識されるようになる．自分の心身の衰えが進行する様を見続けることによって，その延長線上にそう遠くないものとして死を意識するようになる．また，年長者だけでなく，同年齢者や年少者までもが1人去り，また1人去りと他者の死を経験することによって，死を不可避なものとして実感する．

　高齢期のこのような特徴が相互に絡みあって性格変化をもたらし，一般には，以下のような特徴をもつ老人的性格が形成されると言われている．① 自己中心性：対応における柔軟性が低下し，いわゆる頑固さが目立つようになる．② 猜疑心：嫉妬やひがみが強まる．③ 保守性：以前からの習慣や考え方に固執する．④ 愚痴と自慢：過去にこだわり，悔

8) Ⅵ-44, p.185参照．

9) Salthouse, T. A. 1992 *Mechanisms of age-cognition relations in adulthood*. Hilldale, NJ: Lawrence Erlbaum Accosiates Inc.

10) アンチエイジング（anti-aging）は「抗老化」と訳されることもある．老化そのものは止められないが，できるだけその進行を抑え，生活の質（quality of life）を高めることによって健康で快適な人生を送ろうとするもので，予防医学の一環として位置づけられている．そのためには，美容，食生活，住居，運動環境，社会環境等を整備することが必要だとされ，特定非営利活動法人なども設立されているが，現在のところ，その考えは一般的には美顔など生活のごく一部に限定され，生活全般に対する取り組みにまでは広がっていないようである．

やんだり栄光にしがみついたりする．

　老人的性格は，一方では，より若い世代が**老人ステレオタイプ**を用いて高齢者を理解するために生じる，高齢者の人格を不当に低く評価した偏見の産物である可能性がある[11]．たしかに私たちの社会には一定の老人ステレオタイプが存在し（例：動作がのろい，頑固），それが高齢者に対する理解の仕方に大きく影響していることは十分に考えられる．しかし，それらは実像からかけ離れたまったくの虚像，というわけでもなさそうである．たとえば，チェスの指し手を検討した研究では，高齢者は若年層に比べて可能な手を考える範囲が狭まり，前に考えた状況分析を忘れてしまう傾向を示した[12]．

　また，日常行っている簡単な認知課題では世代差が見られないが，より困難な課題になると高齢者は劣るという結果も報告されている[13]．このような知見に基づくなら，徐々に新奇な事態にうまく対応するのが困難になるなどの1次的問題が生じ，そうした状況に遭遇しないよう自ら社会的ネットワークから身を引き，他者から受け取る刺激が減少することによってさらに心身機能低下が促進するという2次的問題を派生させるのかもしれない．一般に社会的ネットワークが縮小し，孤独感や疎外感を味わい，精神的充足感が低くなるが[14]，これは単に「ひねくれて暗い」老人的性格のためだけではなく，心身の能力の変化が関与している可能性は十分ある．

　高齢期は，人生の中でもっとも個人差が大きい時期でもある．それは個人内にもっているさまざまな生物学的遺伝的諸条件だけでなく，長い時間を生きる中で積み重ねてきた経験，そこから学び取った人生や世界に対する価値観・姿勢など諸々が絡みあって個人差としてあらわれるからである．ゆえに，なかには義務的な役割から解放されてそれまでとは違う活動の場を見つけ出し，そこで新たな友人関係を作り，最後の段階で自分の生を十分に燃焼させる人もいる．個々人の人生のあり方は一般的な高齢期の特徴とは必ずしも一致せず，その人の一度きりの創造物であるといえよう．　〔遠藤由美〕

11）高橋恵子・波多野誼余夫　1990　生涯発達の心理学　岩波書店

12）Charness, N. 1985 Ageing and problem-solving performance. In N. Charness (Ed.), *Ageing and human performance*. Chichester, UK: John Wiley & Sons, Pp.225-260.

13）Rabbitt, P. M. A. 1989 Inner-city decay? Age changes in structure and process in recall of familiar topographical information. In P. Poon, D. Rubin, & B. A. Wilson (Eds.) *Everyday cognition in adult and later life*. Cambridge University Press, Pp.284-299.

14）岡本祐子　1995　高齢期における精神的充足感形成に関する研究I　日本家政学会誌, 46, 923-932.

【参考文献】
下仲順子（編）1997　老年心理学　培風館

V | パーソナリティの歪み

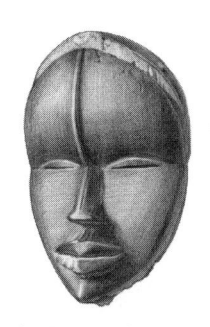

ダン族の仮面（アフリカ）

V-35 ストレス
stress

日常的に使用する**ストレス**（stress）という語は，多義性に富んでいる．生体に加えられる刺激を意味することもあれば，生体に生じる反応を意味することもある．一般に各々前者を**ストレッサー**，後者を**ストレス反応**と呼ぶ．ストレスの語源は，「strain」で，この語はもともとは機械工学の「歪み」や「変形」を意味していた．この用語を人間に適用させたのが，**セリエ**（Selye, H.）である[1]．彼の説では，生体に対する刺激は，それが弱いものであっても，その刺激に無関係に一様な防衛反応を引き起こす．その刺激としては，寒冷，暑さ，騒音，酸素欠乏，アルコール，ニコチンといった物理・化学的刺激，飢餓，細菌，筋肉労働，妊娠などの生理学的刺激，緊張，不安，興奮などの心理学的な刺激があげられる．

こうした刺激が与えられた場合の防衛反応は，各刺激に特有な反応ではなく，共通の生理学的変化をもたらす．これをセリエは**汎適応症候群**（general adaptation syndrome）と呼んだ．すなわち，生体に与えられた有害刺激（ストレッサー）に対して脳下垂体前葉が働き，それが副腎皮質からホルモンを分泌させるが，こうした刺激が持続的に与えられると，以下の3段階の過程を経るとした．

① **警告反応期**（stage of alarm reaction）：ストレッサーが与えられると一時的に抵抗力が低下する．この時期はショック相という．ショック相では副腎皮質ホルモンが不足し，体温・血圧・血糖値の低下，神経機能の低下などが生じる．その後，反ショック相になり，脳下垂体前葉からの指令で副腎皮質ホルモンが分泌され，防衛反応の準備が整う．

② **抵抗期**（stage of resistance）：さらにストレッサーにさ

[1] ハンス・セリエ (1907-1982)．カナダの生理学者．

らされると抵抗力が増加し，維持される．与えられたストレッサーへの抵抗は高まるが，他のストレッサーへの抵抗は低下する．生体は，ストレッサーと戦うか，逃げるかの反応をとる．

③ **疲弊期**（stage of exhaustion）：さらにストレッサーにさらされると生体は，戦うことも，逃げることもせず抵抗力を低下させ，副腎皮質の肥大，胃腸潰瘍，胸腺・脾臓・リンパ節の萎縮が生じ，最終的に死に至ることになる．

先に述べたように有害刺激には3種類あるが，こうした刺激は，すべて生体の不安を喚起する．その意味ではすべての有害刺激が直接的間接的に情動反応を生み出す．この情動反応は，自律神経系の働きを阻害し，その結果ホルモン分泌の異常を生む．こうして，心理学的ストレスが，ストレス研究の中心になっていった．ホームズ（Holmes, T. H.）とレイ（Rahe. R. H.）は，再適応を余儀なくされる人生の転換はストレスになると考えている[2]．彼は，日常生活の変化の出来事（life change events）43項目からなる尺度を作成した（表35-1）．この尺度は，再適応の際のエネルギー消費量を基準（50）として，相対的な負荷量を設定し，その得点をLCU（life change unit）得点と呼んだ．したがって，

表35-1 社会的再適応評定尺度（SRRS）(Holmes T. H. and Rahe, R. H., 1967)[2]

順位	出来事	LCU得点
1.	配偶者の死亡	100
2.	離婚	73
3.	夫婦別居	65
4.	刑務所などへの収容	63
5.	近親者の死亡	63
6.	本人の大きなケガや病気	53
7.	結婚	50
8.	失業	47
9.	夫婦の和解	45
10.	退職・引退	45
11.	家族員の健康面・行動面での大きな変化	44
12.	妊娠	40
13.	性生活の困難	39
14.	新しい家族メンバーの加入	39
15.	合併・組織替えなど勤め先の大きな変化	39
16.	家計状態の大きな変化	38
17.	親友の死	37
18.	転勤・配置転換	36
19.	夫婦の口論回数の大きな変化	35
20.	1万ドル以上の借金	31
21.	借金やローンの抵当流れ	30
22.	仕事上の責任（地位）の大きな変化	29
23.	子女の離家	29
24.	義理の親族とのトラブル	29
25.	個人的な成功	28
26.	妻の就職または退職	26
27.	本人の進学または卒業	26
28.	生活条件の変化（家の新改築，環境悪化）	25
29.	個人的習慣の変更	24
30.	職場の上司とのトラブル	23
31.	勤務時間や労働条件の大きな変化	20
32.	転居	20
33.	転校	20
34.	レクリエーションのタイプや量の大きな変化	19
35.	宗教（教会）活動上の大きな変化	19
36.	社会（社交）活動の面での大きな変化	18
37.	1万ドル以下の借金	17
38.	睡眠習慣の大きな変化	16
39.	団らんする家族員の数の大きな変化	15
40.	食事習慣の大きな変化	15
41.	長期休暇	13
42.	クリスマス	12
43.	信号無視などちょっとした法律違反	11

2) Holmes, T. H., & Rahe, R.H. 1967. The

この得点は，高いほどストレスが高いことになる．この表からもっともストレスになるのが，「配偶者の死」，ついで「離婚」「夫婦別居」「刑務所への収容」で，夫婦との離別などの問題が大きなストレスになることが分かる．しかし，この尺度にはいくつかの問題がある．そのひとつは，変化の出来事の心理的負荷は個人差が大きいことである．さらに，また変化の出来事には，個人的な成功といった肯定的出来事も含まれているが，そうした出来事はストレスになりにくく，否定的な出来事がストレッサーになりやすいという研究が多い．

個人差に関しては，**ラザラス**（Lazarus, R. S.）[3]とフォルクマン（Folkman, S.）がストレスの対処法について論じている[4]．

対処法は**コーピング**とも呼ばれるが，ラザラスは，「対処とは，人間の資質に重い負担をかけるものとして評価された特別の外的・内的要求を処理する恒常的に変化する認知的・行動的努力である」[5]と定義している．このように，ラザラスは，その過程として環境からの圧力そのものがストレスを生むのではなく，刺激を評価する認知的要因を重視した．刺激の評価（appraisal）とは，当該刺激がストレスになるか否かの評価のことである．その評価の結果，**対処方略**（coping strategy）が生じる．

環境からの圧力を重大かつ脅威ととらえる個人の判断を1次的評価という．1次的評価は，抑うつ，不安，不機嫌，怒りなどのネガティブな情動を喚起させる．その刺激がコントロール可能か否かの判断を2次的コントロールと呼び，2次的コントロールにより，その情動の種類や強度が規定されることになる．このとき，コントロール不可能と評価されると刺激は，始めてストレッサーになる．2次的評価で生じた情動は，その情動を低減するように行動を動機づけ，この行動をコーピングと呼んだのである．また，刺激が同一であっても2次的評価に違いが生じてくるのは，個人の持つ情報，関与の程度，原因帰属様式，特性不安などの認知傾向やパーソナリティの要因が異なるからである．このように，ラザラスは，認知の要因と同時にパーソナリティの要因も重視したと

social readjustment rating scale, *Journal of Psychosomatic Research*, 11, 213-218.

3) リチャード・S・ラザラス（1922- ）：アメリカの心理学者．心理社会的ストレスとそのストレス状況下でのコーピング（対処）の効果の研究を行った．

4) Lazarus, R. S. & Folkman, S. 1984 *Stress, appraisal, and coping*. (本明寛・春木豊・織田正美（監訳）1991 ストレスの心理学　実務教育出版)

5) 稲松信雄　1991 欲求・葛藤・欲求不満　宮本美沙子（編）新・児童心理学講座　情緒と動機づけの発達　金子書房　Pp.70-80.

いえる．

　コーピングには，2つの種類がある．ひとつは問題焦点型と呼ばれ，もうひとつは情動焦点型と呼ばれる．**問題焦点型**（problem-focused）とは，環境からの要請に対して，それに応えたり，課題を解決するために内的（要請に応じて要求を低くするなど自分の状態を変化させるなど），外的（環境からの要請など）な問題に焦点をあてて解決を目指す対処の方法をさす．何が問題なのかを多面的に分析したり，問題解決のための情報を集めたり，多くの解決方法を模索して解決をはかろうとする合理的で現実的な対処の仕方である．この方の対処をとる人は，抑うつなどネガティブな感情状態になりにくい．また，逆に抑うつ的であっても問題解決型の対処をすることで，抑うつ状態を早く脱却することも知られている．

　一方，**情動焦点型**（emotion-focused）とは，環境からの要請（圧力）からくるネガティブな情動の苦痛を低減したり，コントロール不可能な場合にとるような対処をいう．具体的には，課題解決とは無関係な気晴らしをするとかアルコールを摂取するとかがそれにあたる．

　また，情動焦点型を行動方略と認知方略の2つに分けて考えることもある．行動方略は，運動したり，飲酒や薬物の摂取，八つ当たりしたり，他人に情緒的なサポートを得ようとしたりするというように，行動化することで，情動を低減しようとするものである．これに対して，認知型は，現状の問題に距離をおいて，考えないようにしたり（ディスタンシング），問題状況を再評価して，意味づけを変えたりするというように，自分の内的思考の中で処理しようとする対処を意味する．これに対して，ソーシャルサポートといった周囲の人間からの支援や社会的スキルを高めたり，自己効力を高めて，対処能力を高める研究も盛んに行われている．〔青柳肇〕

【参考文献】
パテル，C.（竹中晃二監訳）1995　ガイドブック ストレスマネジメント　信山社出版
アトキンソン，リタ他（内田一成監訳）2002　ヒルガードの心理学　ブレーン出版　p.921.

V-36

適応障害

adjustment disorder

適応障害(adjustment disorder)は,現代の精神医学的診断基準の標準となっている**DSM-Ⅳ-TR**(Diagnostic and statistical manual of mental disorders. 4th edition. text revision)の中で,やや特異な診断カテゴリーである[1]．その診断基準は次のようなものである．

A．はっきりと確認できるストレス因子に反応して,そのストレス因子の始まりから3ヶ月以内に,情緒面または行動面の症状の出現．

B．これらの症状や行動は臨床的に著しく,それは以下のどちらかによって裏づけられている
  (1) そのストレス因子に曝露されたときに予測されるものをはるかに超えた苦痛．
  (2) 社会的または職業的(学業上の)機能の著しい障害．

C．ストレス関連性障害は他の特定のⅠ軸障害の基準を満たしていないし,すでに存在しているⅠ軸障害またはⅡ軸障害の単なる悪化でもない[2]．

D．症状は死別反応を示すものではない．

E．そのストレス因子(またはその結果)がひとたび終結すると,症状がその後さらに6ヶ月以上持続することはない．

つまり,ストレス因子に伴って生じその終了とともに終結するというのが特徴である．また,具体的な臨床像(症状)が明示されておらず他の精神疾患とは異なること(基準C)のみが指摘されている．ストレスとの関連が明示されている精神疾患としては,不安障害の中の**急性ストレス障害**

---

1) American Psychiatric Association 2000 *Diagnostic and statistical manual of mental disorders*. 4th ed, text revision (DSM-IV-TR). Author.〔高橋三郎・大野裕・染矢俊幸(訳) DSM-IV-TR 精神疾患の診断・統計マニュアル 新訂版 医学書院〕

2) Ⅰ軸障害とは,いつ発症したかが比較的明確な心理的障害．不安障害,うつ病,統合失調症など代表的な疾患が含まれる．Ⅱ軸障害は,人格障害や発達障害のような人生の早期から持続する問題である．

(acute stress disorder) と**外傷後ストレス障害**（posttraumatic stress disorder；PTSD）が知られている．これらの不安障害におけるストレスは生命に危険の及ぶような出来事，つまりトラウマをさしているのに対して，適応障害の場合はそのような限定はない．また，トラウマ性の障害では症状として，出来事の再体験（フラッシュバック）や外傷の想起困難，感情的な麻痺や解離症状[3]などが含まれるが，適応障害の場合は特定されておらず，優勢な症状によって，抑うつ気分，不安，不安と抑うつ気分，行為の障害，情緒と行為の混合した障害，特定不能という6つの病型に区分される．

適応障害という用語は，昨今はマスコミにも登場し臨床現場でもしばしば用いられるが，研究は少ない．たとえば，米国の国立医学図書館による PubMed[4] という医学論文のデータベースで，「adjustment disorder」というキーワードで検索すると384件の論文がヒットする（2005年8月現在）．比較のために，不安障害のなかでも比較的研究が遅れているとされる**全般性不安障害**（generalized anxiety disorder）の場合は1469件である．そもそも，ストレス事態の終結に伴って解消するという定義から，適応障害という「疾患」のカテゴリーを設ける必然性に疑問が呈される場合もある．つまり，これは人生で生じる苦悩のひとつであり，臨床的な介入の対象ではないという見解である．実際，症状や社会機能の障害は，うつ病などよりも軽度であり，予後も良いことが見出されている[5]．

しかし，臨床的には自殺との関連が重要視されている．たとえば，実際に**自殺**（suicide）をしてしまった青年の研究では，適応障害の場合，他の精神疾患と比べて，自殺を考え出してから実行するまでの期間が短いことが見出されている[6]．実際に自殺をする人の中ではうつ病がもっとも多いが[5]，適応障害における自殺を実行するまでの期間の短さは，自殺のリスクを注意深く評価する必要性を示している．また，もともと適応障害の症状は軽度であるが，なおかつ治療にも反応する[7]．よって，臨床的関心が不要だとは言い切れない．

3）解離症状とは，意識や記憶の連続性・統合性が失われる状態．自伝的記憶の一部が想起不能になる健忘や，自分の体験に現実感が失われる離人状態などがある．

4）http://www.ncbi.nlm.nih.gov/entrez/query.fcgi

5）Casey, P. 2001 Adult adjustment disorder: A review of its current diagnostic status. Journal of Psychiatry Practice, 7, 32-40. 現時点でもっとも包括的なレヴュー．

6）Portzky. G., Audenaert. K., & van Heeringen, K. 2005 Adjustment disorder and the course of the suicidal process in adolescents. *Journal of Affective Disorders*, 87, 265-270.

7）Jones, R., Yates, W. R., Williams, S., Zhou, M., & Hardman, L. 1999 Outcome for adjustment disorder with depressed mood: Comparison with other mood disorders. *Journal of Affective Disorder*, 55, 55-61.

他の精神疾患や正常なストレス反応との関連

 適応障害の精神疾患としての位置づけは微妙なものである．しかし，ストレスと精神疾患との関連や，正常と病理との境界など多くの検討すべき問題を提起してくれる．特に，**気分障害**（mood disorders）や正常範囲のストレス反応との関連は重要である．

 気分障害との関連では，一過性の適応障害がうつ病性の障害（気分障害）と誤診されている危険性が指摘されている[5]．これは，適応障害が診断学的にあまり重視されていないことに由来するものであろう．誤診が生じているとすれば，うつ病の有病率は過大評価されている可能性もある．うつ病にも契機となるストレス因子が見られることが多いため，抑うつ症状が見られた場合でも，性急に気分障害の診断を下さずに，適応障害の可能性も考える必要がある．さらに，抑うつの**アナログ研究**（analogue study）についても再考が必要だろう．アナログ研究とは，健常者を対象に臨床的問題（不安や抑うつなど）を研究することで，臨床心理学の基礎研究として重要な役割をもっている．たとえば，パーソナリティ研究の専門誌として有名な *Journal of Personality and Social Psychology* には，健常者の抑うつ（depression）を対象とした研究が多く掲載されている．しかし，アナログ研究の対象となる正常範囲の抑うつは，気分障害よりはむしろ適応障害に近いかもしれない．

 一般的なストレス反応との関連も重要である．ストレス研究では，不快な出来事にさらされたときの反応を**ストレス反応**（stress response）と呼ぶ．ストレス反応を測定する尺度の一例である Stress Response Scale-18（SRS-18）は，「不安・抑うつ」，「不機嫌・怒り」，「無気力」という3つの領域からストレス反応を測定する[8]．ここから分かるのは，日常的なストレスへの反応には，不安や抑うつなど多様なものが含まれるということである．これは，適応障害の症状の異質性（不安，抑うつ，行為の障害など）とも共通している．このようなストレス反応と適応障害との連続性や境界線も重要な研究課題である．

8) 鈴木伸一・嶋田洋徳・三浦正江・片柳弘司・右馬埜力也・坂野雄二 1997 新しい心理的ストレス反応尺度（SRS-18）の開発と信頼性・妥当性の検討. 行動医学研究, 4, 22-29.

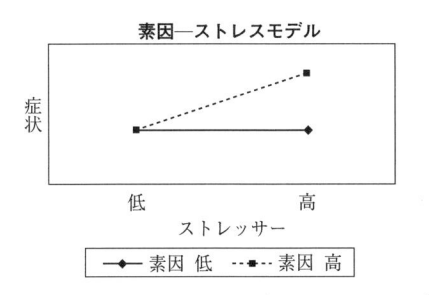

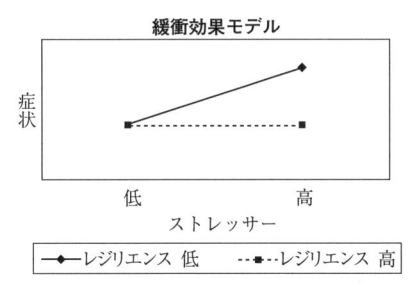

図36-1 素因－ストレスモデル（左）と緩衝効果モデル（右）

　DSMの診断基準にもあるように，適応障害の特徴はストレス因子（ストレッサー）に対して過剰なものであるという点である（基準B）。そこで，DSMと並んで標準的な診断基準とされる**国際疾病分類**（International Classification of Disease: ICD）のICD-10では，適応障害には個人のもつ素因（パーソナリティなど）が大きく関与するとしている[9]。この見解を検証した研究は少ないが，ストレス研究ではストレッサーとストレス反応の関連を調整する個人差要因が盛んに検討されている。心理的障害との関わりではパーソナリティは，発症のリスクとなりえるもの（**素因** diathesis）と，逆に障害からの回復や健康を増進するもの（**レジリエンス** resilience）とに大別される。ある素因をもつ人はストレッサーの悪影響を受けやすいとするモデルは，素因－ストレスモデルと呼ばれる。一方，あるレジリエンスをもつ人は，ストレッサーの影響を受けにくい，あるいは回復が早いとするモデルは緩衝効果モデルと呼ばれる（図36-1）。たとえば，楽観主義などはストレスの影響を緩和することが知られている[10]。逆に，ストレス事態から回避する方略は，心理的健康を阻害する傾向がある[11]。

　このように適応障害は精神医学的診断学の盲点であるが，パーソナリティ心理学，ストレス心理学と臨床心理学・異常心理学の接点となるポテンシャルを秘めた概念であるといえるだろう。　　　　　　　　　　　〔杉浦義典〕

9) World Health Organization 1992 *The ICD-10 classification of mental and behavioural disorders*: *Clinical descriptions and diagnostic guidelines*. Author.〔融道男・中根允文・小宮山実（監訳）ICD-10精神および行動の障害：臨床記述と診断ガイドライン　医学書院〕

10) Carver, C., & Scheier, M. F. 1999 Optimism. In C. R. Snyder (Ed.), *Coping: The psychology of what works*. Oxford University Press, Pp.182-204.

11) Blalock, J. A., & Joiner, T. E. 2000 Interaction of cognitive avoidance coping and stress in predicting depression/anxiety. *Cognitive Therapy and Research*, 24, 47-65.

【参考文献】
坂野雄二（監修）嶋田洋徳・鈴木伸一（編著）2004　学校，職場，地域におけるストレスマネジメント実践マニュアル　北大路書房

V-37

人格障害

personality disorder

　現代の精神医学的診断基準の標準となっている**DSM-IV-TR**[1]によれば，**人格障害**（personality disorders）とは「その人の属する文化から期待されるものより著しく片寄った，内的体験および行動の持続的様式」と定義されている[1]．通常の精神疾患が第I軸というカテゴリーに入るのに対して，人格障害は発達障害とともに第II軸というカテゴリーを形成する．このカテゴリーは，人格障害が非常に持続的で，その影響が生活や行動の広範囲に及ぶことを反映している．また，臨床的な介入の難しさという意味もある．

　人格障害は，3つの大きなクラスターに分類される（表37-1）．A群は，**妄想性**（paranoid），**シゾイド（分裂病質）**（schizoid），**失調型（分裂病型）**（schizotypal）を含む[2]．名前からも推測されるように，**統合失調症**（2002年以前は精神分裂病 schizophrenia）との関連が想定されるタイプである．B群は**反社会性**（antisocial），**境界性**（borderline），**演技性**（histrionic），**自己愛性**（narcissistic）を含み，派手で人目を引く行動，衝動性，不安定な感情などを特徴とする．C群は，**回避性**（avoidant），**依存性**（dependent），**強迫性**（obsessive-compulsive）を含み，不安感に特徴づけられるグループである．

　人格障害は，DSMにおいては並列的に分類されているが，それぞれの理論的背景は異なっている．A群人格障害は，統合失調症の病前性格（**素因** diathesis）として関心をもたれてきた．しかし，近年の研究は統合失調症という疾患単位ではなく，妄想や幻覚のような個々の症状との関連が注目されている（例．妄想性人格障害は妄想の素因となるか）．この背景には，統合失調症は，単一の疾患ではなく，異質な症状か

1) American Psychiatric Association 2000 *Diagnostic and statistical manual of mental disorders*. 4th ed., text revision (DSM-IV-TR). Author.〔高橋三郎・大野裕・染矢俊幸（訳）DSM-IV-TR 精神疾患の診断・統計マニュアル 新訂版 医学書院〕

2) シゾイド，失調型という訳語は，DSM-IV-TR の訳本の新訂版（2003年）で導入されたものである．なお，この訳本ではパーソナリティ障害という用語になっている．

3) 石垣琢磨・丹野義彦 1998 幻覚と妄想の認知的アセスメント 精神科診断学, 9, 513-524.

4) Sobin, C., Blundell, M. L., Weiller, F., Gavigan, C., Haiman, C., & Karayiorgou, M. 2000 Evidence of a schizotypy subtype in OCD. *Journal of Psychiatric Research*,

表37-1 人格障害の特徴とビッグ・ファイブとの関連 (O'Connor, 2005 より) [12]

特徴		情緒不安定性	外向性	開放性	調和性	誠実性
A群						
妄想性	疑い深さ,他者への不信				−	
シゾイド	他者への無関心,感情の限局		−			
失調型	風変わりな知覚,行動		−			
B群						
反社会的	他者の権利の侵害,無責任				−	
境界性	対人関係,自己像,感情の極端な不安定さ	+				
演技性	他者の注目を得るための行動		+		−	
自己愛性	特権意識,賞賛欲求				−	
C群						
回避性	否定的評価に過敏,関係の回避	+	−			
依存性	他者へのしがみつき,分離不安	+				
強迫性	秩序への拘泥,細部にとらわれる					+

＋ 正の相関　　− 負の相関

ら形成されているという知見がある．その結果，妄想や幻覚など個々の症状を取り上げる研究や，健常者における類似した症状（現象）の研究が盛んとなった[3]．失調型人格障害は統合失調症に限らず，**強迫性障害**（obsessive-compulsive disorder）との併発も多い[4]．失調型人格障害における奇異な観念と，強迫性障害における不合理な信念（例．家族が事故にあうことを考えると，本当にそうなってしまう）が関連することが見出されている[5]．また，強迫性障害と失調型人格障害を併せもつ人は介入の予後が悪いという知見もある[6]．

B群で特に興味をもたれているのは，境界性人格障害（ボーダーライン）である．もともとは，心理療法の過程でトラブルを頻発するクライエントとして注目が集まった．統合失調症とは異なり現実認識は損なわれていないが，面接の枠を守れず，セラピストに個人的な接触を求めたり，過度に理想化したと思うと，突然こき下ろして激しい攻撃性を示す．また，葛藤を心の中に抱えられず，自傷行為などの行動化を繰り返す．クライエントはセラピストに対して，今のこの苦しい状態を変えてほしいと願うと同時に，このような状態になってしまった自分を責めずに受け入れてほしいと思う．境界性人格障害への介入法として注目されている**弁証法的行動療法**（dialectical behavioral therapy）では，このような矛盾し

34, 15-24.

5) Lee, H. J., Cougle, J. R., & Telch, M. J. 2005 Thought-action fusion and its relationship to schizotypy and OCD symptoms. *Behaviour Research and Therapy*, 43, 29-41.

6) Moritz, S. et al. 2004 Positive schizotypal symptoms predict treatment outcome in obsessive-compulsive disorder. *Behaviour Research Therapy*, 42, 217-227.

7) Hayes, S. C., Follette, V. M., & Linehan, M. M. (Eds.) 2004 *Mindfulness and acceptance: Expanding the cognitive-behavioral tradition*. Guilford.〔春木豊（監修），武藤崇・伊藤義徳・杉浦義典監

た欲求（変化と受容）を，どちらかを否定したりするのではなく，弁証法でいうテーゼとアンチテーゼの緊張感としてとらえ，それを越えていくことを目指している[7]．

同じくB群の反社会性人格障害は，凶悪犯罪や累犯者との関連で興味をもたれている．「他人の権利を無視し侵害する広範な様式」と定義される．

類似した概念として，**サイコパス**（psychopath）というものがあり，冷淡さ，自他の感情への鈍感さ，罰からの学習ができないこと，計画性がないこと，といった特徴をもつ．反社会性人格障害の定義が，犯罪を繰り返すという表面的な記述であるのに対して，サイコパス概念の方が犯罪行為などの背景にあるパーソナリティをよりよくとらえていると考えられる．そのため，DSMには採用されていないものの，研究上では頻繁に用いられており，基礎研究も盛んである．たとえば，他者の苦痛に鈍感であるという特徴を調べるために，声のトーンから感情を推測させる課題を行わせたところ，サイコパス傾向の強い人は，他者の声に含まれる恐怖に気づくのが苦手であることが分かった．他者の恐怖に気づくことは，攻撃を抑制する機能があると考えられる．このような感情認知の障害が，サイコパスの攻撃性の背景にあるのだろう[8]．また，衝動性や計画のなさといった特徴を検討するためにはギャンブル課題が用いられる．これは，「ハイリスク・ハイリターン（長期的には損失が多い）」と「安全パイ（長期的には得）」という2つの選択肢から選ぶものである．サイコパスの人は，注意能力が不足している場合には，前者（リスキーな選択肢）を選ぶ傾向があることことが見出された[9]．旧来は，刑務所で服役中の人をサイコパス傾向の高低で分けて比較するものが多かったが，近年ではサイコパス傾向は健常者にも連続的に見られることが分かっている[10]．

C群人格障害は不安に特徴づけられるが，不安障害との関連は一様ではない．たとえば強迫性人格障害は，過剰な几帳面さや融通のきかなさを特徴とする．不用になったものを捨てられず，溜め込んでしまう症状などが知られている．かつては強迫性障害の病前性格と考えられていたが，両者の関連

（訳）マインドフルネスとアクセプタンス ブレーン出版〕

8) Blair, R. J., et al. 2002 Turning a deaf ear to fear: Impaired recognition of vocal affect in psychopathic individuals. *Journal of Abnormal Psychology*, 111, 682-686.

9) Losel, F., & Schmucker, M. 2004 Psychopathy, risk taking, and attention: A differentiated test of the somatic marker hypothesis. *Journal of Abnormal Psychology*, 113, 522-529.

10) Marcus, D. K., John, S. L., Edens, J. F. 2004 A taxometric analysis of psychopathic personality. *Journal of Abnormal Psychology*, 113, 626-635.

11) Tallis, F., Rosen., K., & Shafran, R. 1996 Investigation into the relationship between personality traits and OCD: A replication employing a clinical population. *Behaviour Research and Therapy*, 34, 649-653.

は一定ではない[11]．強迫性障害と比較すると，強迫性人格障害の場合は，自分の行動に違和感を感じることが少ない．一方回避性人格障害は，社会恐怖，とりわけ全般性タイプ（不安を感じる社会状況が非常に広いもの）との関連が密接である．

人格障害は，正常なパーソナリティとはどのように関連しているのであろうか．正常なパーソナリティのモデルとしては，情緒不安定性，外向性，開放性，調和性，誠実性という5因子からなる**ビッグ・ファイブ**（Big Five）が有力である．過去に発表された複数の研究データを統合して再分析した研究の結果，人格障害が開放性を除いたビッグ・ファイブと対応する4因子に分かれることが見出されている（表37-1）[12]．ここから，正常なパーソナリティの理論は，さまざまな背景をもつ人格障害を構造的に理解するために有効であると考えられる．

ただし5因子というマクロな次元よりも，その5因子をさらにいくつかの下位カテゴリーに分けた方が，予測力が高まるという研究もある[13]．ビッグ・ファイブは，パーソナリティを記述する形容詞を経験的に分類して見出されたモデルである．一方，遺伝的に規定される神経伝達物質の働きと関連づけて，トップダウンに構築されたパーソナリティ理論に基づいて人格障害を構造化する試みもなされている[14][15]．

人格障害は，介入の難しさゆえに臨床的・理論的関心が高いという側面がある．しかし逆に，介入がうまく行かないときに，それをクライエントの属性に帰属する安易な概念であるという批判もある．疫学，病理学，介入法に関する研究を蓄積することで，単なる便宜的な概念ではないことを明らかにすることが重要である． 〔杉浦義典〕

12) O'Connor, B. P. 2005 A Search for consensus on the dimensional structure of personality disorders. *Journal of Clinical Psychology*, 61, 323-345.

13) Reynolds, S. K., & Clark, L. A. 2001 Predicting dimensions of personality disorder from domains and facets of the Five-Factor Model. *Journal of Personality*, 69, 199-222.

14) 木島伸彦 2000 クロニンジャーの理論と人格障害 現代のエスプリ, 392, 184-191.

15) Cloninger, C. R. 1996 Assessment of impulsive-compulsive spectrum of behavior by the seven-factor model of temperament and character. In J. M. Oldham, E. Hollander, & A. E. Skodol (Eds.), *Impulsivity and compulsivity*. American Psychiatric Press, Pp. 59-95.

【参考文献】

ベック, A. T.・フリーマン, A. 井上和臣・南川節子・岩重達也・河瀬雅紀（訳）1997 人格障害の認知療法 岩崎学術出版社

ヘア, R. D. 小林宏明（訳）1995 診断名サイコパス：身近にひそむ異常人格者たち ハヤカワ文庫

V-38

多重人格

dissociative identity disorder
(multiple personality disorder)

　現代の精神医学的診断基準の標準となっているDSM-IV-TR[1]では，**多重人格**（dissociative identity disorder; multiple personality disorder）は**解離性同一性障害**（dissociative identity disorder）と呼ばれ，解離性健忘（心因性健忘），解離性とん走（心因性とん走），離人症性障害とともに，解離性障害というグループを形成している．多重人格の主要な診断基準は，「2つまたはそれ以上の，はっきりと他と区別される同一性またはパーソナリティ状態の存在（その各々は，環境および自己について知覚し，かかわり，思考する比較的持続する独自の様式をもっている）」というものである[1]．

　多重人格は，その劇的な特徴から一般的な興味をひくとともに，児童虐待（被虐待経験）との関連によっても多くの注目を集めている．同時に，その存在や病因について批判的な議論も強い．多重人格は，健常者の体験とは非常に異なって見えるが，健常者の解離現象と解離性障害の症状は非連続なのであろうか．この問いに答えるためには，幅広い対象者の解離現象を測定する研究が必要となる．

　代表的な尺度して，解離体験尺度（Dissociative Experiences Scale; DES）というものがある[2]．DESは改定を重ね，いろいろな版が存在するが，基本的な形式は，「自分がある場所にいるのに気づいたがどうやって行ったかの記憶がない．」といった項目について，そのような状態が生活に占める割合を，0%-100%という物差しの上に記入してもらうものである．得点分布を解析した結果，少なくとも一部の解離症状は，健常者と非連続である可能性が示されている[3]．とりわけ病理的と考えられるDESの項目は以下のようなもの

1) American Psychiatric Association 2000 *Diagnostic and statistical manual of mental disorders.* 4th ed, text revision（DSM-IV-TR）. Author.〔高橋三郎・大野裕・染矢俊幸（訳）DSM-IV-TR 精神疾患の診断・統計マニュアル 新訂版　医学書院〕

2) Bernstein, E., & Putnam, F. W. 1986 Development, reliability and validity of a dissociation scale. *Journal of Nervous and Mental Disease,* 174, 727-735.

3) Waller, N. G., Putnam, F. W., & Carlson, E. B. 1996 Types of dissociation and dissociative types. *Psychological Method,* 1, 300-321.

である：「持ち物の中にはじめて見るものがあるが，買った覚えがない」，「自分の身体が自分のものでないように感じる」，「自分が二人の別個の人間であるように感じる」[4]．

個人の中に複数の同一性が存在することは，パーソナリティを特徴づける個人的な記憶（**自伝的記憶** autobiographical memory）が複数存在し，それが相互にアクセス不能な状態になっていると考えられる．このような記憶障害という側面からは，健忘（自伝的記憶の一部が想起不能になる）やとん走（個人的な記憶の想起不能の時期に，放浪が伴う）といった障害と重なる．

また，解離の形成要因として虐待をはじめとする心理的**トラウマ**（trauma）との関連が注目されている．トラウマによる心理障害の代表である**外傷後ストレス障害**（Posttraumatic Stress Disorder；PTSD）では，外傷を受けた場面の記憶が生々しくよみがえって意識に侵入するフラッシュバックや，逆に外傷に関連する記憶の一部が欠損してしまう症状が見られ，記憶障害という面でも関連する．

多重人格においてもっとも顕著であり，他の解離性障害にもある程度共通する，自伝的記憶が分離してしまう症状はなぜ生じるのだろうか．歴史的には2つの見方がある[5]．ジャネ（Janet, P.）[6]は，人間の心を感覚，運動，観念などの複数の要素からなると仮定し，それらを統合する力が弱くなって解離が生じると考えた．一方，**フロイト**（Freud, S.）[7]は，苦痛な内容を意識から締め出そうとする積極的な過程（抑圧）によって解離を説明した．つまり，もともと1つのものが無理に分離されたものとしてとらえている．精神分析は長らく影響力をもったが，近年の認知心理学や神経科学では，心は相互に独立の要素（モジュール）の相互作用で成り立っていると考える．そして，それを束ねるメカニズムとして，**メタ認知**（metacognition）といったものが想定されている[8]．つまり，ジャネの発想に近いのである．

多重人格の研究者として影響力をもってるパトナム（Putnum, F.）は，**離散的行動状態モデル**（discrete behavior states model）を提唱し，ジャネ的な理解を発展させた[9]．離散的

4) 項目は，「解離：若年期における病理と治療」（注9）のp.85より引用．

5) 若林明雄 2004 解離性障害 下山晴彦・丹野義彦（編）講座臨床心理学3 異常心理学I 東京大学出版会 Pp.139-159.

6) ピエール・ジャネ（1859-1947）：フランスの心理学者，神経学者．

7) フロイト（1856-1939）．p.26参照．

8) Norman, D. & Shallice, T., 1986 Attention to action: Willed and automatic control of behavior. In Davidson, R., Schwartz, G., and Shapiro, D., (Eds.), *Consciousness and self regulation: Advances in research and theory*, Vol.4, Plenum Press, Pp.1-18.

9) Putnam, F. W. 1997 *Dissociation in children and adolescents: A developmental perspective*. Guilford Press. 〔中井久夫（訳）2001 解離：若年期における病理と治療 みすず書房〕

行動状態モデルの背景には，乳幼児の観察研究がある．生後間もない乳児は，睡眠，ぐずり，大泣きといった異なる状態の間を移行する．状態間の移行は比較的急激である．パトナムはこのような複数個の（外見的には異質な）状態を移行していくパターンをパーソナリティとしてとらえる．新生児の場合は，一度ぐずり出したら手をつけれられなくなるが，発達とともに，状態間の移行を制御したり，統合するメタ認知能力が発展する．もし発達初期に虐待などを受けて，メタ認知の発達が阻害されると，異なる状態間のつながりが悪くなり，解離状態につながると考えられる．

上述のように，尺度得点の分布からは病的解離と健常者の非連続性が示唆されている．しかし，記憶のメカニズムなどを個別的に検討すると共通する部分も見えてくる．多重人格における記憶の解離を説明しうるモデルとして，**状態依存記憶**（state-dependent memory）の研究がある．これは，ある事項を記銘したときの状況と，想起するときの状況の類似性が記憶成績に影響するという現象である（たとえば，飲酒による酩酊時の記憶は，素面のときよりも，飲酒時に思い出されやすい）．

多重人格における複数の人格を異なる状態ととらえて，その間の記憶の独立性を調べた研究では，交替人格の間で記憶が区別されているかどうかを確かめる実験がなされた．その結果，多重人格の場合，人格Aで覚えた内容と，人格Bで覚えた内容を混同することは少なかった．これは，多重人格を模倣（演技）させた健常者には見られない傾向であった[10]．状態依存記憶は，健常者でも一般に見られる現象である．健常者において解離傾向の強い個人で，状態依存記憶が特に強くあらわれるといったことはあるのだろうか．解離傾向の高い個人を対象にこの仮説を実証した研究がある．つまり，単語を覚えるときと思い出すときの気分状態が異なると，再認成績が低下する現象は，DESによる解離性傾向高群のみで見られた[11]．ただし，多重人格の人の交替人格の間で感情的な意味合いも含めて情報が転送されるという知見もある．この研究では，意識的にコントロールしにくい課題で記憶を測定

10) Silberman, E. K., Putnam, F. W., Weingartner, H., Braun, B. G., & Post, R. M. 1985 Dissociative states in multiple personality disorder: A quantitative study. *Psychiatry Research*, 15, 253-260.

11) 金山範明・佐藤徳 2004 解離性障害傾向者における状態依存記憶について パーソナリティ心理学研究, 13, 102-103.

している[12]．

多重人格の背景として，児童虐待に代表される幼少期からの繰り返されたトラウマの役割が指摘されている．実際，**急性ストレス障害**（acute stress disorder）の診断基準ではトラウマ後の反応として解離症状が含まれている．自然災害や事故のような一回性の出来事に由来する典型的なPTSDに対して，虐待のような反復性のトラウマによって形成されると考えられる病理（多重人格，境界性人格障害）を複雑性PTSDと呼ぶ研究者もいる[13]．

しかし，多重人格における顕著な記憶障害のために，特に患者の回顧的な報告から児童期の虐待の有無を議論することには慎重になる必要がある．実際，この問題点ゆえに，多重人格障害における児童虐待の存在を否定する議論も多い．まず，多重人格で複数の人格が存在するということは，現実の体験に即さない生活史（自伝的記憶）が形成されているということである．人の記憶は事実のコピーというよりも構成されたものであるということは，目撃者の記憶の研究で古くから知られている．また，催眠による暗示によって偽記憶が生じる可能性がある[5]．

このような記憶の性質と，通俗化された精神分析のイメージ（幼児期の親子の葛藤をファンタジーではなく事実と見なす）が組み合わされることで虐待の偽記憶が構成されることはあり得ないことではない．アメリカでは，「治療」によって構成された記憶に基づく不幸な訴訟が生じている．逆に虐待＝偽記憶説の主張は，実際に虐待に苦しんだ人を詐病呼ばわりすることで，さらに苦しめている可能性がある．この問題を解決するためには，回顧報告に頼るのではなく，プロスペクティブな研究を行う必要があり，現在知見が蓄積されている[14]．

〔杉浦義典〕

12) Huntjens, R. J. C., Peters, M. L., Postma, A., Woertman, L., Effting, M., & van der Hart, O. 2005 Transfer of newly acquired stimulus valence between identities in dissociative identity disorder (DID). *Behaviour Research and Therapy*, 43, 243-255.

13) Herman, J. L. 1992 *Trauma and recovery*. Basic Books. 〔中井久夫（訳）1996 心的外傷と回復　みすず書房〕

14) Van der Kolk, B. A., McFarlane, A. C., & Weisaeth, L. 1996 *Traumatic stress: the effects of overwhelming experience on mind, body, and society*, Guilford. 〔西澤哲（監訳）2001　トラウマティック・ストレス：PTSDおよびトラウマ反応の臨床と研究のすべて　誠信書房〕

【参考文献】
パトナム,F.W.　中井久夫（訳）2001　解離：若年期における病理と治療　みすず書房
下山晴彦・丹野義彦（編）2002　講座臨床心理学3　異常心理学I　東京大学出版会

V-39
性同一性障害
gender identity disorder

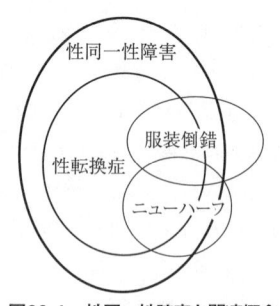

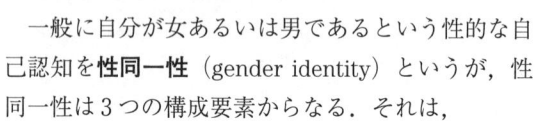

図39-1 性同一性障害と関連概念の関係 (阿部，1999[3]) をもとに作成

一般に自分が女あるいは男であるという性的な自己認知を**性同一性**（gender identity）というが，性同一性は3つの構成要素からなる．それは，

① **中核性同一性**（core gender identity）：女あるいは男であるという自分の性に対する認知と基本的確信＝性自認，

② **性役割**（gender role）：性別に基づいて社会から期待される態度や行動様式，パーソナリティ（女らしさ／男らしさ），

③ **性的指向性**（sexual orientation）：性的な興味や関心，欲望の対象が異性，同性あるいは両性のいずれに向いているか，である．

この3つの要素は基本的には相互に独立で，**性同一性障害**はこのうち①の性自認のゆらぎであり，②の性役割行動への不適合や，③の同性愛と直接には関係しない．

性同一性障害（gender identity disorder；GID）は，DSM-Ⅳの診断基準[1]によれば，反対の性になりたいという欲求，または自分の性が反対であるという確信をもつなど，反対の性に対する強く持続的な同一感を示すとともに，自分の性に対する持続的な不快感，または自分の性に期待される役割についての不適切感によって特徴づけられる．また，日本精神神経学会[2]によれば，性同一性障害とは「生物学的には完全に正常であり（半陰陽ではない），しかも自分の肉体がどちらの性に属しているかをはっきり認知していながら（正常な判断能力をもつ），その反面で，人格的には自分が別の性に属していると確信している状態」と定義される．

性同一性障害の女子は，少なくとも青年期までは反対の性

1）アメリカ精神医学会　高橋三郎・大野裕・染谷俊幸（訳）1996　DSM-Ⅳ　精神疾患の診断・統計マニュアル　医学書院

2）日本精神神経学会・性同一性障害に関する特別委員会　1997　性同一性障害に関する答申と提言　精神神経学雑誌，99, 533-540.

に対する興味のために仲間外れになることは少なく，仲間からの拒絶のために苦しむことも少ない．しかし，男子では女性らしいしぐさや話し方のため仲間外れやいじめが多発し，孤立感を強めるという．子どもの臨床例では，女子1に対し男子5の割合で（成人では女性対男性は1：2〜3），親や周囲の人々が「おかしい」と感じるのが，女子より男子の逸脱に敏感であることを反映している．

わが国の場合，あるクリニックを同障害で受診した患者（170人）の受診状況と生育歴を見ると[3]，受診時の年齢は20〜39歳で9割を占め（表39-1参照），女性対男性比は1：1.4である．不登校の経験が男女とも4割弱に達し，仲間関係や学校生活への不適応を多く経験している．女性では**摂食障害**（eating disorder）の経験が4人に1人の割合であり，また，親の離婚を経験している者が2割強おり，なかでも女性に多い．なお，これら不登校や摂食障害，抑うつ感は性同一性の混乱に伴う症状であり，その結果だといえる．

発症のパターンは[1]，ひとつは幼児期から見られるもので，反対の性に対する関心や活動は2〜4歳に始まっている．しかし，青年期や成人期になっても同障害の基準を満たす症状を持ち続けるのはごく少数で，それは時間の経過，両親の介入，仲間からの反応によって，反対の性の行動がはっきりしなくなるからである．しかし，既往歴のある男子の4分の3が同性愛的あるいは両性愛的性指向をもつという．一方，成人男性の場合，小児期または青年期早期に発症したものが続く場合と，もっと年齢が高くなってから徐々に表れ，**服装倒錯**（transvestism；TV）に続いて表れる場合が多い．

図39-1は，性同一性障害（GID）と**性転換症**（transsexualizm；TS），服装倒錯症との関係を表したものである．GIDの大半はTSである．GIDではあるが性転換を強くは望まないTV，また，GIDには含まれないパラフィリアの服装倒錯的フェティシズムがある．一方，ニューハーフ（NH）と呼ばれる者の大部分はGIDでかつTSと推察されるが，NHの人では

表39-1 初診時の年齢
（佐藤・黒田，2005）[4]

	FTM	MTF	計
10歳代	23例	20例	43例
20歳代	201例	67例	268例
30歳代	80例	63例	143例
40歳代	7例	46例	53例
50歳以上	1例	9例	10例

注1）本表は岡山大学医学部・歯学部附属病院精神科・神経科を受診した517例による

注2）FTM（female to male），MTF（male to female）

3）阿部輝夫 1999 性同一性障害関連疾患191例の臨床報告：統計分析と今後の問題点 臨床精神医学，28，373-381．

4）佐藤俊樹・黒田重利 2005 性同一性障害と性差 教育と医学，623，474-479．

性別違和感が明確でなく，男性扱いされても抵抗感が少ないことや，性器違和感が少ない場合が多い[3]．

先に，性同一性の3つの構成要素は基本的に独立であると述べたが，実際，性同一性障害と**同性愛**（homosexuality）とは関係がない．つまり性同一性障害の人の性的指向性は，そうでない人の性的指向性と同様さまざまである（表39-2）．性同一性障害の人が自分の身体の性と同じ性を指向するなら，それは異性愛なのである．同障害の女性が，「自分の乳房は嫌でたまらず切除したいが，パートナーの女性の乳房は好きだ」という場合がそれで，男としての自分がパートナーの女性を指向しているからである．つまり，自分の身体の性が嫌いだということと，どちらの性が好きかは別問題なのである．

性同一性障害の人たちは，遺伝子上も，生殖腺を含む生殖器でも，また性腺ステロイドホルモンの血中濃度などでも異常は見られない（逆に異常のある者は診断から除外される）．そのため「自分の身体は間違っている．本当は反対の性だ」という性自認の病像は，心理社会的問題として扱われてきた．しかし，最近になって，胎児期における性分化のある時期に，適量のアンドロジェン被曝を受けなかったことが原因ではないかといわれ始めている．つまり，身体（生殖器）の性分化が起きる時期（男児で妊娠6～7週）と，脳（視床下部などの古い脳）の性分化が起きる時期（20週頃）にはズレがあり，すでに解剖学的に内・外生殖器が作られた後の14～20週に大量のアンドロジェン・シャワーを浴びることによって男児の脳は男性型に分化していく（図39-2）．生殖器の性分化に比べ，脳の性分化にはかなり大量のアンドロジェンが必要とされ，この特定の時期に，一定量以上のアンドロジェンが脳に曝露されることが脳の性分化にとって決定条件になってくる[5]．実際，オランダのスワーブ（Swaab, D. F.）ら[6]は，性転換症の男性の分界上床核（視床下部にある神経核）の大きさが，通常の男性の半分，女性のそれにほぼ等しいことを明らかにしている．なお，分界上床核の通常の大きさは，男性が女性の2.5倍というゴースキー（Gorski, R. A.）らの報告が

表39-2 **性的指向性**
（佐藤・黒田，2005）[4]

	FTM	MTF
男性に対して	4例	84例
女性に対して	290例	36例
両性に対して	6例	30例
どちらにもない	10例	53例
不明	2例	2例

5) 田中冨久子　1998　女の脳・男の脳　NHKブックス

6) Zhou, J-N., Hofman, M. A., Gooren, L. J. G., & Swaab, D. F. 1995 A sex difference in the human brain and its relation to transsexuality. *Nature*, 378, 68-70.

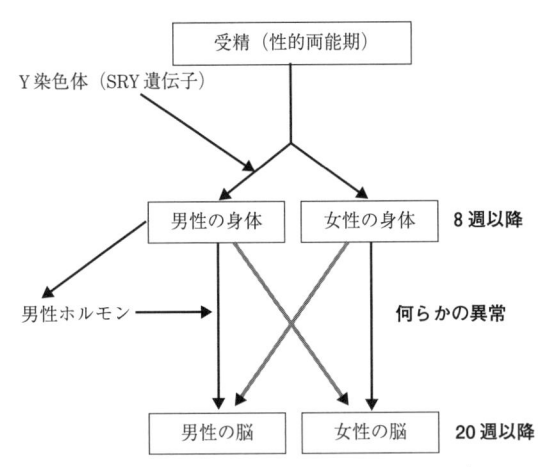

図39-2 身体と脳の性分化 (佐藤・黒田, 2005)[4]

ある[7].

性同一性障害の治療は日本でもようやく始まったが，ガイドラインに沿った治療手順は厳しく，治療機関も多くないので，当事者の要求をなかなか満たせない．手順は[8]，第1段階は精神療法で，生育歴，生活史を尋ね，どちらの性がふさわしいか，また，選択した性で実生活を行い，その適否を判断するリアルライフ・テストを1年以上必要とする．第2段階はホルモン療法で，副作用を含めた十分な経過観察が必要である．実際，ホルモン療法によってかなりの効果が得られるので，この段階に止まる者も多い．第3段階が手術療法で，非可逆的であることを十分了解していなければならない．

しかし，性別再判定手術（いわゆる性転換手術）を受けても必ずしもうまく行くわけではない．職業上の立場，それまでの家族との関係，パートナーとの関係，継続するホルモン治療などの問題がつきまとう．戸籍上の性別変更は家裁に申し立てれば認められるようになったが，成人かつ未婚（配偶者，子どもがいない）で，性別再判定手術を受けているなど付帯条件が厳しい．　　　　　　　　　　　　〔伊藤裕子〕

7) Gorski, R. A. 1995 Sexual differentiation of the brain and the origins of sexuality. 性差医学シンポジウム, No3, メジカルビュー社, Pp.8-21.

8) 山内俊雄　1999 性転換手術は許されるのか：性同一性障害と性のあり方　明石書店

【参考文献】
田中冨久子　1998　女の脳・男の脳　NHKブックス
山内俊雄　1999　性転換手術は許されるのか：性同一性障害と性のあり方　明石書店

V-40
ひきこもり
withdrawal

ひきこもり（withdrawal）とは，さまざまな要因によって社会的な参加の場面が狭まり，自宅以外での生活の場が長期にわたって失われている状態である．ひきこもりには，統合失調症やうつ病などの精神疾患が背景にあり，その症状のひとつとしてひきこもりを示すケースもあるが，ここでは，ひきこもりをひとつの症状とする不登校やアパシーと，精神疾患を伴わない社会的ひきこもりについて考えてみたい．

まず，学童期・思春期に問題となるものの一つに**不登校**（non-attendance at school）がある．不登校は，日本では1950年代後半に注目され始め，その後も状態像は多様化し続けている．最近では，「（学校に）行きたくないから行かない」という葛藤が見えにくい不登校や，非行・怠学傾向を伴う不登校，虐待が背景にある不登校，軽度発達障害による2次障害と考えられる不登校など，裾野が大きく広がっている．ひきこもりを伴うのは，中核群としてとらえられてきた神経症的不登校に代表される一群に多くみられる．そのパーソナリティとしてはまじめで完璧主義，自我の弱さなどが特徴的であり，家庭環境としては母子の密着や父親不在という問題が指摘されることも多い．また学校教育の画一性や管理体制に原因を見る見方もあるが，近年では「不登校はどの子にも起こりうる」現象としてとらえられるようになってきた．

ところで，この不登校は思春期に発現しやすい「問題」であり，そこに思春期特有の心性を読みとる視点は重要である．臨床現場においては，不登校の中でもとくにひきこもっている期間を"さなぎの時期"と解釈し，そこに"成長に必要な危機"を読みとろうというアプローチがよくとられる．つま

り幼虫が蝶に変身する際,「さなぎ」という守られた空間に閉じこもる中で大きな変化をとげるように,思春期の不登校は,自分という殻に閉じこもることで内的に大きく変容を見せることが多い.この理論を裏づけるように,不登校の治療過程を通して本人のアイデンティティ探求や自我発達のプロセスが展開されるケースにも数多く出会う.このように,不登校を考える際には,発達という縦軸の中でとらえる視点も不可欠である.

以上のように,不登校本人の個人病理的な側面に目を向けるか,不登校を取りまく環境に目を向けるか,教育そのものが抱える問題を考えるか等,その視点によって取り上げられる原因論もさまざまである.しかし,不登校の状態像が多様化する一方で,原因も多様化し複合化しているため,微視的な原因さがしはあまり意味をなさないことも多い.不登校という現象に(子ども本人にとっての)意義や意味を見出し,その行動を子どもからのメッセージとして受け止める姿勢が大切であるといえる.そのためにも,一般的な原因論で切り捨てるのではなく,1人ひとりのケースにぶつかりながら理解していく対応が強く求められている.

この不登校とひきこもりの連続性については諸説ある.斎藤[1]の調査によると,ひきこもり事例の中でこれまでに不登校を経験した人の割合は約9割であったという.しかし,不登校全体で見ると多くの子どもたちが不登校状態を脱し社会参加していくということを考えると,不登校とひきこもりを結びつけて考えすぎる必要はない[1].ただし,適切な対応や治療がなされず長期化した結果ひきこもりに移行するケースもあるので,安易な楽観は危険であろう.

不登校が義務教育段階から高校までの「問題」だとすれば,大学生段階の「問題」には**スチューデント・アパシー**(student apathy)がある.これはDSM-Ⅲでは,退却神経症として表40-1のような特徴があげられている.

スチューデント・アパシー(退却神経症)の場合,傷つき挫折する前に,自ら「退却」してしまっている点が特徴的である.そのため,苦痛が葛藤などの症状に結びつかないとさ

1) 斎藤環 1998 社会的ひきこもり PHP新書

表40-1　退却神経症の特徴（笠原, 1978[2]：岡本, 2003[3] より）

① 無関心，無気力，無感動，目標・進路の喪失の自覚，アイデンティティの不確かさを訴える．
② 防衛機制としては否認が用いられ，不安，焦燥，抑うつ，苦悶，後悔といった苦痛感を伴わないため，自分のもつ問題に対して真剣に悩まず，すすんで援助を求めない．
③ 対人関係に敏感で，叱られたり拒まれたりするとひどく傷つく．自分が確実に受け入れられる場面以外は避ける傾向がある．
④ 優劣や勝ち負けへの敏感さがあり，敗北や屈辱が予想される場面を避ける傾向がある．
⑤ 苦痛な体験は，内面的な葛藤などの症状には結びつかず，外に向けて行動化される．つまり，無気力，退却などの行動として表される．
⑥ 行動面では副業的な領域では怠慢を示さず，むしろ勤勉ですらある．
⑦ 背景に，完全主義的，強迫的，自己愛的，回避的パーソナリティ傾向をもつことが多い．
⑧ 男性に多い．

れるが，対人葛藤が激しい場合などは強い苦痛を訴えることもあり，スチューデント・アパシーもひきこもりの一形態と見なされている[1]．

これら不登校やスチューデント・アパシーが学校との関係の中で起こる現象だとすれば，「20代後半までに問題化し，6ヶ月以上，自宅にひきこもって社会参加をしない状態が持続しており，ほかの精神障害がその第一の原因とは考えにくい」[1]と定義される**社会的ひきこもり**は，社会との関係における病理である．社会的ひきこもりを主訴として受診し，ある一定の条件を満たす患者80例について行った斎藤[1]の調査では，表40-2のような特徴が指摘されている．

この社会的ひきこもりから2次的に生じる可能性がある症状については，対人恐怖（斎藤[1]によると，対人恐怖症状を伴うものは全体の67％であった），強迫症状（53％），不眠（68％）や昼夜逆転（81％），家庭内暴力（51％），「子どもたちが通りすがりに自分の悪口を言っている」などと訴える被害関係念慮（20％），抑うつ気分（慢性的：31％，軽度：59％），希死念慮・自殺企図（14％）と多岐にわたる．ひきこもり事例の多くが一定期間以上の就労など社会参加を経験しておらず，思春期からの問題を引きずっている点も特徴とされている．

以上のような，不登校，アパシー，ひきこもりは，社会

2) 笠原嘉　1978　退却神経症という新しいカテゴリーの提唱　中井久夫・山中康裕編　思春期の病理と治療　岩崎学術出版社　Pp.287-319.

3) 岡本祐子　2003　「ひきこもり」のメカニズム　岡本祐子・宮下一博編　ひきこもる青少年の心　北大路書房　Pp.4-13.

表40-2　社会的ひきこもりの特徴（斎藤環，1998[1]）より）

① 調査時の平均ひきこもり期間は39ヶ月（3年3ヶ月）．
② 圧倒的に男性に多い．
③ とりわけ長男の比率が高い．
④ 最初に問題が起こる年齢は，平均15.5歳．
⑤ 最初のきっかけとしては「不登校」が68.8％ともっとも多い．
⑥ 問題が起こってから治療機関に相談に訪れるまでの期間が長い．
⑦ 家庭は中流以上で，離婚や単身赴任などの特殊な事情はむしろ少ない．

（学校や職場，人間関係）から退却している状態であり，その意味では"人と人との関係性における障害"[4]といえよう．社会との関係を遮断しひきこもっている姿は，ときに，「怠け」「さぼり」ととらえられることもあるが，ひきこもる人たちの多くは，その状態から抜け出したいと切望していながらどうしてもできずに苦しんでいる．ひきこもっている本人への支援（個人心理療法）だけでなく，家族への支援，さらに社会への参加をサポートする自助グループ等の提供が求められている．

　ひきこもりという状態そのものが，周りの人々の理解を得にくい状況にあるため，受容しつつ見守るというのは決して容易なことではない（適時適切な働きかけが必要とされるものも増えている）．しかし，そのひきこもりが本人にとってもつ"意味"を理解しようという視点も不可欠である．外見上は無為に見えても，内的な世界で大きな仕事（自己の立て直しやエネルギーの備蓄など）を行っているということも少なくないため，解決を急ぎすぎず「関係の糸」を切らない姿勢が求められる．ただし状況によっては専門家の援助が必要になることもある．さらに今後に向けては，本人への対応だけでなく，家族全体が社会からのひきこもりにならないような総合的支援が大切である．　　　　〔伊藤美奈子〕

4）田中千穂子　2001　ひきこもりの家族関係　講談社

【参考文献】
斎藤環　1998　社会的ひきこもり　PHP新書
岡本祐子・宮下一博編　2003　ひきこもる青少年の心　北大路書房
田中千穂子　2001　ひきこもりの家族関係　講談社

V-41 対人恐怖

anthropophobia

　精神病理は,すべて対人関係の病理であるともいわれるが,とりわけ**対人恐怖**（anthropophobia）は自分と他者との関係を病む状態である.

　対人恐怖について,笠原[1]は,「他人と同席する場面で,不当に強い不安と精神的緊張が生じ,そのため他人に軽蔑されるのではないか,不快な感じを与えるのではないか,いやがられるのではないかと案じ,対人関係からできるだけ身を退こうとする神経症の一型」と定義している.この対人恐怖という呼称は,**森田正馬**（まさたけ）[2]が初めて使用し,森田神経質の代表的なものとして研究が進められてきた.この個人的・素質的要因を重視する見方に対し,生育史的・環境的要因に注目して対人恐怖のメカニズムを論じようとした精神分析的研究もある.また近年,社会心理学領域では,対人恐怖に近接する概念として対人場面での不安現象の総称ともいえる**対人不安**（現実の,あるいは想像上の対人場面において個人的に評価されたり,評価されることが予想されることから生じる不安[3]）という概念が注目され,日常場面における対人緊張と羞恥の発生メカニズムについても実証的な研究が進められている.

　ところで,精神病理としての対人恐怖はいくつかの病態レベルをもついくつかの症状を含みもつ.思春期に一時的に多く見られる人見知りや気づかいなどの正常範囲のものから,純粋に恐怖段階にとどまる神経症水準のもの,境界例的な重症のもの,統合失調症の前症状や後症状と見なされるものまで拡大している.

　また永井[4]によると,その内容から,表41-1のような6

1) 笠原嘉　1975　対人恐怖　精神医学事典　弘文堂

2) 森田正馬（1874-1938）.高知県生まれ.東京帝国大学医科大学卒業,1925年慈恵医大教授.神経症の治療法として,不安や心身の不調を「あるがまま」に受け止める「森田療法」を創始した.

3) Schlenker, B. R. & Leary, M. R. 1982 Social anxiety and self-presentation: A conceptualization and model. *Psychological Bulletin*, 92, 641-669.

4) 永井撤　2002　対人恐怖　下山晴彦・丹野義彦（編）講座臨床心理学3　異常心理学 I　Pp.99-115.

つの症状群に分類される．これら以外にも，対人恐怖の症状としては，書痙，吃音恐怖，発汗恐怖などが挙げられる．

これらのうち，対人恐怖の中核群とされる**赤面恐怖，表情恐怖，視線恐怖**は，時の経過とともに症状変遷するという指摘もある（図41-1）[5]．初期にみられることが多い赤面恐怖では，「真っ赤になった顔を見られるのが恥ずかしい」という羞恥の感情が中核となるが，その症状が発生するのは対人関係における「中間状況」である．すなわち，互いに気心が知れあって遠慮のいらない「親密集団」と，必要以上の気配りはいらない「無関係集団」との中間状況において，特に症状が強く出る．次の表情恐怖の段階では，外面と分離した内面でのおびえや萎縮感は深まり，世間と交われない自分について他人との異質感を強めていくことになる[4]．さらに視線恐怖にまで病態が進むと，「人から見られるのが怖い」という被害者意識だけでなく，「自分の視線が人を傷つけるのではないか」という加害者意識が強まり，さらに自分が存在するだけで悪いのだという罪の意識があらわれてくる．このように，症状変遷とともに患者が体験する意識が変容し，その苦しみもより深刻さを増していくことになる．

ところで，従来，対人恐怖は日本文化に特有の症状であるといわれてきた．特に森田正馬が**森田神経質**（対人恐怖とほぼ重なる）の治療法として森田療法を考案したことにより，この症状への関心が高まったとされている．たしかに，日本人の対人関係は，独立した個人と個人の対等な関係というよ

表41-1　対人恐怖の症状群（永井，2002[4] より）

(1) 対人緊張：人前で緊張することを気に病む
(2) 赤面恐怖：緊張し赤面することを，人に見られることが恥ずかしくて思い悩む
(3) 視線恐怖：人の目が気になる場合と，自分の目つきが周囲の人を不快にしているのではないかと悩む場合がある
(4) 表情恐怖：自分の表情がこわばり，ぎこちなく，自然にふるまえない
(5) 醜貌恐怖：自分の容貌が醜いために周囲の人に嫌な思いをさせているのではないかと思い悩む
(6) 自己臭恐怖：自分の身体から出る臭いが周囲の人を不快にさせているのではと思い悩む

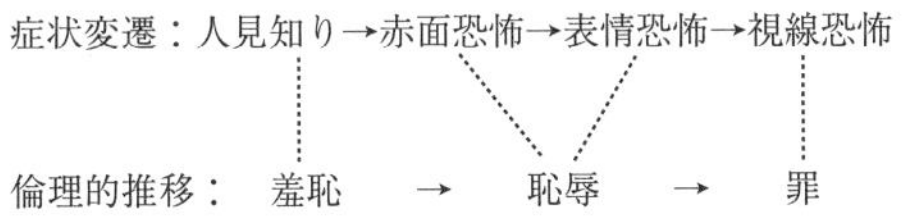

症状変遷：人見知り→赤面恐怖→表情恐怖→視線恐怖

倫理的推移：　羞恥　→　恥辱　→　罪

図41-1　対人恐怖の症状変遷とその倫理的推移
（内沼，1990）[5]

5) 内沼幸雄　1990　対人恐怖　講談社現代新書

りも，相互の間柄や世間体，場の雰囲気が重視される．また，人との関係に神経を配り，円滑に対人関係を維持することを重視しようとする．そうした特徴が，自己主張と周囲との調和・共存との葛藤という対人恐怖の根本病理を生むという見方である．

ところが，その後の研究から，対人恐怖は日本特有ではないことが明らかになってきた．特に1980年に改訂された米国のDSM-Ⅲの中では，対人恐怖と類似した状態が社会的恐怖症（social phobia）という名称で分類されている．それによると，この恐怖症を起こしやすい性格として**忌避的パーソナリティ障害**（avoidant personality disorder）があるとされる．この人たちは「拒絶，屈辱ないし羞恥に過度に敏感である．（中略）きわめて些細な非難の兆候にひどく心を傷つけられる．その結果，軽んぜられはしまいか，辱めを受けはしまいかとおそれて，親密な関係を形成する機会から自らを遠ざける」[5]といわれるが，これらの特徴は先に挙げた日本人の特徴に通じるものでもある．つまり，対人恐怖的心性は米国でも存在しているが，日本や韓国では多い（というより，症状に対する関心がきわめて高い）のに対し，米国ではきわめて稀な症例であるといえる．このように対人恐怖は日本に固有の病理とはいえないが，発現率の違いにおける文化差は指摘できよう．

ただし日本でも対人恐怖のタイプに時代的な変化が見られている．緊張や恥の感情を基調とする**赤面恐怖**が減り，おびえの感情に由来する**視線恐怖**が増えたという指摘である[6]．それと同時に，関係妄想性を帯びた症例も多く見られるようになっている．この点は，人との関係に気を遣うことの多い現代社会における人間関係を反映するものとして，きわめて示唆的である．

他方，対人恐怖患者数の比率は女性より男性に高いとされてきた．この性差については，対人恐怖の特徴である「上昇志向を抱き社会機能の高さに依拠して生きようとする傾向が強い」という点から，男性に多発する（対人恐怖の苦しみは，男性にとって，より深い）と説明される[5]．しかしこの性差

6) 清水將之 1996 思春期のこころ NHKブックス

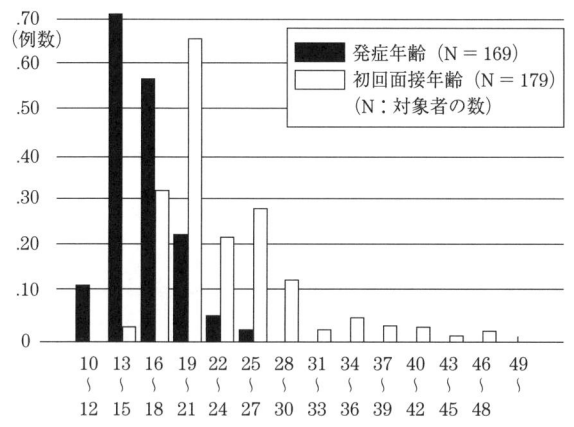

図41-2 対人恐怖の発症年齢と初回面接年齢（清水, 1996）[6]

は，女性の社会進出とともに目立たなくなってきたという指摘もある．以上のことを考えると，対人恐怖は文化や社会の影響を強く受けた病理であることが確認できよう．

また，もうひとつの特徴として，対人恐怖は思春期・青年期を好発期とする点がある（図41-2 参照）[6]．子どもから大人への過渡期にあたる思春期・青年期は，自意識の高まりを特徴とする．自らを客観的に見つめ「他者」の目で自分を評価することが可能となる．それと同時に，友人関係に支えられながら親からの自立を果たすことが求められる．また，幼児的な万能感を捨て現実のものとして自己イメージを再統合するなかで，アイデンティティ（自己同一性）が形成される．現実生活の中でも，同性同年配の仲間関係が志向された徒党時代（ギャング・エイジ）に続き，友だちの中での位置づけが重要な意味をもち，異性への関心が高まっていくのもこの時期の特徴である．この時期に対人恐怖症が多発するのも，こうした思春期・青年期に固有とされる発達上の課題と無関係ではないだろう． 〔伊藤美奈子〕

【参考文献】

木村駿　1982　日本人の対人恐怖　勁草書房
内沼幸雄　1990　対人恐怖　講談社現代新書
永井撤　1984　対人恐怖の心理：対人関係の悩みの分析　サイエンス社

V-42
コンプレックス
complex

表42-1 自己意識的な情動のモデル
(Lewis, 1992[10] より)

帰属＼評価	成功	失敗
全体的自己	思い上がり	恥
具体的自己	誇り	罪悪感／後悔

コンプレックス（complex）という用語は，「精神分析的概念で，無意識下で，自我を脅かすような心的内容が一定の情動を中心に絡みあって構成されるまとまりのこと」[1]をさし，ユング（Jung, C. G.）[2]によって用いられた．また，**劣等感**（inferiority feeling, inferiority complex）とは，自分が他者よりも劣っているという感情であり，客観的よりは主観的に劣っていると思い込むことにより生じる．こうした概念は，最近の研究では直接取り上げることは少なくなり，ネガティブな感情の1つずつを具体的に検討することが多くなっている．

佐藤は，**自己嫌悪感**（self-disgust）を「自分が，自分で，今の自分がいやだと感じること」と定義し，その発達的変化を明らかにしている[3]．その結果，中学生では自己嫌悪感の要因が未分化な状態にあるが，高校生になると「人との関係の持ち方への不満」と「自己のあり方についての失望」の2つに分化する．さらに大学生になると，①自分の中味がまだできていないという「自信の欠如」，②自分の行為を統制できない「自己統制の甘さ」，③自分が分からないという「自己理解の不足」という3つの自己嫌悪感から構成されることを明らかにしている．また自己嫌悪感を，対他的なもの（他者に対する良心の呵責，他者と向き合う自信の欠如）と対自的なもの（自己の能力の低さ，課題の前での自己の不確かさ）に分けてみると，対他的な自己嫌悪感が先行して出現し，その後に対自的な自己嫌悪感が出現する[4]．佐藤は，「自己嫌悪感をより多く感じている青年とは，自分はすばらしいと高く評価していながら，しかし現在の自分に満足できず，まだこのままではたりないと思っている青年である」と

1) 越川房子 1999 コンプレックス 中島義明ほか（編）心理学辞典 有斐閣 p.285.

2) ユング(1875-1961). p.58参照.

3) 佐藤有耕 1994 青年期における自己嫌悪感の発達的変化 教育心理学研究 42, 253-260.

4) 佐藤有耕 1997 2次元でとらえた青年期の自己嫌悪感の発達過程 青年心理学研究 9, 1-18.

述べている[5]．

　妬み（envy）感情は，さまざまな感情から構成された複合的な感情であり，悪意のあるものとないものの2つに分けて考えられている[6]．悪意のある妬み感情は，怒りや憤慨，憎しみとして経験される．悪意のない妬み感情は，劣等感や切望として経験される．わが国では，澤田が妬み感情を「他者が自分よりも何らかの点において有利な立場にあることを知ることによって引き起こされる不快な感情反応」と定義し，小中学生を対象に調査を実施している[7]．その結果，「憎らしい」とか「腹が立つ」など相手に敵意を抱く**敵対感情**，「苦しい」「悲しい」など否定的な自己感情の**苦痛感情**，「うらやましい」，「くやしい」などの自分に何らかの点で不足していることを示す**欠乏感情**の3因子からなっていることを明らかにしている．敵対感情は，概して男子の方が経験しやすく，成績や運動などの能力面で相手が優れていることを認めざるをえなくなると，その相手に敵意を向けやすい傾向がある．苦痛感情と欠乏感情は，学年が上がるにつれ増加する傾向が見られている．妬み感情のなかでも，欠乏感情がもっとも喚起されやすく，「他者がもっているものを欲する」という願望に似た側面が強いことが明らかにされている．

　ベネディクト（Benedict, R.）[8]が，『菊と刀』という著書の中で，日本を「恥」の文化，北米を「罪」の文化と対比したことは，あまりにも良く知られている[9]．「罪」の文化では，個人の内面的な基準に基づき行為の善悪を判断し，これに背いたとき「罪」の意識が生じる．一方，「恥」の文化では社会的制裁を招くかどうかが善悪の判断基準であり，他者からの批判や嘲笑が「恥」の意識を生み出すというのである．

　ルイス（Lewis, M.）の自己意識的情動モデルによれば，**恥**（shame）とは，現実のまたは想像上の他者から批判される悪性の自己（malignant self）を意味している[10]．そして，恥に近い感情として罪悪感，思い上がり，誇りを取り上げ，評価と自己への帰属の関係から，表42-1のモデルを示している．このモデルによれば，「恥」は人が自分の属している集団の基準や規則などに対して失敗した（うまくいかなかっ

5) 佐藤有耕　2001　大学生の自己嫌悪感を高める自己肯定のあり方　教育心理学研究　49, 347-358.

6) Parrott, W. G. 2001 The emotional experiences of envy and jealousy. In W. G. Parrott (Ed.) *Emotions in social psychology.* Philadelphia: Psychology Press, Pp.306-320.

7) 澤田匡人　2005　児童・生徒における妬み感情の構造と発達的変化：領域との関連および学年差・性差の検討　教育心理学研究　53, 185-195.
　澤田匡人　2006　子どもの妬み感情とその対処　新曜社

8) ルース・ベネディクト（1887-1948）．アメリカの文化人類学者．

9) Benedict, R. 1946 *The chrysanthemum and the sword.* Boston: Houghton Mifflin.〔長谷川松治（訳）1967 『菊と刀』社会思想社〕

10) Lewis, M. 1992 *Shame: The exposed self.* New York: The Free Press.〔高橋恵子（監訳）1997　恥の心理学：傷つく自己　ミネルヴァ書房〕

た）と評価し，その失敗を全体的に自分のせいに（帰属）したときに起こる．一方，「罪悪感」（guilt）や「後悔」（regret）は，人が基準などに対して失敗したと評価し，自分がした具体的な行為に目を向けたときに起こる．「思い上がり」（hubris）は，基準などに対して成功したと評価し，その評価を全体的に自分のせいに（帰属）するときに生じる．「誇り」（pride）は，基準に対して成功したと評価し，その評価が自分の具体的な行為に帰属するときに生じる．

わが国の研究では，恥の発生場面について菅原は5つにまとめている[11]．

① 自滅型：本人の不注意などによって自らが勝手に羞恥を招き寄せる場面．これには「行動制御の失敗」（普段は当たり前のように行っている行動がうまくコントロールできなかった事態），「状況解釈の失敗」（自分がおかれている状況の意味を誤って理解しているために，とんちんかんなふるまいになってしまう場面），「露呈」（日頃，他者に隠していることや，人前ではあまり見せない姿が何かの拍子に知られてしまう場面）の3つのサブパターンがある．

② 加害型：自己の行動やことばが他者に対して物理的・心理的損害を与えてしまうような場面．

③ 他者主導型：他者からの否定的な評価を受ける場面やどちらかというと肯定的な評価を受ける場面．

④ 相互作用型：2人の相互作用のあり方そのものに羞恥の原因があり，2人の関係が急激に親密化するような状況．

⑤ 傍観型：本人は事態に直接関与しておらず，あくまで傍観者の立場をとっているだけなのに，なぜかいたたまれないような恥ずかしさを覚える場面．

一方，樋口は次の6つにまとめている[12]．① 自らの行動などについて反省する「私恥」状況，② 自分の劣位性が公衆の面前で露呈する「公恥」状況，③ ポジティブな評価あるいは相互作用にとまどう「照れ状況」，④ 人前で自分に自信がもてない「対人緊張状況」，⑤ 対人場面で自己の役割が混乱している「対人困惑状況」，⑥ 性の顕在化がとまどいをもたらす「性的状況」の6つである．

11) 菅原健介 1998 人はなぜ恥ずかしがるのか：羞恥と自己イメージの社会心理学 サイエンス社

12) 樋口匡貴 2000 恥の構造に関する研究 社会心理学研究 16, 103-113.

13) 菅原健介 2005 羞恥心はどこへ消えた？ 光文社新書

菅原は，恥を感じるときの相手との親しさについて，図42-1に示した逆U字曲線を提案している[13]．つまり，ある時点までは親密な相手ほど恥ずかしさは高まるが，一定のレベルを超えると，今度は親しさが増すほど羞恥心も働きにくくなる．自分の失態を見られて恥ずかしいのは，親密な相手でも見知らぬ他者でもなく，顔見知り程度の相手であるという．

罪悪感（guilt）とは，後悔，良心の呵責，「悪いことをしてしまった」ことへの失望を意味する[14]．有光は大学生を対象にした研究で，罪悪感の喚起状況には4因子からなる構造があるとした[15]．1番目は約束を守らない，暴力を振るうなど，人を傷つけ侵害したことに対するもので「他傷」の因子である．2番目は，社会的に期待されている対人配慮行為を自分の利益や身勝手のために行わなかったことに対するもので「他者配慮不足」の因子である．3番目は，自分だけが利得を得たことを不適切であったと後悔する意識で「利己的行動」の因子である．4番目は，他者によって責められることはないが，自己や社会的な期待や常識以上に何かを獲得したことに対する他者へのうしろめたさを表す「他者への負い目」である．特にこの4番目の「他者への負い目」は，海外の研究に見られない日本の青年独自のものであると指摘している．さらに有光は，罪悪感，恥の意識と精神的健康の関係に注目し，罪悪感が社会的活動を円滑にし，恥の意識が不安と不眠，社会的活動障害を増加させることを明らかにしている[16]．

あがりという感情状態について，有光は「当落や社会的評価など自分自身に否定的評価を受ける場面で，他者を意識し，責任感を感じ，自己不全感，身体的不全感，生理的反応や震えを経験することであり，状況によって他者の意識や責任感の程度が変化すること」と定義し，あがり現象の生起メカニズムやその対処法について論じている[17]．　　〔二宮克美〕

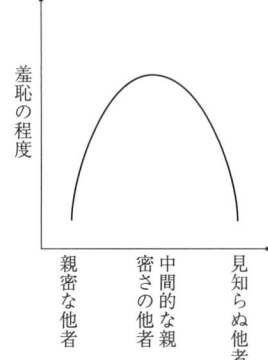

図42-1　恥意識の逆U字曲線
（菅原，2005 [13] より）

[14] Tangney, J. P. 1995 Shame and guilt in interpersonal relationships. In. J.P. Tangney & K. W. Fisher（Eds.）*Self-conscious emotions: Shame, guilt, embarrassment, and pride.* New York: Guilford Press, Pp.114-139.

[15] 有光興起　2002　日本人青年の罪悪感喚起状況の構造　心理学研究　73, 148-156.

[16] 有光興起　2001　罪悪感，恥と精神的健康との関係　健康心理学研究　14, 24-31.

[17] 有光興起　2005　"あがり"とその対処法　川島書店

【参考文献】
菅原健介　2005　羞恥心はどこへ消えた？　光文社新書
有光興起　2005　"あがり"とその対処法　川島書店

V-43

非 行

delinquency

　非行（delinquency）は，「法律や社会習慣など，社会規範に違反する行為」を含む反社会的行動のひとつであり，攻撃・破壊的行動からいじめ・虚言に至る，社会の人々に迷惑をかける行為をさす．少年法によると，非行には表43-1のような3分類がある．

　非行少年のパーソナリティ特徴については，さまざまな研究結果が論じられてきた．ロールシャッハ法を用いた研究[1]によると，非行少年は一般少年に比べ「人格の可塑性に欠け，感情生活に乏しく，未成熟な精神構造を示す．知的には批判力を欠き内省力や自発性がなく，新場面への順応性に劣っている．感情的には幼稚・不安定で，愛情の疎外感や不安をもっている．また生活空間は自己中心的に狭く，興味の範囲が限られ対人関心が少ない」といわれる[2]．日本版MMPIによる調査では[3]，非行少年は精神病質性，偏執性，軽躁性，ヒポコンドリー性，性度の得点が高いことが示されている[4]．

　また河野[5]によれば，非行少年が抱える「自信のなさ，自己イメージの悪さ，卑小感，孤立感」に加えて，「抑うつに耐える能力」の不十分さが指摘されている．近年「いきなり型非行」に見るように，一見したところ特殊なパーソナリティをもたないごく「ふつう」の子どもが突然凶悪な犯罪をし

表43-1　少年法による非行の種類

①犯罪少年：14歳以上20歳未満で，罪を犯した少年
②触法少年：14歳未満で刑罰法令に触れる行為をした児童
③ぐ犯少年：20歳未満で一定の不良行為があり，かつ性格または環境に照らして将来罪を犯し，または刑罰法令に触れる行為をなす恐れのある少年

1) 高橋雅春　1967　非行少年に試みたWAISの結果について　犯罪心理学研究 4, 49-51.

2) 井上公大　1980　非行臨床　創元社

3) ヒポコンドリーとは，心気症のことであり，1つあるいはそれ以上の重篤で進行性の身体的障害に罹患している可能性にとらわれ，執拗に心身のささいな不調にこだわり，苦痛を訴える状態のこと．

4) 遠藤辰雄・安香宏　1969　MMPIによる非行少年の研究　日本の犯罪学Ⅰ　東京大学出版会　Pp.278-285.

5) 河野荘子　2005　非行にまつわる理論と指導の実際　宮下一博・河野荘子編　生きる力を育む生徒指導　北樹出版　Pp.117-131.

てしまうケースも増えており，非行少年のパーソナリティ像も一定ではない．

現在に至る非行研究の歴史を振り返ると，少年非行の歴史は以下にあげる3つの時代で説明することが可能である（清永[6]）．

1945年から1964年までは，**生存の論理**が支配した時代である．この20年間は，戦後の社会的混乱と絶対的貧困，その混乱と飢えを背景にした「生存」のための非行が基調の時代である．

それに続く**反抗の論理**の時代は，1964年から1988年までの時代であり，ちょうど高度経済成長期にあたる．この時期，非行少年の低年齢化や一般化，さらには女子非行の膨張という状況が起こり遊び型非行・初発型非行が大量発生することになる．それと同時に，潜行する形で「いじめ非行」が問題になり始めるのもこの時期の特徴である．

そして1988年以降から現在に続くのが**衝動の論理**に支配された時代である．この時代の非行少年は，「社会や集団（他者）よりも個人，自立よりも依存，合理性よりも感情性，抑制よりも爆発，未来よりも現在，さらにいえば『カッタルイ』現在よりも『ハジケる』瞬間（今）を選択し，本来外部に向かう攻撃的な非行エネルギーを内部へ向けて自己防衛的手段として採用するという特徴をもつ」[6]．この時代の非行の特徴として，表43-2にあげる5点が述べられている．

このように，現代社会においては，「成熟社会の下でモノサシのない自己本位的な快楽原理の充足手段としての無規範型非行」が特徴とされる．

ところで，「すべての青年が必ずしも非行者ではないが，

6) 清永賢二（編）1996 少年非行の世界 有斐閣

表43-2 「衝動の論理」の時代の特徴

① 加害少年が「ふつう」と形容される少年であること
② 非行化原因の特定が困難であること
③ 行動が突発的で前兆的行動の認めにくいこと
④ 事件の結果がしばしば決定的で回復不可能であること
⑤ 被害対象が不特定で，時として少年たちの権威対象でさえも被害化すること

すべての非行者は青年である」[7]ことから考えても，非行を考えるときに青年期という時期の特殊性に注目するという**発達的視点**は非常に重要であろう[2]．青年期には，身体的な成熟とともに性的欲求が高まる一方で，社会的には抑制された状態にある結果，衝動と禁欲の間で煩悶することになる．また，自立への欲求が高まることにより，自らを押さえようとする権威（大人社会）との摩擦も大きくなる．こうした混乱の中，自己定義（アイデンティティの獲得）という課題を抱え，心理社会的な葛藤や不安を経験する時期である．こうした不安定さが非行やさまざまな問題行動という形をとって表現されることになる．その反面，少年たちは変化・成長可能性をもつ存在である．そのため，非行少年の人格をその非行性ゆえにレッテルを貼ってとらえることは危険であろう．そうした発達・成長の可能性を考慮し，非行少年への処遇は処罰ではなく矯正教育の観点から行われている．非行に対する心理臨床的対応としては，未熟さを脱却していけるような関わり，非行行動の裏に潜む悲しみや恨みの感情に耳を澄ます対応が重要になろう．

また，非行の背景要因として家族環境や親子関係が指摘されることも多い．早期に非行に走る少年の特徴として，父親の放任と母親の過保護，家庭内不和などを抱えていることが多いという報告もある[8]．他方，「親の愛情」と正当化されやすい溺愛や過保護という過剰な縛りが，子どもの自由を奪い，溜まった怒りが非行という形に表現化されるケースもある．また，家族の中で満たされない関係性を，非行仲間や暴力団に入ることで疑似家族，疑似仲間により満たしているというケースもある．こうした事例では，非行行動が家庭内での鬱憤晴らしや逃避的な意味をもつといえる．もちろん，家庭環境だけが非行の絶対的な決定要因ではない．家庭に問題を抱えた子どもだけでなく，いきなり型非行に見るように，「ごく一般的な」家庭にも非行の問題は起こっている．しかし，犯罪を繰り返す親，虐待を続ける親，子どもに無関心の親など，家族の問題が子どもの非行に影を落としていると思われるケースも少なくない．こうした家族環境の悪さを非難す

7) Trojanowicz, R.C. 1973 *Juvenile delinquency: Concepts and control*. New Jersey: Prentice-Hall, p.89.（井上）[2]より．

ここでいう青年は「18歳以下の男女」を意味しており，少年法における「少年」と重なる概念である．

8) 安川禎亮 1997 非行の要因について：中学校教育現場からの再考察 犯罪心理学研究 35, 135-175.

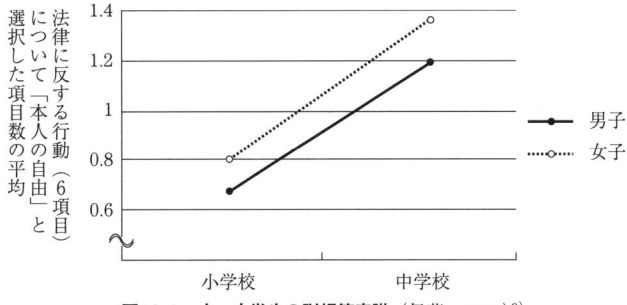

図43-1 小・中学生の脱規範意識（伊藤，2002）[9]

　るのは容易であるが，真の解決にはつながらない．この子どもたちを非行から立ち直らせるには，家族全体を支援の対象としていく視点が重要であろう．

　ところで，非行少年の特徴として，抑制力の欠如や衝動性があげられることがある．こうした要素に加えて，**規範意識**の未成熟や「人に迷惑さえ掛けなければ」という自己中心的な意識が色濃く影響していることを指摘する見方もある．総務庁（現総務省）が，低年齢少年の逸脱行動と規範意識との関連を小・中学生2,217名を対象に調査した．シンナーやタバコ，援助交際など法律に反するような行動（6項目）に対して，「本人の自由だ」と思うものをすべて選択するよう求めた結果（レンジは0－6点），小学生より中学生で選択率が高まることが示された（図43-1）．つまり，小学生より中学生で「法律違反行動も本人の自由だ」という脱規範的な意識が強いことがうかがえた．これは，逸脱行動経験率の増加とは正比例，規範意識の低下とは反比例の関係にある[9]．

　このように，非行につながる1つの要素として，歯止め（規範意識）の弱体化や，歪んだ個人主義（人に迷惑をかけなければ何をやっても本人の自由という意識）という現代社会のひずみが影を落としている点も指摘できよう．

〔伊藤美奈子〕

9）伊藤美奈子　2002　キレと規範意識　宮下一博・大野久編　キレる青少年の心　北大路書房　p.73.

【参考文献】
井上公大　1980　非行臨床　創元社
清永賢二（編）　1996　少年非行の世界　有斐閣
宮下一博・大野久　2002　キレる青少年の心　北大路書房

VI｜パーソナリティの知的側面

黄金の仮面（ギリシア）

VI-44
知能の構造
structure of intelligence

	古典	フランス語	英語	数学	音程の弁別	音楽的才能
古典	1.00					
フランス語	.83	1.00				
英語	.78	.67	1.00			
数学	.70	.67	.64	1.00		
音程の弁別	.66	.65	.54	.45	1.00	
音楽的才能	.63	.57	.51	.51	.40	1.00

表44-1 スピアマンの「一般知能」の概念を示唆するさまざまな能力間の相関表（Spearman, 1904）[1]

知能は1つか複数か——一般知能（g因子）

人間を，霊長類をはじめとした他の動物から特徴づける最大の性質が，その優れた**知能**（intelligence）にあることを否定する人はいない．人間は言語や図形，数々の記号などの表象をたくみに操作し，「いま・ここ」で扱うことのできる具体的情報のみならず，直接触れることのできないきわめて多様な対象についても，複雑かつ抽象的な知的情報処理を行うことができる．この人間の知的営みは，主として大脳皮質の連合野が行う情報処理過程の産物と考えられている．知能の機能はどのような情報処理の構造から生みだされたものなのだろうか．

知能の心理学的研究の流れを見たとき，そこには主として情報の領域や内容の違いを越えて共通する1つの一般的な機能があるとする立場と，そのような機能はないか，あってもその力は弱く，むしろ異なる複数の機能が並立するという立場がある．

単一の一般的な機能を考える立場の歴史は長いが，**スピアマン**（Spearman, C. E.）[1]の**一般知能**（general intelligence）の考え方が代表的といえる．スピアマンは高校生のさまざまな学業成績の間に表44-1に示すような正の相関があること（正の多様体 positive manifold）から，領域を越えた一般的な知能の存在を仮定した．そしてこの相関のパターンを一般因子と個々の領域に固有な特殊因子からなる数学的なモデル（**2因子説**）で表現した．これが**因子分析**の始まりである．

その後，因子分析の手法はさまざまに発展したが，一般知能，あるいは**g因子**（g factor）を頂点として，いくつかの

---

1) チャールズ・スピアマン（1863-1945）．イギリスの心理学者．順位相関係数，スピアマン=ブラウンの公式等の統計概念でも知られる．

Spearman, C. 1904 General intelligence: Objectively determined and measured. *American Journal of Psychology* 15, 201-293.

2) キャッテル（1905-1998）．p.76参照．

3) Ⅳ-34，図34-1参照．

Cattell, R.B. & Horn, J. L. 1966 Refinement and test of the theory of

下位因子からなる階層構造を仮定するモデルは常に頑健なモデルとして再現されることが知られている．下位因子がどのような因子からなるかに関する代表的な理論には，**キャッテル**（Cattell, R. B.）[2]と**ホーン**（Horn, J. L.）の**流動性知能**（fluid intelligence）と**結晶性知能**（crystallized intelligence）の区別[3]，あるいはヴァーノン（Vernon, P. E.）の言語的・数学的・教育的因子（v: ed）と実用的・機械的・空間的・身体的因子（k: m）の区別などがある[4]．

しかしながら一般知能の考え方に対して，これは数学的に導き出された人工物（artifact）であり，実体を伴わない概念の具象化にすぎないという批判[5]がある．また人工知能研究でかつて開発された，領域固有の知識や技能を伴わない一般問題解決装置（General Problem Solver; GPS）のような一般的な問題解決のアルゴリズムでは，実際の問題解決に際して予測されるような有能性を発揮できないことから，一般知能の存在に疑問を投げかける見解もある．さらに一般知能という考え方が，有益な教育的示唆を与えてくれないという批判もある．こうした批判は，知能が1つの一般的機能をもつという考え方ではなく，複数の独立した機能からなるという考え方へと向かう．

多因子説と多重知能

スピアマンの一般知能の考え方が世に出たとき，これを批判し，知能はさまざまな技能の集合体であるとする考え方を唱えたのはトムソン（Thomson, G. H.）であった[6]．また，**サーストン**（Thurstone, L. L.）[7]は同じく因子分析の手法を用いながら，スピアマンのように全体を説明する一般的な因子ではなく，個別の因子を抽出する手法により，「語の流暢性」「言語理解」「空間」「数」「記憶」「推理」「知覚速度」という7種類の基本的精神能力（primary mental abilites）の因子を抽出し，**多因子説**を唱えた[8]．

ギルフォード（Guilford, J. P.）[9]も因子分析を出発点としながらも一般因子を認めず，内容（図形的・記号的・意味的・行動的の4種類）×操作（認知・記憶・拡散的思考・収束的思考・評価の5種類）×所産（単位・類・関係・体系・

fluid and crystallized general intelligences. *Journal of Educational Psychology*, 57 (5), 253-270.

4) Vernon, P.E. 1950 *The structure of human abilities*. Oxford, England: Wiley.

5) Gould, S. J. 1997 *The mismeasure of man*. London : Penguin. 〔鈴木善次・森脇靖子（訳）1998 増補改訂版 人間の測りまちがい：差別の科学史 河出書房新社〕

6) Thomson, G. H. 1916 A hierachy without a general factor? *British Journal of Psychology*, 8, 271-281.

7) ルイス・レオン・サーストン（1887-1955）．アメリカの心理学者．知能の多因子モデル，比較判断の法則，サーストン法（等現間隔法）などを提唱．

8) Thurstone, L. L. 1938 *Primary mental abilities*. Chicago: University of Chicago Press.

9) ジョイ・ポール・ギルフォード（1897-1987）．アメリカの心理学者．精神測定法を発展させ，「知性の構造モデル」を提唱．

変換・含意の6種類）の3次元120因子からなる知能構造（structure of intellect）のモデルを提唱した[10]．のちにギルフォードは「内容」の中の「図形的」を「聴覚的」と「視覚的」に分けて5種類とし，150個の因子とした．そしてこれらたくさんの因子を85個の2次因子，そして16個の3次因子とまとめていった．これは結果的に一般知能を頂点とする知能の階層構造に近いものといえる．

最近では，ガードナー（Gardner, H.）の**多重知能**（multiple intelligence）の考え方が着目されている[11]．彼は心理測定による因子分析的研究にとどまらず，脳損傷でその独立性が示唆されるか，特に秀でた特殊才能の存在とその独自な発達過程があるか，進化的に妥当かなどを鑑みて，言語，論理・数学，音楽，空間，身体運動，個人内，対人間，博物学，実存といった9つの異なる種類の知能からなるモデルを提案している．このモデルは，教育現場で実践的な有効性が評価されている．

一般知能再考

こうした異なる機能が独立に存在するという考え方は**モジュール説**（modularity theory）と呼ばれる．たとえば進化心理学では，知能は進化の過程で遭遇してきた問題状況に適応するために獲得してきたさまざまな機能の装置がスイスのアーミーナイフのように束になったものとして喩えている[12]．しかし特定の機能に特化した遺伝子を見つけることはいまのところ成功していない．

むしろ最近の脳科学や行動遺伝学の研究からは，一般知能が単なる統計学的具象化ではなく，生理学的，遺伝学的な妥当性をもつ可能性も指摘されている．たとえばダンカン（Duncan, J.）らはPET（陽電子放射断層撮影法）[13]を用いて，一般知能をよく使う異なる課題遂行時に活性化する部位を特定すると，それは脳のさまざまな部分に散らばってはおらず，主として外側前頭野に局在することから，一般知能の存在を示唆した[14]．またプロミン（Plomin, R.）らは双生児研究により，言語能力と数学能力の間の相関に関わるのは主として遺伝による相関であり，その大きさは表現型相関よりも高い

10) Guilford, J. P. 1967 *The nature of human intelligence*. New York: McGraw-Hill.

11) Gardner, H. 1993 *Frames of mind: The theory of multiple intelligence*. NY: Basic Books.

12) Tooby, J. & Cosmides, L. 1990 On the universality of human nature and the uniqueness of the individual: The role of genetics and adaptation. *Journal of Personality*, 58, 17-67.

13) p.88参照．

14) Duncan, J., Seitz, R. J., Kolodny, J., Bor, D., Herzog, H., Ahmed, A., Newell, F. N., & Emslie, H. 2000 A neural basis for general intelligence. *Science*, 289, 457-460.

ことを示し，さらにDNAチップを用いて1万個を越す一塩基多型（SNPs）と知能との関連を調べ，5つを特定した[15]．これらはいずれも一般知能を高めることに寄与していることが示され，知能に関わる遺伝子は主として領域固有あるいはアーミーナイフではなく，多様な機能に共通する一般知能に関わるものであることを示唆した．

　このように一般知能を仮定するモデルは依然として知能研究のひとつの主流である．これらを踏まえ**スタンバーグ**（Sternberg, R. J.）は，このような伝統的な知能モデルを踏まえつつ，問題解決を行う下位の「パフォーマンス・コンポーネント」や自分の思考をモニターする「メタコンポーネント」，「知識獲得コンポーネント」を考えた[16]．さらにこれら個人内で処理されるコンポーネントに関する「個人内世界（コンポーネント）理論」，それを日常生活で使い外的環境に適応することに関する「個人外世界（文脈）理論」，そして個人の内と外との世界を橋渡しする「経験理論」の3理論からなる**鼎立理論**（ていりつ）を提唱している．ガードナーやスタンバーグらのような一般知能を越えた知能構造モデルを構築しようという試みは，単に測定論を越えて人間の知能をどのようにとらえるべきかという価値観に関わっているといえよう．

　知能の個人差もパーソナリティの一部と考えるかどうかは知能の定義，あるいはパーソナリティの定義次第である．パーソナリティを広く人間の心的行動的個人差の要因と定義するのであれば，知能もパーソナリティの一側面といえよう．たとえばキャッテルによる16PF検査では16個のパーソナリティ因子のひとつとして知能が含まれている．またビッグ・ファイブ（Big Five）理論で取り上げられる開拓性あるいは経験への開放性（openness to experience）というパーソナリティ次元は知能と相関があることが示されている[17]．しかしこの両側面を統合的に研究した例はあまり多くない．互いに独立して研究がなされているのが現状である．〔安藤寿康〕

15) Butcher L.M. et al. 2005 SNPs, microarrays and pooled DNA: Identification of four loci associated with mild mental impairment in a sample of 6000 children. *Human Molecular Genetics*, 14 (10), 1315-25.

16) Sternberg, R. 1985 *Beyond IQ: A triarchic theory of human intelligence*. NY.: Cambridge University Press.
　スタンバーグについては，p.195参照．

17) Ashton, M. C., Lee, K., Vernon, P. A. 2000 Fluid intelligence, crystallized intelligence, and the openness/intellect factor. *Journal of Research in Personality*, 34 (2), 198-207.

【参考文献】
サイエンティフィック・アメリカン（編）1999　知能のミステリー　別冊日経サイエンス128（*Scientific American*日本版）

Ⅵ-45

知能の測定

measurement of intelligence

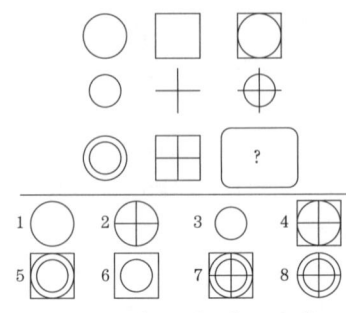

図45-1 レイヴン・プログレッシヴ・マトリクスに類似して作製した問題例

心理測定を行う場合，測ろうとする対象についての**概念的定義**（conceptual definition）と**操作的定義**（operational definition）が明確になされることが必要である．概念的定義とは測られる構成概念が理論的にどのようなものかについての規定であり，操作的定義とはそれを実際にどのような具体的方法によって測定するかについての規定である．

しかし人間の「知能」の場合，それはとても複雑で高次な心的機能であるため，その概念的定義も「学習能力」（ディアボーン Dearborn, W. F.），「環境適応能力」（ウェクスラー Wechsler, D.; シュテルン Stern, W.），「抽象的思考力」（ターマン Terman, L. M.）のように研究者によって異なり，多様かつ抽象的である．たとえば19世紀の終わり頃に知能の測度の開発を試みた**ゴールトン**（Galton, F.）[1]や**キャッテル**（Cattell, J. M.）[2]は，知能を反応の速さや弁別の鋭敏さのような基礎感覚能力の総体と操作的に定義したが，外部基準となる知的な業績と関連をもたず，**妥当性**（validity）を示すことができなかった．知能を「経験の認識，関係の抽出，関係肢の抽出」とした**スピアマン**（Spearmann, C. E.）[3]の概念的定義は，たとえば後（1938年）に開発された**レイヴン・プログレッシブ・マトリクス**（Raven's Progressive Matrices；RPM）（図45-1）のような課題を解く能力として操作的に定義される．スピアマン自身は知能測定の用具は開発しなかったが，知能には扱う内容領域や情報処理操作，産出の仕方の違いを越えて共通する**一般知能**（general intelligence; g）があると考え，**因子分析**（factor analysis）の手法を開発して

1) ゴールトン（1822-1911）．p.8参照．

2) ジェームズ・マッキーン・キャッテル（1860-1924）．アメリカの心理学者．人体測定学テストによる個人差研究の開拓者．

3) スピアマン（1863-1945）．p.184参照．

それを数学的に示した[4]．

スピアマンの一般知能の概念は，ほぼ同時期にいまの知能検査の形を開発した**ビネー**（Binet, A.）[5] によってその操作的定義が実現化されたといえる．児童が義務教育の学校に適応できるか否かを客観的に測定する道具の開発をフランス文部省に要請されたビネーは，知能を良識，順応力，判断力，批判力などの高次精神作用と考え，内容的に知的であると経験的に判断されるさまざまな知的課題を数多く配列するいわゆる「ビネー式知能検査」をシモン（Simon, Th.）とともに1905年に開発した．1908年版では年齢段階に応じた問題の配列を導入し，どの年齢級の課題にまで回答できたかにより**精神年齢**（mental age；MA）を算出するようにした[6]．

このように多種多様な問題解決能力の総体として知能を操作的に定義し，その成績の相関のパターンを因子分析などの分析結果から，逆に「知能とは何か」という概念的定義を探っていくというのが，知能研究の一般的な方法となっており，そのためにしばしばボーリング（Boring, E. G.）の「知能とは知能検査で測られる能力である」[7] という操作的定義によるやや皮肉めいた概念的定義がなされる．しかしたとえば**キャッテル**（Cattell, R. B.）[8] とホーン（Horn, J. L.）は，このようにして**流動性知能**（fluid intelligence; Gf，既有知識によらないで新しい問題を解決する発見的問題解決能力）と**結晶性知能**（crystelized intelligence; Gc，経験によって獲得された知識を用いた問題解決能力）という，今日よく用いられる2因子モデルを発見した[9]．

今日の知能検査は，主としてこのビネー式知能検査のようにさまざまな種類の知的課題を与え，その総計によって個人の知能発達水準のスコアを算出するという形をとる．**シュテルン**（Stern, W.）[10] は精神年齢が実際の**生活年齢**（chronological age；CA）と比べて高いか低いかがその人の知的発達をより的確に表すことになると考え，両者の比をもとに**知能指数**（intelligence quotient；IQ）という数値を考案した（IQ＝MA/CA×100）．これは生活年齢相当の知的発達を遂げている場合その値が100になるような数値である．この方法

[4] Spearman, C. E. 1904 General intelligence, objectively determined and measured. *American. Journal of Psychology*, 23, 187-200.

[5] ビネー（1857-1911）．p.48参照．

[6] たとえば3歳級なら「目，鼻，口を指し示す」「2個の数字を復唱する」など5問，12歳級なら「7数列の複唱」「記事に関する問題」など5問からなる．

[7] Boring, E.G. 1923 Test test it. *New Republic*, 6, 35.

[8] キャッテル（1905-1998）．p.76参照．

[9] 先に紹介したレイヴン・プログレッシブ・マトリクスは，流動性知能の測度として知られる．

[10] ヴィルヘルム・シュテルン（1871-1938）．ドイツ生まれ．アメリカに帰化．遺伝と環境が知能発達の両輪とする輻輳説，知能指数の基本原理，子どもの転導推理の概念などを提唱．

表45-1 代表的な知能検査と発達検査

個別式 知能検査	ウェクスラー式知能検査		
	WPSSI [i] (Wechsler Preschool and Primary Scale of Intelligence)	3歳10ヶ月〜7歳1ヶ月	言語性 動作性
	WISC-Ⅲ [ii] (Wechsler Intelligence Scale for Children)	5歳0ヶ月〜16歳11ヶ月	言語性 動作性
	WAIS-R [iii] (Wechsler Adult intelligence Scale)	16歳10ヶ月〜74歳11ヶ月	言語性 動作性
	K-ABC (Kaufman Assessment Battery for Children)	2歳6ヶ月〜12歳11ヶ月	継時処理 同時処理 達成
	田中ビネー知能検査Ⅴ	2歳〜成人	
集団式 知能検査	田中A式,B式知能検査 [iv]		
	京大NX$_{15}$-検査 [v]	高校・一般用	
	キャッテルC.F.知能テスト	中学3年〜成人	
	東大A-S知能検査	小学2年〜中学3年	
発達検査	Bayley Infant Scale of Development	0歳1ヶ月〜3歳6ヶ月	心的 運動 行動評定
	新版K式発達検査	0歳1ヶ月〜成人	
	遠城寺式乳幼児分析的発達検査	0歳0ヶ月〜4歳11ヶ月	運動 社会性 言語
	津守式乳幼児精神発達検査	0歳1ヶ月〜7歳	

[i] 「ウィプシィ」とよむ.日本では1969年版以降未改訂 [ii] 「ウィスク」とよむ.現行版はWISC-Ⅳ
[iii] 「ウェイス」とよむ.日本では2005年末日で販売終了 [iv] さまざまな種類が開発されている
[v] 他に幼稚園児から優秀成人まで全6種類

はアメリカの**ターマン**(Terman, L. M.)[11]によるスタンフォード・ビネー検査(1906年)で採用された.しかしこの方法によれば,青年期以降も精神年齢が生活年齢に比例するようなあらゆる年齢級のテスト課題を開発せねばならず,実態に合わない.そのかわりに対象集団の中の相対的な位置を平均値100,標準偏差が15となるような偏差値得点として表す**偏差IQ**(deviation IQ;DIQ)が一般的に用いられる.

一般に知能検査で測定された知能指数は,通常0.7−0.9の信頼性をもち,学業成績と0.4から0.6,社会経済的地位(SES)と0.35程度など,外部指標との有意な相関があることから,生態学的妥当性を有すると考えられている.行動遺伝学の研究から,IQの測定値に高い遺伝規定性が一貫して報告される一方で,この得点が先進諸国で世代ごとに5〜25点上昇する傾向(**フリン効果**, Flynn effect)も報告され,非遺伝的要素も関与することが指摘されている[12].

11) ターマン(1877-1956) p.18参照.

12) Flynn, J. R. 1987 Massive IQ gains in 14 nations: What IQ tests really measure.? *Psychological Bulletin*, 101 (2), 171-191.

Flynn, J. R., 1984 The mean IQ of Americans: massive gains 1932 to 1978. *Psychological Bulletin*, 95, 29-51.

表45-1に現在用いられる代表的な知能検査と発育検査を示した。ビネー式知能検査とともに世界的に広く用いられている個別式知能検査である**ウェクスラー式知能検査**（幼児用WPSSI，児童用WISC，成人用WAIS）[13]は，全IQの他に言語性IQと動作性IQが算出され，臨床診断用としても用いられる。またカウフマン夫妻（Kaufman, A. S. & Kaufman, N. L.）[14]は**ルリア**（Lurija, A. R.）[15]の神経生理学的知能理論から知能が情報の継時処理と同時処理から構成されるという概念モデルのもとで，**K-ABC**（Kaufman Assessment Battery for Children）を開発した。わが国では，ビネー式知能検査をいちはやく翻案した鈴木ビネー式知能検査と田中ビネー式知能検査が開発され，特に後者は近年も改訂版が出されている。

以上はテスターが1人ひとりと面接しながら検査する個別式検査であるのに対し，一度に大勢の調査を行うために集団式検査が開発された。歴史的には，20世紀の初め，アメリカの軍隊の選抜試験として大量に行う必要が生じたとき，ゴダード（Goddard, H. H.）やターマンらによってα式知能検査と呼ばれる言語性の知能検査が作られた。のちに英語を母国語としない兵士のために，非言語性のβ式検査が開発された。日本で用いられる田中A式，B式知能検査という命名は，これに準ずるものである。言語によらない検査の中でも特に言語が運ぶ文化的知識に依存しにくいと考えられるものを**カルチャー・フリー検査**（culture-free test）という[16]。

年齢が低い子どもの知的能力の発育を測定するための検査用具も数多く開発されている[17]が，測定された測定値が後の知能と同じ構成概念を測っているかが問題となるため，知能指数とは異なる**発達指数**（Developmental Quotient；DQ）と名づけられることがしばしばある。しかし両者を同等のものとしてよいとの報告もあり，区別して用いられないことも少なくない。　〔安藤寿康〕

13）ウェクスラーがヴェルヴュー病院で臨床用に開発したことから，ウェクスラー＝ヴェルヴュー式検査法とも呼ばれる。

14）Kaufman,A.S. and Kaufman, N.L. 1987 *Kaufman Assessment Battery for Children.* Circle Pines, MI: American Guidance Services.

15）ルリア（1902-77）。ロシア，旧ソ連の心理学者。第二次大戦の戦傷者の失語症研究等から力動的局在論を主張。

16）**カルチャー・フェア検査**（culture fair test）ともいう。レイヴン・プログレッシブ・マトリクス（図45-1）やキャッテルC.F.検査などがある。

17）ゲゼル式発達診断法，Bayley Scales of Infant Development, Denver II, 遠城寺式乳幼児分析的発達検査，など。

【参考文献】
ウォールマン, B.B.（杉原 一昭訳）1995　知能心理学ハンドブック　第1編〜第3編　田研出版

VI-46 社会的かしこさ
social wisdom

「社会的かしこさ」とは何か

パーソナリティの個人差を表すことばの中に「かしこい（wise）」や「かしこさ（wisdom）」がある．人間の基本的な心の働きは，「知」・「情」・「意」の3つ，すなわち知性（intellect）と感情（affection）と意志（volition）であり，パーソナリティの個人差もこの3つのそれぞれにおいて見られるものである．「かしこさ」は，一般的には，主として知性の働きと考えられている．では，**社会的かしこさ**（social wisdom）についてはどうであろうか．社会的かしこさを構成するものは，単に知性の働きだけではなさそうである．

わが国で社会的かしこさの考え方を最初に提唱したのは，**木下冨雄**であり[1]，木下が編集した『別冊発達2　現代かしこさ考』(1984) は，教育学・心理学・社会学・経済学・動物学などさまざまな分野から「かしこさ」の概念について検討したものである．木下は同書の「編集にあたって」の中で，「かしこさに関係する概念として，これまでは「知能」ということばがしばしば用いられてきた．知能の概念にも不確かなところがあり定義も十分とはいえないが，それでも心理学の中では，一応嫡出子として認知されている．測定についてもさまざまな方法が工夫され，標準化も試みられている．しかしながら，知能＝かしこさかというと，決してそうでない」と述べ，知能とは別の「世の中を生き抜く」能力としてのかしこさを考えなければならないとしている．その後，木下は「社会的かしこさ」の語を主として用い，日本性格心理学会第7回大会（1998年）では「IQから社会的かしこさへ」という講演を行っている．

[1] 木下冨雄・京都大学名誉教授は，京都大学教養部長，同総合人間学部長，甲子園大学学長を歴任する社会心理学者．社会的かしこさについては，次の文献を参照．
　木下冨雄　1984　別冊発達2　現代かしこさ考　ミネルヴァ書房

社会的知能から情動的知能へ

社会的かしこさの考え方は，1920年代にアメリカの教育心理学者ソーンダイク (Thorndike, E.L.)[2] が提唱した「老若男女にかかわらず，人を理解し動かす能力，つまり，人間関係において賢明にふるまう能力」としての**社会的知能** (social intelligence) の概念にそのひとつの淵源を求めることができる．人間の能力は，学校や職場で「よい成績」を上げるために必要な記憶，計算，推理，問題解決などの情報処理能力（技術的知能）だけでなく，家庭や職場において円滑で良好な人間関係を築きそれを維持する対人関係能力（社会的知能）も重要であり，そのことは心理学でも古くから主張されてきたのである．技術的知能では，能力の「パワー」や「スピード」の側面が重要であるのに対し，社会的知能では能力の「コントロール」の側面が大切となる．

最近では，アメリカの心理学者**サロヴェイ** (Salovey, P.) と**メイヤー** (Mayer, J. D.) らが1990年代初頭から研究を行ってきた**情動的知能** (emotional intelligence) という概念に，社会的かしこさと同じ考え方を見ることができる[3]．情動とは，感情 (feeling, affection) の下位概念のひとつであり，「喜び」「悲しみ」「怒り」「憎しみ」「恐怖」など，一過的に生ずる，動的で身体に表出されやすい激しいものをいう．それに対し，気分 (mood) や情操 (sentiment) は，より穏やかで緩やかな感情とされる．サロヴェイとメイヤーは，情動的知能を，(1) パーソナリティを構成するひとつの側面であり，(2) 知能指数（IQ）で測定される知能とは明確に区分され，(3) 社会的知能の諸側面の中で実際に測定可能な部分と位置づけた．そして，情動的知能の構成要素として，① 情動に注意を向け察知する情動知覚，② 情動が認知され名づけられる情動統合，③ 情動を意味づけ相互に関連づける情動理解，④ 情動に対して柔軟に対応する情動管理の4つに分類した．

EQとマシュマロテスト

サロヴェイとメイヤーの情動的知能の考え方を多少通俗化して広く大衆に普及させたのが，アメリカの科学ジャーナリ

[2] エドワード・リー・ソーンダイク (1874-1949) はハーヴァード大学で修士号，コロンビア大学で博士号取得後，コロンビア大学に勤務．動物の学習過程の研究から，試行錯誤 (trial and error) や練習の法則 (law of exercise) などの概念を提唱した．

[3] ピーター・サロヴェイとジョン・メイヤーは，情動的知能に関する研究を精力的に行ってきた．次の文献を参照．
Bar-On, R., & Parker, D.A. (Eds.) 2000 *The handbook of emotional intelligence*. San Francisco, CA: Jossey-Bass.
Ciarrochi, J., Forgas, J.P., & Mayer, J. D. (Eds.) 2001 *Emotional intelligence in Everyday life*. Philadelphia, PA: Psychology Press.

ストの**ゴールマン**（Goleman, D.）であり，1995年に発表された『EQ：こころの知能指数』は，全米はもちろん，多くの国でベストセラーとなった[4]．アメリカの週刊雑誌『タイム』は，ゴールマン自身が本の中で使っていない"EQ"ということばを作り上げてこの本を大々的に喧伝し，その結果**EQ**は一気に市民権を得ることとなった．

ゴールマンの1995年の本の原題は『情動的知能：何故IQより重要か』であり，知能は高いのに学校，家庭，会社などの場面で社会的に成功できない人の問題として，いわゆる「キレやすい」パーソナリティ，あるいは「情動のハイジャック」と表現される情動コントロールの失敗を強調した．

ゴールマンが世に知らしめたもうひとつの心理学研究の成果に，いわゆる**マシュマロ・テスト**（marshmallow test）がある．たとえば，幼稚園児に対して，「今から，1人でここで待っていてもらいます．私が戻ってくるまで待っていられたら，ごほうびにマシュマロを2つあげます．待てないときは，ここにあるマシュマロを食べてもいいけれど，1つしかありませんよ」などと言ってその場を離れ，幼児がどういう行動をとるかを隣室から観察するのである．「今すぐ食べたい」という自分の気持ちを抑えることは，情動コントロールの一種である．

これは実は，アメリカの心理学者**ミッシェル**（Mischel, M.）らがはじめた**満足の遅延**（delay of gratification）と呼ばれる実験の手続きである．ミッシェルらの研究によれば，対象児の年齢および知能指数が高いほど満足の遅延（直後の小報酬よりも遅延後の大報酬を選択すること）が生じやすいこと，10年ほど後に追跡調査を行った縦断的研究によると，4～5歳のときに満足を遅延できる時間が長かった子どもは，男女とも，青年期に達したとき，その子の親によるパーソナリティ評定において，「学業面・社会性の面で有能で，ことばは流暢，理性的で注意深く，計画性があり，フラストレーションやストレスの忍耐性が高い」と判断されたのである[5]．

社会的かしこさを得るには

幼児期に社会的かしこさの大部分が決まってしまうことを示唆するような前述のミッシェルらの研究結果が妥当である

4）ダニエル・ゴールマンは，ハーヴァード大学の大学院で心理学の博士号を取得後，『サイコロジー・トゥデイ』などで編集の仕事に従事．いわゆるEQについては，次の文献を参照．
Goleman, D. 1995 *Emotional intelligence: Why it can matter more than IQ*. Bantam Books.〔土屋京子訳 1996 EQ：こころの知能指数 講談社〕

5）ウォルター・ミッシェル（1930-）は，オハイオ州立大学で博士号取得，コロンビア大学教授．満足の遅延の縦断的発達研究については，次の文献を参照．
Mischel, W., Shoda, Y., & Peake, P. K. 1988 The nature of adolescent competencies predicted by preschool delay of gratification. *Journal of Personality and Social Psychology*, 54, 687-696.

かどうかは，さらなる検討を要することである．ここではむしろ，社会的かしこさを得るためにはどうすればよいかについての議論を見ることにしたい．

アメリカの心理学者で知能研究の泰斗スタンバーグ (Sternberg, R. J.)[6] は，自身の30年ほどの知能研究の個人史を振り返って，分析的知能（analytical intelligence）の研究からスタートし，実際的知能（practical intelligence），創造的知能（creative intelligence）へと進み，そして，成功する知能（successful intelligence）とは何かを考えるに至り，その到達点として「かしこさとは何か」を現在検討しているところであると述べている．

スタンバーグによれば，成功する知能とは，「(1) 分析的知能，創造的知能，実際的知能の三者のバランスを通じて，(2) 自身の強みを認識しそこに投資すること，および，自身の弱みを認識しそれを克服または代償する方策を考えることによって，(3) 社会・文化的文脈の中で，環境に適応し，環境を形成し，環境を選択できるようにはかり，人生において成功する能力」と定義される．

スタンバーグは，2002年に『頭のいい人が何故そんなに愚かになれるのか』という本を書いた．アメリカではエンロン，ワールドコム，アーサーアンダーセンといった超一流エリートを集めたはずのグローバル企業が簿外取引，違法株取引，巨額債務，粉飾決算などのモラルハザードを起こして次々と破綻した（日本でも，同様のことが起こっている）．それは，「世界は我がもの」という自己中心的誤謬，「自分は何でも知っている」という全知の誤謬，「自分は望みのことを何でもできる」という全能の誤謬，「自分の考えは他の人間には分からないし，分かったとしても自分には勝てない」とする無敗の誤謬などから免れないことにより起こる，とスタンバーグは言う．社会的かしこさは，これらの誤謬から自身を解放する道を探ることによってはじめて達成されるのである．

〔子安増生〕

6) ロバート・J・スタンバーグ（1949- ）は，イエール大学卒，スタンフォード大学で博士号取得，現在イエール大学教授．ここでは，2003年にウィーンで開催された The 8th European Congress of Psycho-logy でのスタンバーグの基調講演「頭のいい人が何故そんなに愚かなことができるのか：かしこさ，学校，および社会」，ならびに，次の文献を参照した．
Sternberg, R.J. 1996 *Successful intelligence*. New York: Simon & Schuster.
Sternberg, R. (Ed.) 2002 *Why smart people can be so stupid*. New Haven, CT: Yale University Press.

【参考文献】

ゴールマン，D.（土屋京子訳）1996　こころの知能指数　講談社

VI-47
創造的パーソナリティ
creative personality

創造性の定義

創造的パーソナリティ（creative personality）ということについて語る前に，**創造性**（creativity）とは何かがまず明らかにされねばならない．しかし，創造性を定義したり測定したりすることは，必ずしも容易ではない．

たとえば，代表的国語辞典である岩波書店『広辞苑』の見出し項目には，「創造」はあるが「創造性」はない．講談社『日本語大辞典』も同様である．他方，英語の「クリエイティヴィティ」は，辞典収録語となっている．たとえば，ロングマン『現代アメリカ英語辞典』には，クリエイティヴィティは「想像力を用いて，新しいアイディアを産み出したり利用したり，事物を作り出したりするなどの能力」と定義されている[1]．しかし，この定義は，**ウェルトハイマー**（Wertheimer, M.）[2] が提唱した**生産的思考**（productive thinking）の概念に近い．すなわち，何かを模倣したり，記憶していることを再現したり，既存の知識を活用したりするだけの思考を再生産的思考（reproductive thinking）と呼ぶのに対し，新たな知識を産み出すような思考を生産的思考というのである．

しかしながら，創造性は生産的思考と同義ではない．生産的思考によって産み出されたものが社会の価値基準に照らして意義あるものと認められたときにはじめて，そのものは創造性の産物と見なされるのである．たとえば，**ガリレオ・ガリレイ**（Galilei, G.）[3] が1632年に地動説的宇宙論を述べた『天文対話』を発表したとき，彼の創造性は賞賛されるどころか，カトリック教会からは異端の説として糾弾された．

1) 原文は "the ability to use your imagination to produce or use new ideas, make things etc." である．

2) マックス・ウェルトハイマー（1880-1943）はチェコに生まれ，ドイツ，アメリカで活躍した心理学者．生産的思考については，下記の著書がある．
Wertheimer, M. 1945 *Productive Thinking.* New York: Harper.〔矢田部達郎訳 1952 生産的思考 岩波現代叢書〕

3) ガリレオ・ガリレイ（1564-1642）．イタリアの天文学者・物理学者．

創造性の測定・評価

1981年にホスヴァー (Hocevar, D.)⁴⁾ は，創造性研究のレヴューを行い，創造性の測定・評価法として，① 拡散的思考検査，② 態度・興味インヴェントリー（調査目録法），③ パーソナリティ・インヴェントリー，④ 伝記インヴェントリー，⑤ 教師による評価，⑥ 仲間・同僚による評価，⑦ 上司による評価，⑧ 作品・製造物の評価，⑨ 卓越した人物の評価，⑩ 創造的活動・達成に関する自己報告の評価，の10種をあげている．この分類には，創造性の内容（①，②，③），創造性を評価する資料（④，⑧，⑨，⑩），創造性の評価者（⑤，⑥，⑦）の3つの要因が含まれている．

まず，「創造性の内容」については，**拡散的思考**（divergent thinking）が創造性を構成する重要な要素のひとつと考えられてきた．いくつかの前提条件から論理的に正しい唯一の答を導出する思考法を**収束的思考**（convergent thinking）というのに対し，たとえば「新聞紙の用途を多種類あげよ」などのように，ある前提条件から1つに限らないさまざまな答の可能性を探索する思考法を拡散的思考という．

次に，創造性の高い人はどんなパーソナリティの持ち主かということが研究されてきた．創造性の高い人へのインタビューや伝記研究などからは，たとえば，「知的好奇心が強い」「失敗を恐れず積極的にチャレンジする」「権威や因習にとらわれない」「努力を楽しむ才能をもっている」などのパーソナリティ特性が重要であることが指摘されている．

一例として，アメリカの物理学者**ファインマン**（Feynman, R. P.）の名をあげておこう．量子電磁力学の研究で朝永振一郎とともに1965年のノーベル賞を受賞した著名な物理学者であり，『ファインマン物理学』という定評ある教科書を書いた教育者でありながら，その自伝⁵⁾がベスト・セラーになった．ドラムの演奏をしたり，絵の個展を開いたりと才人ぶりを発揮しただけでなく，権威主義が大嫌いでいたずら好きなパーソナリティの持ち主としても知られている．

次に，「創造性を評価する資料」としては，創造的活動をした人の思想・理論体系，著書，作品，発明品，製造物など

4) Hocevar, D. 1981 Measurement of creativity: Review and critique. *Journal of Personality Assessment*, 45, 450-464.

5) リチャード・フィリップス・ファインマン（1918-1988）の下記のエッセイは，全米でベストセラーになり，世界各国で翻訳されている．
Feynman, R. 1985 *Surely you're joking, Mr. Feynman!: Adventures of a curious character.* W. W. Norton & Company.〔大貫昌子訳 1986 「ご冗談でしょう，ファインマンさん」：ノーベル賞物理学者の自伝Ⅰ・Ⅱ 岩波書店〕

に直接あたることが不可欠であるほか,自伝や伝記などが重要となる.最近では,その人の演説,講演,演技,インタビューなどを記録した映像資料も評価の基礎とされる.

さらに,誰が「創造性の評価者」となるかという問題がある.近代の創造的活動の特徴は,自身は直接創造的活動に従事しないが,その分野に造詣と見識があり,文章による評価を生業とする批評家,評論家,ジャーナリストなどの職業が成立したことである.まず,詩・小説・戯曲など文芸の分野において,実作者と批評家が分かれていった.今では,政治,経済,教育,医療,音楽,美術,建築,スポーツなど,さまざまな分野で批評,評論,ジャーナリズムが成立している.

しかし,学術特に科学の分野では,少しおもむきが異なっている.もちろん,科学の分野でも批評,評論,ジャーナリズムはあるが,科学研究や科学論文の価値判断は,同業者評価あるいは**ピア・レヴュー**(peer-review)にゆだねられている.これは,高度の科学研究は,その種の研究に実際に従事している者でないと正当な評価はできない,という考え方によるものである.学会誌での論文の採否の決定はピア・レヴューによるものであり,ノーベル賞のような科学賞も,基本的には同業者評価に基づいて受賞者が決定されている.

創造性的パーソナリティの二面性

創造的パーソナリティの研究からは,「創造性の高い人にはこれこれのパーソナリティ特性の持ち主が多い」といった明確な結論を引き出すことは,難しいようである.むしろ,創造性が高い人の中に,一見相矛盾したパーソナリティ特性が共存する場合が少なくない,という結果が示されている[6].たとえば,「精力的な―穏やかな」「分別のある―純真な」「外向的な―内向的な」「伝統的な―革新的な」「情熱的な―冷静な」などの形容語対は,ふつうは正反対のパーソナリティ特性であり,個人はその二項対立軸のどこかに位置づけられ,1人の人間の中に両極の特性が共存する可能性は少ないはずであるが,創造的な人では共存可能であり,いわば二面性が見られるという.そのような矛盾する性格特性の共存の典型例として,次に「夢想的(fantastic)」―「現実的(realis-

6) チクセントミハイの下記の文献を参照.
Csikszentmihalyi, M. 1997 *Creativity: Flow and the psychology of discovery and invention.* HarperCollins.

tic)」という軸を取り上げよう．

創造的活動における妄想と検証

　創造的活動は，それまで誰もやっていなかったことをするわけであるから，最初のうち周りの人からは，ありもしないもの，できもしないことを考える夢想家のように扱われがちである．もちろん，最初から最後まで夢想家で終わってしまう人も少なくない．しかし，創造的な人とは，夢想を現実に移す力をもった人なのである．

　たとえば，ドイツの考古学者**シュリーマン**（Schliemann, H.)[7]は，少年時代に聞いたり読んだりしたホメロスの物語から，古代ギリシャとの戦争で滅ぼされたというトロイの都の実在を信じ，その発掘を夢想する．しかし，彼の前半生はひたすら実業家として成功し，発掘資金を貯めるために費やされた．ようやく40代の後半になって（1871年頃），小アジアのダーダネルス海峡に近いヒッサルリクの丘（現トルコ共和国）でトロイ遺跡発掘の事業を開始することができたのである．古代遺跡発掘に対するロマンチックな情熱は，商人として鍛えた現実主義的思考と結びついたとき，考古学上の大発見として開花したといえよう．

　このように，創造的活動は，最初は自分自身にもどうなるのか分からない夢想として始まることが少なくない．それは，場合によっては「妄想」とさえ映るかもしれない．ふつうの人間も妄想は抱くが，すぐに馬鹿馬鹿しくなって，そんな考えは捨ててしまう．しかし，創造的パーソナリティの持ち主は，妄想を抱き続けると同時に，それを「検証」することができる．建築家は，まだ何もない空間に建物が完成した姿を想像すると同時に，本当にその建築物が建つのかどうか，構造計算によって検証しなければならない．たとえば，スペイン・バルセロナのサグラダ・ファミリア教会は，1883年から建てはじめられ，21世紀になっても建設が続けられているが，建築家**ガウディ**（Gaudi, A.)[8]自身の緻密な構造計算による検証がその基礎にあるのである．　　　〔子安増生〕

7) ハインリッヒ・シュリーマン（1822-1890）
　Schliemann, H. *Selbstbiographie bis seinem: Tode Vervollständigt.* 〔村田数之亮訳　1954　古代への情熱：シュリーマン自伝　岩波文庫〕

8) アントニ・ガウディ（1852-1926）．スペイン・カタルニア地方の建築家．
　外尾悦郎　2006　ガウディの伝言　光文社新書

【参考文献】
茂木健一郎　2005　脳と創造性　PHP研究所

VI-48 動物の知能
animal intelligence

動物の個体差と個性

本書に**動物の知能**（animal intelligence）という項目があることを，一見奇異に思う読者もいるだろう．「パーソナリティ」も「人格」も，基本的に人間のことについていうことばであり，動物には適さないものだからである．しかし，動物の進化のプロセスの研究が人間とは何かを考える上で多くの示唆を与えてきたのであり，その意味において，人間の個性とは何かを考える場合に，動物の個性を考えることが重要となる．そのときに，動物が環境にどのようにして適応しているか，特に知能というものが動物の適応の基盤としてどのような役割を果たしているかを考えることが大切となる．

生物は，植物であれ，動物であれ，**個体差**（individual difference）というものがある．生物をかたちづくる組織や器官の形態や，その機能の特徴のことを，生物学では**形質**（character）という．そして，個体ごとに異なる形質の差を個体差という．ところで，この形質ということばにあたる英語の「キャラクター」は，実は「性格」とまったく同じものである．人間の場合に「十人十色」というのと同じく，同一種の複数の個体を見れば，そこには必ず個体差が感じ取られ，ある個体に注目すれば，**個性**（individuality）を感ずることができる．そのことが，さまざまな動物をペット（コンパニオン・アニマル）として飼う理由のひとつでもある．動物をペットにする人にとって，動物の顔かたちや体つきの個体差は重要であるが，行動様式の個体差も無視できないものであろう．この行動様式の個体差を支えるものが知能である．このことを動物の適応様式の進化という観点から考えよう．

適応様式の5つの型

動物の適応様式に「走性」「反射」「本能」「学習」「知能」の5種類があることは，高等学校の「生物」でも習う[1]．この適応様式の5つの型は，動物の行動，ひいては動物の個性を考える上で重要であるので，以下に少し詳しく説明する．考察のポイントは，刺激や状況の変化に対し，どれだけ柔軟に行動が変化しうるかである．

走性（taxis）：動物が外界の刺激に対して一定の方向性をもった身体全体の運動をする現象を走性という[3]．走性は，「±走□性」という形式で表すことができる．□は，走性を生じさせる刺激の種類を意味する．具体的には，「光」「電（電気）」「地（重力）」「化（化学物質）」「流（水流）」「湿」「風」「音」などが入る．また，＋記号は刺激に向かうこと，－記号は刺激から遠ざかることを示す．漁火や誘蛾灯は，「＋走光性」を利用して夜に魚を捕まえたり蛾を集めて退治したりするものである．逆に，ミミズは「－走光性」を示し，明るいところより暗いところに向かう．走性は，ゾウリムシのような単細胞動物から，無脊椎動物，脊椎動物の魚類あたりまで見られる，もっとも単純な適応パターンである．

反射（reflex）：刺激に対して，意識とは無関係に機械的，規則的に生じる筋肉または腺の活動を反射という．反射は，刺激に対する自動的反応であることは走性と同じだが，身体全体でなく，身体の一部の反応である．そのため，身体の部分というものがない単細胞動物では，定義上反射というものは見られない．新生児期から乳児期の生後6ヶ月頃までは，お乳を吸うときの吸啜反射などの原始反射が重要な適応機能を担っている．大人の場合でも，瞳孔反射，まばたき反射，ひっこめ反射，膝蓋腱反射など，緊急時の適応手段としての反射の役割は無視できない．ロシアの生理学者**パヴロフ**（Pavlov, I. P.）[4]の条件反射学は，反射を基礎とする，動物の学習過程を明らかにした．

本能（instinct）：動物が示す種に固有の生得的な行動パターンを本能という．**ファーブル**（Fabre, J.-H.）[5]の『昆虫記』全10巻は，副題が「昆虫の本能と習性についての研究」

1）この5大分類は，アメリカの昆虫学者ヴィンセント・デシーア（Dethier, V.G.: 1915-）とアメリカの行動神経科学者エリオット・ステラー（Stellar, E.: 1919-1993）の『動物の行動』という本[2]に由来する．

2）Dethier, V. G. & Stellar, E. 1961 *Animal behavior*. Englewood Cliffs, NJ: Prentice-Hall.〔日高敏高訳 1962 動物の行動（現代生物学入門7）岩波書店〕

3）植物では，同様の現象のことを屈性（tropism）と呼ぶ．たとえば，光の方向に葉が伸びていけば屈光性，重力の方向に根が伸びていけば屈地性である．

4）パヴロフ（1849-1936）．p.60参照．

5）ジャン＝アンリ・ファーブル（1813-1915）．フランスの昆虫学者．

となっている．そのファーブルが残したことばの中に「本能のもの知り」と「本能のもの知らず」というものがある．すなわち，本能の多くは巧緻な行動であり，その場面にぴったりとあっているときは，実にすばらしいものに見える．しかし，人為的に状況を変えてやると，そのすばらしいはずの行動が，必要もないのに生ずる間の抜けた真空行動に終わってしまう．

学習（learning）：経験による比較的永続的な動物の行動変容を学習という．すなわち，経験によらない生得的，本能的な行動や，比較的永続的でない疲労，興奮，薬物などの影響による行動の変容は学習とは言わない．この広義の定義では，多くの動物が学習を行うとされる．ミミズのような中枢神経をもたない動物でも，T字迷路の学習ができるとされる（たとえば右に曲がるとミミズの好きな暗い湿った部屋，左に曲がると刺激の強い液体の入った部屋を用意し，右に曲がる確率が試行回数に比例して高まることを調べる）．しかし，学習の早さ，確実性，巧緻性は，種差や個体差がある．

知能（intelligence）：適応様式のもっとも洗練されたものが知能である．かつて，自然界における人間の独自性と優位性を主張する思想家たちは，言語を話し，道具を使用し，抽象的思考力を有する人間のみが知能（あるいは理性）をもつと考えた．しかし，現在では「動物の知能」の存在を肯定する立場が一般的であろう．そのきっかけのひとつは，ドイツの心理学者**ケーラー**（Köhler, W.）[6]がアフリカ沖のテネリフェ島でチンパンジーの問題解決行動を実験的に観察し，1917年に『類人猿の知恵試験』を公刊したことである．たとえば，手の届かない高い位置につるされたバナナをとろうとして，チンパンジーは木箱を積み上げ，よじ登ってとることができた．これは，チンパンジーも道具の使用が可能であると同時に，**洞察**（insight）による問題解決を行うことを示したものである．

動物の知能とパーソナリティ

走性，反射，本能，学習，知能のうち，最初の3つは，反応の自動性が高い．すなわち，ある刺激が与えられたり，あ

[6] ヴォルフガング・ケーラー（1887-1967）は，エストニア生まれ，ベルリン大学卒．『類人猿の知恵試験』は，下記の訳がある．
　Köhler, W., 1917 Intelligenzprüfungen an Menschenaffen. Springer.〔宮孝一訳 1962 類人猿の知恵試験　岩波書店〕

る状況におかれたりすれば，それに対応する行動が自動的に生起する．たとえば，熱いものに触ったときに手をひっこめる反射は，性格がおっとりしていようと，せっかちであろうと，反射を支配する脊髄の反射回路が障害されていない限り必ず生ずるものである．したがって，パーソナリティの個体差が生ずるのは，特に学習と知能の2つにおいてである．

最近のチンパンジーの比較認知研究は，チンパンジーたちが高い学習能力と知能をもっているだけでなく，その個性も多様であることを示している[7]．チンパンジーは，シロアリを食べるために棒で釣ったり，硬い木の実を平たい石の上に置いて別の石で割ったりするなど，道具の使用が可能である．チンパンジーの子どもは，大人のそのような行動を観察し，模倣によって学習する．しかし，その学習のスピードや獲得された行動の巧緻性には，個体差が見られる．

知能には，道具の使用に代表される**技術的知能**（technical intelligence）の外に，集団生活を円滑におくるために必要な**社会的知能**（social intelligence）と呼ばれるものがある[8]．親が子どもを育てたり，年老いた個体にエサを分け与えていたわったりするような向社会的行動（prosocial behavior）は，チンパンジーの社会でもよく見られる．それだけではない．集団生活の中で必ず生ずる強者と弱者の関係は，他者とのかけひきやあざむきなどの行動を生じさせる．チンパンジーの雄は群れの中での順位があり，順位の低いチンパンジーは連合して強いチンパンジーに対抗する．あるいは，エサを見つけても，上位のチンパンジーがそばにいれば知らんぷりをしてやりすごしたり，仲間を出し抜いて自分だけがエサにありつこうとしたりする．現在では，動物はこのような社会的知能を発達させるために，脳を進化させてきたのではないかとすら言われている．このことは，人間のパーソナリティにおいて，対人的能力の個人差が重要な要素を占めるということを考える上でも，重要な観点である．　　　　〔子安増生〕

7) たとえば，下記の本を参照．
　松沢哲郎　2000　チンパンジーの心　岩波書店

8) 社会的知能についての詳しい説明は，「VI-46　社会的かしこさ」の項を参照．

【参考文献】
デシーア，V. G. & ステラー，E.（日高敏隆訳）1962　動物の行動　岩波書店．

VI-49

機械の知能

machine intelligence

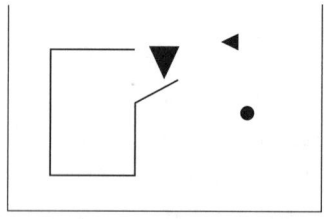

図49-1 ハイダーとジンメルの研究で用いられた場面例（Heider & Simmel, 1944）[2]

機械に感ずる心

「こいつとは，長いつきあいでね．どこに行くにも一緒だったよ．若い頃は元気一杯でタフなやつだったが，さすがに寄る年波には勝てないな．近頃は，思うように体が動かないときもある．でも，もうしばらくは頑張ってほしいね．」

これは，人間のことだけではなく，機械を「擬人化」した発言であっても成立する．たとえば，「こいつ」が愛車であったり，愛用のカメラであったりしてもよいわけである．このように私たちは，人間や動物だけでなく，植物，あるいは無生物にまで「心」の存在やその働きを感じる傾向がある．

オーストリア出身のアメリカの心理学者**ハイダー**(Heider, F.)[1]は，図49-1のような円，三角，四角の幾何図形が登場する映画を見せ，シンプルな図形のごくシンプルなアニメーションだけでも，たとえばある家（四角）で起こった男女（円，三角）の愛情のもつれのドラマを感じたりすることを示した[2]．

擬人化を意味する英語 "anthropomorphism" はギリシャ語が語源で，「人」を意味する "*ánthrōpos*" と「形」を意味する "*morphé*" からできあがったとされる．機械は，人の機能を増幅したり，代行したりするために作られてきたものである．したがって，機能の上でも，形態の上でも，機械は人間にどこか似てくる．そのような機械に，何か「人間らしさ」あるいは「人間くささ」，そして時には「パーソナリティ」のようなものを感じるのは，自然の成り行きであろう．

機械に感ずる「パーソナリティ」

これまで，定義なしに「機械」ということばを使ってきた

1）フリッツ・ハイダー（1896-1988）．オーストリア生まれ．アメリカで活躍．対人関係のダイナミックスを研究し，帰属理論とバランス理論という2つの重要な理論を提唱した．

2）Heider, F. & Simmel, M. 1944 An experimental study of apparent behavior. *American Journal of Psychology*, 57, 243-259.

が，「機械」は「道具」とは異なる．道具とは，人間の身体の働きを直接的に増幅または代行するものとして用いられる比較的単純な仕組みのものをいう．たとえば，カナヅチは手の「叩く」という機能を，メガネは目が「見る」ときのピント調節機能を増幅あるいは代行する．これに対して，機械は，人間の身体の働きを増幅または代行すること自体は同じであるが，機械自身に複雑なメカニズムが埋め込まれ，増幅または代行の仕方は，道具に比べるとより間接的である．たとえば，布を糸で「縫う」という作業を例にとれば，布を手で縫うために必要な針やはさみなどは「裁縫道具」と呼ばれるが，それを複雑な機械にしたものは「ミシン」である．ミシンということばは，実は英語の"sewing machine"，つまり「裁縫機械」の後ろの「マシン」がなまったものである．

道具の場合でも，デザインが他と異なると道具に「個性」を感じたり，あるいは長く使っていると「愛着」が湧いたりすることがあるが，機械の場合は，それを動かす人間の意志とは独立に，機械自身で自律的に動く部分があるので，「素直で性格がよい」だとか「いつも機嫌が悪い」など，人間のパーソナリティに類するものを機械に感じたとしても，決して不思議なことではない．まして，その機械が人間にはできない知的な機能を果たすものであればなおさらである．

「時計のように正確に」

人間が日々の生活をおくる上で古くから慣れ親しんできた機械のひとつに**時計**がある．機械としての時計が市民生活に普及し始めたのは14世紀のヨーロッパであるとされる．その頃の時計は，大がかりな仕掛けのものなので，個人の持ち物というよりも，主として教会，あるいは市庁舎・裁判所などの公共的施設の塔や外壁の大時計として設置された．人々は，教会の時鐘(じしょう)の音を聞いて時刻を知ったのである．その後，コロンブス（Columbus, C.）[3]の西インド諸島就航などに代表される15世紀以後の大航海時代に，船の航行のために正確に時を刻む時計が必要とされ，時計は持ち運び可能でより精密な機械に改良されていった．

その結果，時計は正確さの代名詞になった．英語で"like

3) クリストファー・コロンブス（1451-1506）．イタリア出身の航海者．イタリア名は，クリストフォロ・コロンボ．1492年に西インド諸島に到達し，「新大陸発見」とされた．

a clock"あるいは"like clockwork"といえば「時計のように正確」という意味になる．しかし，人間はいつも時計のように正確というわけにはいかないから，時計のような正確さを求められることは，むしろ非人間的ですらある．イギリスの小説家アンソニー・バージェス（Burgess, A.）の1962年刊行の小説『時計じかけのオレンジ（A clockwork orange）』[4]は，近未来社会における暴力の管理の問題を描いたが，タイトルの「オレンジ」は切れば血も出る生身の人間を，「時計」は機械的で非人間的な管理を象徴している．

知能をもつ機械＝コンピュータ

さて，人間にとって，長い期間にわたり時計が代表的な機械であったとしても，現代人の多くは「時計に知能がある」とは感じていないだろう．時計は，毎日決まりきった動作をしているにすぎないからである．その意味で，20世紀中葉に登場した**コンピュータ**は，それまでにない全く新しい機械であった．それこそが，真に「知能をもつ機械」であった．

コンピュータは，第二次大戦中に軍事技術として開発された．世界最初のコンピュータは，イギリスの数学者**チューリング**（Turing, A. M.）[5]がドイツ軍の暗号（エニグマ）を解読するために1944年に開発したコロサスであるとも，アメリカ陸軍が大砲などの弾道計算のためにペンシルヴァニア大学の**モークリー**（Mauchly, J. W.）[6]および**エッカート**（Eckert, J.P.）[7]と共同開発し，1946年に完成したエニアック（ENIAC）であるとも言われている．それ以来，60年ほどが経過し，コンピュータは著しい進歩を遂げた．

特に，1997年にチェスの世界チャンピオンの**カスパロフ**（Каспаров, Г. К.）[8]が，IBMのコンピュータ「ディープブルー」と6局対戦し，1勝2敗3引分で敗れたというニュースは衝撃的であった．カスパロフは，旧ソ連のアゼルバイジャン共和国で生まれ，幼少時から天才のほまれ高く，22歳で世界チャンピオンになり，以後はチェス界に君臨し続けた．その天才がコンピュータに破れたのである．カスパロフは，ディープブルーの読みの深さに圧倒されただけでなく，一局ごとに棋風が変わることに翻弄されたという．棋風とは，指し手の

4）ジョン・アンソニー・バージェス（1917-1993）．この小説は，スタンリー・キューブリック監督により同タイトルで映画化され（1971年），話題を呼んだ．近未来社会を舞台に，衝動的な暴力とセックスに明け暮れる不良少年グループのアレックスが，殺人沙汰の果てに，仲間に裏切られて投獄され，その攻撃的性格を矯正する治療の実験台になり，彼本来のパーソナリティを失ってしまう……というストーリー．映画は，心理検査や人格改造プログラムを受ける様子を描き，パーソナリティについて学ぶ教材にもなる．小説は，下記の翻訳が出ている．

バージェス，A.（乾信一郎訳）1977 時計じかけのオレンジ ハヤカワ文庫

5）アラン・マティソン・チューリング（1912-1954）．イギリスの数学者．コンピュータの原理「チューリング・マシン」を考えた．

6）ジョン・ウィリアム・モークリー（1907-1980）．アメリカの電子工学技術者．

7）ジョン・プレスパー・エッカート（1919-1995）．アメリカの技術

スタイルのことであり，まさにプレイヤー（棋士）のパーソナリティに他ならない．コンピュータの出現により，機械は高い知能だけでなく，多少の誇張を交えて言えば，パーソナリティをも身につけることが可能になったのである．

ロボットのパーソナリティ

コンピュータ技術の進歩は，さまざまなタイプの**ロボット**（robot）の開発への道を開いた．

2004年4月に経済産業省の製造産業局産業機械課は，「2025年の人間とロボットが共存する社会に向けて」という報告書を提出した[9]．ロボット開発は，2025年の時点で7兆2千億円規模の産業になることが予測されている．そこでは，ロボットの役割として，次のようなものが想定されている．

(1) 少子・高齢化社会に対応するロボット利用：① 労働力の確保（職場での業務効率化，在宅勤務の促進，女性や高齢者の就労支援），② 介護需要への対応（介護支援，自立・リハビリ支援，診察支援）．

(2) 安心・安全な社会を実現するロボット利用：① 防災・セキュリティ対策（消防活動支援，パトロール，テロ対策支援），② 医療サービス充実（遠隔医療支援，介護支援）．

(3) 便利・ゆとりを実現するロボット利用：① 自由時間の創出（職場の業務効率化，家事支援），② 自由時間の充実（コミュニケーションロボット，ロボットのカスタマイズ，ロボットを介した社会参加）．

このいずれにおいても，ロボットが人間の個性をどのように理解するか，およびロボットにどのようなパーソナリティを実装するかということが，中心的な問題となるだろう．

ロボット学者・森政弘教授の「不気味の谷」という考え方がある[10]．ロボットのデザインを人間に近づけていくと，あるところまでは快感情を与えるが，そこを越えると急に不気味に見えてしまう，というものである．この関係は，パーソナリティについてもあてはまるだろう．　　　〔子安増生〕

者．EMAC開発主任をつとめた．

8) ガルリ・キモビッチ・カスパロフ(1963-)．アゼルバイジャン生まれのチェスの世界チャンピオン．

9) 報告書全文は，経済産業省のホームページに掲載された．
http://www.meti.go.jp/kohosys/press/0005113/0/040402robot.pdf

10) 森政弘 (1929-)・東京工業大学名誉教授は，ロボット工学，創造工学の専門家．「不気味の谷」は，下記文献が初出．
森政弘 1970 不気味の谷 *Energy*, 7 (4), 33-35．

【参考文献】

子安増生　2000　心の理論　岩波書店

Ⅵ-50

知能の障害

mental deficiency and dementia

知情意とパーソナリティ

人間の心の働きは，夏目漱石の『草枕』（1906年）の有名な冒頭部「山路を登りながら，こう考えた．知に働けば角が立つ．情に棹（さお）させば流される．意地を通せば窮屈だ．とかくに人の世は住みにくい．」に代表されるように，昔から知・情・意の3つに分類できると考えられてきた．すなわち，**知性**（intellect）と**感情**（affection）と**意志**（volition）の3つは人間の基本的な心の働きであり，パーソナリティの個人差も，たとえば「知的な人」「感情豊かな人」「意志の強い人」のように，この3つのそれぞれにおいて見られる．

伝統的なパーソナリティの研究においては，知的機能よりも情意機能が中心的に取り扱われてきたと言ってもさしつかえない．すなわち，パーソナリティの核には，「快活である」「怒りっぽい」などの感情的側面，および，「我慢強い」「あきやすい」などの意志的側面からなる情意機能の個人差，すなわち個人ごとの**気質**（temperament）の違いがあるとされ，そのような気質の個人差が性格形成の基礎にあると考えられてきたのである．

たしかに，「きれやすい」，「約束を守らない」，「人の気持が分からない」などの情意面での問題行動は，目に付きやすく，周囲の人を困らせるものである．その意味で，パーソナリティの情意的側面が重要であることは疑いをえない．しかしながら，以下に詳しく見るように，知的機能の障害から生ずる本人ならびに周囲の人のさまざまな日常生活上の問題は，知的機能もまたパーソナリティを支える重要な側面であることを示すものである．

知能の障害の分類

知能の障害（mental deficiency and dementia）は，大別すると，成人するまでに生ずる「発達障害」と，成人期以後に生ずる「痴呆（認知症）」に分けることができる．

発達障害（developmental disorders）は，言語，思考，コミュニケーションなどの精神機能の障害が，主として乳幼児期から児童期，遅くとも青年期までにそれと診断され，日常生活，学校での学習，長じては経済的自立などの点でさまざまな制限をもたらすものをいう．発達障害のなかでも，発達検査や知能検査で測定・診断される知能の障害を**知的障害**と呼ぶ[1]．また，自閉性発達障害の上位概念である**広汎性発達障害**（pervasive developmental disorders）の場合も，対人的相互作用やコミュニケーションの障害だけでなく，ことばの遅れなど知的障害を伴う場合が多い．

痴呆（dementia）[2]あるいは**認知症**とは，一度獲得された知的能力が頭部外傷，脳血管損傷，老化などの原因によって著しく低下した状態をいう．老年痴呆では，MRI検査[3]などの脳画像診断法や死後の脳の解剖によって，脳の萎縮が確認される場合が多い．記憶，計算，判断，理解などの知的能力に著しい障害が見られたり，時間や場所が分からなくなったりする症状が現れる．アルツハイマー型痴呆，レビー小体型痴呆，脳血管性痴呆，前頭側頭型痴呆などのタイプがあるが，その診断はやはり脳画像診断法などにより決定される．

知能の障害とパーソナリティ

パーソナリティ概念の中核にあるものは，個人が他と区別されるかけがえのない存在であるということと，および，その個人が時間・空間を隔てて示すことばや行動にある種の一貫性があることの2点である．このいずれもが，記憶・判断・意思決定のような知的機能によって支えられている．知能の障害は，パーソナリティの形成や維持に問題をもたらすことが少なくない．

ここでは，自閉症とアルツハイマー症の2つを取り上げ，それぞれの場合において，知能の障害がパーソナリティの形成や維持にどのような問題をもたらすかを考えてみよう．

1) これは，以前は「精神薄弱」と呼ばれていたが，1998年に法律が改正され，「知的障害」に改称されたものである．関連する法律も「精神薄弱者福祉法」は「知的障害者福祉法」に名称変更になった．

2) 厚生労働省は，「痴呆」に侮べつ的な意味があるとして用語の見直しを検討し，2004年11月に「認知症」に名称変更することを決めた．同年12月に，日本心理学会，日本基礎心理学会，日本認知科学会，日本認知心理学会の4団体は，認知症では意味が不明確であり，「認知失調症」とすべきという意見書を提出した．この項目では，このような経緯を示すために，「痴呆」ということばをあえて残している．

3) MRIは，磁気共鳴映像法（Magnetic Resonance Imaging）の略称．強い磁場での水素原子の動きをとらえ，コンピュータで脳の断層画像を描いて脳の萎縮，脳腫瘍，脳血管の異常を診断する．

自閉症とパーソナリティ

　自閉症（autism）の研究は，**カナー**（Kanner, L.）[4]が1943年に11例の症例を示したことに始まる．しかし，自閉症というものを理解する道のりは平坦ではなかった．知的障害，性格異常，情緒障害などと混同される期間が長く続いた．現在，自閉症は脳機能の障害と考えられ，その診断的特徴は次の4点にあるとされる．

　(1) 発達的障害であり，問題となる行動特徴が生後30ヶ月以前に現れる．この点が青年期以降に発症する統合失調症とは大きく異なる．

　(2) ことばの出る時期になっても出てこないなど，言語発達の遅れが著しい．また，尋ねられたときにオウム返しのことばが見られるなどの発話の異常が見られる場合もある．

　(3) 幼少時から養育者と「目が合わない」などの対人的能力の問題と，社会的ルール（暗黙の約束ごと）が理解されにくく，保育所，幼稚園，学校での集団行動に参加できないなどの問題が見られる．

　(4) 特定の事物に強い執着を示したり，光源に手をかざして振るなど同一の行為を繰り返し反復したりする（常同行為）．毎日決まった行動をすることはむしろうまくいくが，変化に対する不安や変化への抵抗が強い．

　このうち，特に(3)の社会的ルールの理解が困難という問題は，自閉症者が周りから誤解される原因となりやすい．たとえば，駅で電車の順番待ちをしているとき，行列に並ばずにうろうろし，電車が入線したら列の横から入ってきて一番に乗り込むというのでは，大概の人はむっとしたり，「人格を疑うふるまい」と感じたりしてしまいやすい．

アルツハイマー症とパーソナリティ

　アルツハイマー症は，この病気を最初に報告したドイツの精神科医で病理学者の**アルツハイマー**（Arzheimer, A.）[5]の姓に由来する．その最初の患者は，50台前半のアウグステ，D．という女性であり，死後解剖によって脳の萎縮，神経細胞中に存在する神経原線維の病変，および，大脳皮質を中心に出現する老人斑が発見された．この症例は，1906年にチュービ

[4) レオ・カナー（1894-1981）．オーストリアに生まれアメリカで活躍した精神科医．「早期幼児自閉症」を報告し，自閉症研究を切り拓いた．

5) アロイス・アルツハイマー（1864-1915）．ドイツの病理学者．アルツハイマー症をはじめて報告．

ンゲンで開かれた精神科医学会において世界で初めて報告された が, 最近フランクフルト大学の書庫からカルテが発見され, その診断の正確さが再評価されている[6]．

アルツハイマー症の診断基準[7]の第一は, 記憶障害である. 人の言動の一貫性は, 記憶によって支えられている. 言うことがころころと変わる人は, 信用ができないという印象を与える. しかし, 記憶能力が障害を受けると, 言動の一貫性が失われてしまう. ついさっき食事をしたばかりなのに, 「朝から何も食べていない」と言いはられると, 周囲の人間にとって大変つらい状況になる. そして, 症状が進行すると, 配偶者や子どもなどの親しい家族ですら, 誰が誰だか分からなくなってしまう. 個体認識ができなくなるとき, それはパーソナリティの崩壊の危機に瀕しているのである.

診断基準の第2は, さまざまな知能障害（認知機能障害）である. それまで苦もなくできたごく簡単な計算ができなくなったり, 今が「いつ」であり現在いるところが「どこ」かが答えられなくなったりし（失見当識）, そのため円滑な社会生活や職業生活が成り立たなくなってしまう.

記憶能力や認知能力の障害に加えて, 患者のパーソナリティに変化が起こり, 病前の性格特徴が誇張されて表現されたり, 感情的に不安定になり, 深い理由もなく不機嫌あるいは嫉妬深くなったりすることもある. あるいは, 意欲や集中力の低下, 興味や関心の減退が見られるようになる.

アルツハイマー症は, 記憶や知能の障害が急激に生ずるので, これまで患者本人による記録類がほとんど残されていない. 記憶や認知の障害がいったいどのように生ずるのか, パーソナリティはどの程度維持・保存されるのかについては, 担当の医師や介護者による記録しかなかった. しかし, 最近, オーストラリアの女性高級官僚で46歳のときにアルツハイマー症と診断され退職を余儀なくされた女性の手記『私は誰になっていくの？』が公刊され, 話題となった[8]．〔子安増生〕

6) Konrad und Ulrike Maurer, *Arzheimer: Das Leben eines Arztes und die Karriere einer Krankheit*. Piper Verlag. 1998.〔コンラート・マウラー, ウルリケ・マウラー著／新井公人・監訳 2004 アルツハイマー：その生涯とアルツハイマー病発見の軌跡 保健同人社〕

7) 日本老年精神医学会 2001 アルツハイマー型痴呆の診断・治療マニュアル ワールドプラニング

8) 下記の手記では, 重い記憶障害やさまざまな認知障害があるにもかかわらず, 自己認知やパーソナリティは病前のまましっかり保たれうることが示されている.
ボーデン, C.／檜垣陽子・訳 2003 私は誰になっていくの？：アルツハイマー病者からみた世界 クリエイツかもがわ

【参考文献】
マウラー, K. & マウラー, U.（新井公人監訳）2004 アルツハイマー 保健同人社

人名索引

ア 行

アイゼンク　Eysenck, H.J.　43,81
アイゼンバーグ　Eisenberg, N.　32,33
青井和夫　62
青木孝悦　3,72
青柳肇　2,66
上里一郎　57
秋田喜代美　38
秋山さと子　81
アクサン　Aksan, N.　31
安香宏　4,178
アシュトン　Ashton, M.C.　187
東洋　122
アッシュ　Asch, S.E.　98
アトキンソン　Atkinson, R.L.　92,93
阿部輝夫　162,163
アムバディ　Ambady, N.　43
アーメド　Ahmed, A.　186
有馬明恵　15
有光興起　177
アルツハイマー　Arzheimer, A.　210
アルバーシェイム　Albersheim, L.　106
アロン　Aron, A.　126
アロン　Aron, E.N.　126
アンガー　Unger, R.K.　20
安齊順子　58
アンダーソン　Anderson, N.H.　98
安藤寿康　Ando, J.　10
安藤智子　106

飯嶋一恵　132,133
イェーツ　Yates, W.R.　151
池上知子　17,40,41,98
池田政子　138
石井信　85
石垣琢磨　154
市川孝一　136
市川伸一　36,38,44,47
イーデンス　Edens, J.F.　156
伊藤宏己　85
伊藤美奈子　5,73,181
伊藤裕子　20,21,138,139

伊藤義徳　79,155
稲上毅　96
稲葉三千男　96
乾信一郎　206
稲松信雄　148
井上公大　178,179,181
岩男寿美子　30
岩瀬庸理　111
イン　Yin, R.K.　63
イン　Ying, Y.-W.　24

ヴァーノン　Vernon, P.A.　187
ヴァーノン　Vernon, P.E.　185
ウァーフ　Wurf, E.　101
ヴァルシナー　Valsiner, J.　25
ヴァン・デア・コルク　Van der Kolk, B.A.　161
ヴァン・デル・ハート　van der Hart, O.　160
ヴァン・ハリンゲン　van Heeringen, K.　151
ウィリアムズ　Williams, S.　151
ウィルソン　Wilson, B.A.　143
ヴィンデルバント　Windelband, W.　6,61
ウェイゼス　Weisaeth, L.　161
ウェクスラー　Wechsler, D.　188,191
ウェグナー　Wegner, D.M.　58,123
ウェステン　Westen, D.　78
上田雅英　85
上田吉一　90,92
ウェルズ　Wells, A.　58
ヴェルトハイマー　Wertheimer, M.　55,196
ウェルトマン　Woertman, L.　160
ウォーターズ　Waters, E.　104
ウォーラー　Waller, N.G.　158
ウォール　Wall, S.　104
ウォルター　Walter, J.B.　127
内田一成　92,93
内田勇三郎　52
内沼幸雄　171
ウッド　Wood, J.M.　59
ウッドワース　Woodworth, R.S.　49
右馬埜力也　152
ウルマン　Ulman, J.S.　123

ヴント　Wundt, W.M.　48

エインスワース　Ainsworth, M.D.S.　104,105
エドワーズ　Edwards, C.P.　32,33
エビングハウス　Ebbinghaus, H.　60
エプスタイン　Ebstein, R.P.　12
エフティング　Effting, M.　160
エムスリー　Emslie, H.　186
エムラー　Emler, N.　32
エリクソン　Erikson, E.H.　45,80,108-111
遠藤辰雄　178
遠藤利彦　73,106
遠藤由美　17,98
エンナ　Enna, B.　122

オウデナート　Audenaert. K.　151
大西文行　135
大貫昌子　197
大野久　181
大野裕　150,154,158,162
大野木裕明　36,37,51
大橋英寿　73
大平英樹　40,41,79
大淵憲一　45
岡堂哲雄　54
岡本祐子　110,111,143,167,168
小川隆　94
小川俊樹　57
オコーナー　O'Connor, B.P.　155,157
落合良行　141
オノ　Ono, Y.　10
オールダム　Oldham, J.M.　157
オルトマン　Altman, I.　126
オルポート　Allport, G.W.　3,16,60,61,72,74-76

カ 行

カーヴァー　Carver, C.　153
ガウディ　Gaudi, A.　199
カウフマン　Kaufman, A.S.　191
カウフマン　Kaufman, N.L.　191
柿木昇治　43
笠原嘉　167,168,170
カシデイ　Cassidy, J.　105
柏木惠子　121
柏木繁男　53,59
数井みゆき　106

カスパロフ　КаспаровГ.К.　206,207
カスピ　Caspi, A.　13
片口安史　56
片柳弘司　152
カーティンズ　Kurtines, W.　31,32
ガードナー　Gardner, H.　186,187
カナー　Kanner, L.　210
金沢実　96
金山範明　160
金政祐司　105,106,136
ガーブ　Garb, H.M.　59
鎌原雅彦　51,83
上瀬由美子　21
カライェオルゴウ　Karayiorgou, M.　154
唐沢かおり　40,41
唐沢穣　40,41
ガリレイ，ガリレオ　Galilei, G.　196
カールソン　Carlson, E.B.　158
カルロ　Carlo, G.　32,33
ガレノス　Galenos　70,71
河合隼雄　63
カンピオーネ‐バー　Campione-Barr, N.　131
カンファー　Kanfer, F.H.　121

菊池章夫　129
木島伸彦　157
岸本寛史　62
北村英哉　17,98
北山忍（Kitayama, S.）　26,28,29
木戸彩恵　25
木下冨雄　192
キャッテル　Cattell, J.M.　188
キャッテル　Cattell, R.B.　76,77,128,184,185,187,189
ギャバード　Gabberd, G.O.　78
ギャビガン　Gavigan, C.　154
キャンプ　Camp, B.W.　121
キュルペ　Kulpe, O.　48
清永賢二　179,181
ギリガン　Gilligan, C.　30
ギルフォード　Guilford, J.P.　185,186
キレン　Killen, M.　32

クーグル　Cougle, J.R.　155
鯨岡峻　38
久世敏雄　109

グッドマン　Goodman, C.C.　98
クーパー　Cooper, C.R.　130
クームズ　Coombs, M.　24
クラヴリエ　Claverie, J.M.　10
クラーエ　Krahe, B.　61
クラーク　Clark, L.A.　157
グリーンワルド　Greenwald, A.G.　41,42
クルーガー　Kluger, A.N.　12
グールド　Gould, S.J.　185
呉智英　58
クレイグ　Craig, I.W.　13
クレッチマー　Kretschmer, E.　8,71,74
クレペリン　Kraepelin, E.　52
グーレン　Gooren, L.J.G.　164
クロウェル　Crowell, J.A.　106
黒田重利　163,164
黒田実郎　104,128
グローテヴァント　Grotevant, H.D.　130
クロニンジャー　Cloninger, C.R.　86,87,157
クロンバック　Cronbach, L.J.　14,50

ケイガン　Kagan, J.　30,31
ケイシー　Casey, P.　151
ゲヴァルツ　Gewirtz, J.　31,32
ゲットマン　Gettman, D.C.　131
ケーラー　Köhler, W.　202
ケリー　Kelly, D.L.　127
ケリー　Kelly, G.A.　15,99

厚東洋輔　96
河野荘子　178
河野和明　79
コーエン　Cohen, D.　26
古澤頼雄　64
越川房子　174
ゴースキー　Gorski, R.A.　164,165
コスタ　Costa, P.T.,Jr.　12,72,87
コスミデス　Cosmides, L.　12,13,186
ゴダード　Goddard, H.H.　191
コチャンスカ　Kochanska, G.　31
小林孝雄　44
コプラン　Coplan, A.S.　141
小宮山実　153
小森公明　17
コラー　Koller, S.　33
コリンズ　Collins, N.L.　125
コールズ　Coles, R.　32

コールドウェル　Caldwell, N.D.　57
ゴールドバーグ　Goldberg, L.R.　8
ゴールトン　Galton, F.　8,188
コールバーグ　Kohlberg, L.　19,30
ゴールマン　Goleman, D.　194
コロドニィ　Kolodny, J.　186
コロンブス　Columbus, C.　205
コーン　Kohn, M.　23
近藤公彦　63
近藤邦夫　80
近藤由紀子　3,72

サ　行

サイツ　Seitz, R.J.　186
斉藤こずゑ　64
斎藤誠一　139
斎藤清二　62
斎藤還　115,167,169
サイモンズ　Symonds, P.M.　128
坂野雄二　118,119,152
相良守次　94
サーストン　Thurstone, L.L.　185
佐藤郁哉　37
佐藤健二　79
佐藤達哉（サトウタツヤ）　5,17,25,63,73
佐藤俊樹　163,164
佐藤徳　79,160
佐藤有耕　174,175
佐山董子　82
サルス　Suls, J.　115
サロヴェイ　Salovey, P.　193
澤田英三　36,44
澤田匡人　175
ザンナ　Zanna, M.P.　122

シー　Shih, M.　42
シャイエ　Schaie, K.W.　141
シアーズ　Sears, D.O.　124
シェイヴァー　Shaver, P.R.　105,107
シェイキン　Chaikin, A.L.　127
シェイクスピア　Shakespeare, W.　6
シェーヴァー　Shaver, P.　137
ジェームズ　James, W.　113,120
シェルドン　Sheldon, W.H.　72
シキシマ　Shikishima, C.　10
シシレリ　Cicirelli, V.G.　133
柴田克成　85

渋谷郁子　21
嶋田洋徳　152
清水貞治　83
清水將之　173
下山晴彦　36,38,44,47,51,57,159,170
シモン　Simon, Th.　48,189
シャイアー　Scheier, M.F.　153
ジャネ　Janet, P.　159
シャピロ　Shapiro, D.　159
シャフラン　Shafran, R.　156
シャリス　Shallice, T.　159
シャンク　Schunk, D.H.　119
ジャング　Jang, K.　12
シュテルン　Stern, W.　188,189
シュプランガー　Spranger, E.　71
シュマッカー　Schmucker, M.　156
ジュラード　Jourard, S.M.　124
ジュリアーノ　Guiliano, T.　58
シュリーマン　Schliemann, H.　199
シュルツ　Schultz, L.H.　135
シュレンカー　Schlenker, B.R.　170
シュワルツ　Schwartz, G.　159
シュワルツ　Schwartz, J.L.K.　41
ジョイナー　Joiner, T.E.　153
ショーダ　Shoda, Y.　194
ジョーダーン　Jordaan, J.P.　24
ジョン　John, O.P.　3
ジョン　John, S.L.　156
ジョーンズ　Jones, R.　151
シルヴァーバーグ　Silverberg, S.B.　130
シルバーマン　Silberman, E.K.　160
次良丸睦子　82
シンカ　Schinka, J.A.　12
ジンバルドー　Zimbardo, P.　96,97
シンプソン　Simpson, J.B.　141
ジンメル　Simmel, M.　204

菅原健介　176,177
菅原ますみ　2
杉浦義典　79,155
スキナー　Skiner, B.F.　60,62,84,90
杉万俊夫　51
杉村和美　111
杉山憲司　2
スクーラー　Schooler, C.　23
スコドル　Skodol, A.E.　157
鈴木乙史　2,77,94

鈴木晶　81
鈴木伸一　152
鈴木善次　185
鈴木常元　58
スタリシェフスキー　Starishevsky, R.　24
スタンバーグ　Sternberg, R.J.　136,187,195
スティーヴンス　Stevens, N.　135
ステインバーグ　Steinberg, L.D.　130,134
ステラー　Stellar, E.　201
スナイダー　Snyder, C.R.　153
スーパー　Super, D.E.　23,24
スピアマン　Spearman, C.E.　184,185,188,189
スピバック　Spivack, G.　57
スポルディング　Spalding, L. R.　41
スミス　Smyth, J.M.　79
スメタナ　Smetana, J.　32,130,131
スモラン　Smollan, D.　126
スワーブ　Swaab, D.F.　164
スワン　Swann, W.B.　42

セリエ　Selye, H.　146
セリグマン　Seligman, M.E.P.　122
セルボーン　Cervone, D.　3
セルマン　Selman, R.B.　135
仙武　23

外尾悦郎　199
ソービン　Sobin, C.　154
染矢俊幸　150,154,158,162
ソルトハウス　Salthouse, T.A.　142
ソーンダイク　Thorndike, E.L.　193

タ　行

大坊郁夫　136
ダヴィッドソン　Davidson, R.　159
ダヴィッドソン　Davidson, W.　122
ダーウィン　Darwin, C.R.　8
ダーウィン　Darwin, E.　8
高田沙織　25
高橋恵子　143,175
高橋三郎　150,154,158,162
高橋順一　45
高橋雅春　178
滝沢正樹　96
瀧本孝雄　2,54,77,94
詫摩武俊　2-4,72,77,82,94,97
竹林滋　2

タジウリ　Taguiri, R.　14
タジフェル　tajfel, H.　16
鑪幹八郎　109
タッカー　Tucker, K.L.　57
ダッディス　Daddis, C.　130,131
ターナー　Turner, B.F.　141
田中一彦　97
田中千穂子　169
田中冨久子　164
ターマン　Terman, L.M.　18,188,190,191
タリス　Tallis, F.　156
垂水雄二　112
ダン　Dunn, J.　133
ダンカン　Duncan, J.　186
タングニイ　Tangney, J.P.　177
丹野義彦　58,154,159,170

チェス　Chess, S.　2,129
チクセントミハイ　Csikszentmihalyi, M.　198
チャーネス　Charness, N.　143
チャロキー　Ciarrochi, J.　193
チューリング　Turing, A.M.　206
チョウ　Zhou, J-N.　164
チョウ　Zhou, M.　151
チョウ　Zhou, Q.　33
チョムスキー　Chomsky, N.　84

辻平治郎　81
津田彰　58
土屋京子　194
都筑学　64
常田景子　32
鶴田和美　63

ディアボーン　Dearborn, W.F.　188
テイラー　Taylor, A.　13
テイラー　Taylor, D.A.　126
テイラー　Taylor, S.　124
ディルタイ　Dilthey, W.　71
デヴィッドソン　Davidson, R.J.　88
デヴォス　Devos, T.　40
デシーア　Dethier, V.G.　201
デーモン　Damon, W.　113
デヤング　DeYoung, C.G.　87
テルチ　Telch, M.J.　155
デルレガ　Derlega, V.J.　127

ドゥエック　Dweck, C.S.　122
トゥービー　Tooby, J.　12,13,186
遠矢幸子　139
融道男　153
戸川行男　4
戸田弘二　136,137
戸田まり　5,73
トータ　Tota, M.E.　101
トダ　Toda, T.　10
トーマ　Thoma, S.J.　32,33
トーマス　Thomas, A.　2,129
トムソン　Thomson, G.H.　185
外山みどり　17,98
トレボウ　Treboux, D.　106
トロヤノウィッツ　Trojanowicz, R.C.　179

ナ 行

内藤哲雄　59
中井久夫　159,161,167
永井撤　170,171
中澤潤　36,37,51
中島竜太郎　96
長島貞夫　4
中根允文　153
中野収　96
投石安広　43
夏目漱石　208
ナーヴァエツ　Narvaez, D.　31

西澤哲　161
仁科弥生　108,109
西平直喜　109
西村純一　140
ニスベット　Nisbett, R.E.　26
二宮克美　129
ニューウェル　Newell, F.N.　186

ネルソン　Nelson, S.　122

ノイガルテン　Neugarten, B.L.　141
野口京子　116
ノーマン　Norman, D.　159
能見正比古　17
野村昭　16
ノラー　Noller, P.　107

ハ 行

バー　Burr, V.　97
ハイダー　Heider, F.　204
ハイネ　Heine, S.H.　29
ハイマン　Haiman, C.　154
パーヴィン　Pervin, L.A.　3,5
バウマイスター　Baumeister, R.F.　123
バウムリンド　Baumrind, D.　129
パヴロフ　Pavlov, I.P.　60,201
南風原朝和　36,38,44,47
バー・オン　Bar-On, R.　193
パーカー　Parker, D.A.　193
バーグ　Berg, K.　57
バーグーン　Burgoon, J.K.　127
バーコウィッツ　Berkowitz, L.　89
箱田裕司　58
ハザン　Hazan, C.　107,137
バージ　Bargh, J.A.　101,123
バージェス　Burgess, A.　206
ハシン　Hassin, R.R.　123
バス　Buss, A.H.　2
長谷川松治　175
パーソンズ　Parsons, T.　18,96
秦一士　57
パターソン　Patterson, G.R.　130
ハータップ　Hartup, W.W.　113,134
波多野誼余夫　143
バーチ　Birch, H.G.　129
ハーツォグ　Herzog, H.　186
ハーティグ　Hartig, M.　121
ハーディン　Hardin, C. D.　41
ハート　Hart, D.　31-32
パトナム　Putnam, F.W.　158,160
ハードマン　Hardman, L.　151
バナジ　Banaji, M. R.　40
浜崎信行　132,133
ハーマン　Herman, J.L.　161
林文俊　15
林道義　80
原野広太郎　4
原谷達夫　16
ハル　Hull, C.　90
春木豊　79,155
パロット　Parrott, R.　127
パロット　Parrott, W.G.　175
バーンスタイン　Bernstein, E.　158
ハンツイエンス　Huntjens, R.J.C.　160
バンデューラ　Bandura, A.　19,83,116-118
ハンフリー　Humphrey, N.　112

ピアジェ　Piaget, J.　60
ピアソン　Pearson, K.　8
ビエリ　Bieri, J.　15
檜垣陽子　211
ヒギンズ　Higgins, D.M.　87
ヒギンズ　Higgins, E.T.　100,122
ヒギンズ　Higgins, T.　113
ピーク　Peake, P.K.　194
樋口一辰　83
樋口匡貴　176
日高敏高　201
ピーターズ　Peters, M.L.　160
ピーターセン　Petersen, A.C.　129
ピーターソン　Peterson, J.B.　87
ピティンスキイ　Pittynsky, T.L.　42
ビネー　Binet, A.　48,60,189
桶野芳雄　136
ヒポクラテス　Hippocrates　70
ビレン　Birren, J.E.　141
廣岡秀一　15

ファインマン　Feynman, R.P.　197
ファーブル　Fabre, J-H.　201
フィッシャー　Fisher, K.W.　177
フィーニー　Feeney, J.A.　106,107
フェスティンガー　Festinger, L.　98
フォーガス　Forgas, J.P.　193
フォルクマン　Folkman, S.　148
フォレット　Follette, V.M.　79,155
深井千賀子　132
福島章　4
藤井薫　71
藤澤清　43
フッサール　Husserl, E.　99
ブッチャー　Butcher, L.M.　187
ブラウン　Brown, B.B.　134
ブラウン　Braun, B.G.　160
ブラウン　Brown, J.D.　114,115
ブラシ　Blasi, A.　31
プラット　Platt, J.J.　57
ブラロック　Blalock, J.A.　153
ブランチャード　Blanchard, J.J.　59
ブランデル　Blundell, M.L.　154
ブランデン　Branden, N.　114

フリードマン　Friedman, M.　25
フリン　Flynn, J.R.　190
古川竹二　17
ブルックス‐ガン　Brooks-Gunn, J.　129
ブルーナー　Bruner, J.S.　14,98
ブレア　Blair, R.J.R.　89,156
ブレハー　Blehar, M.C.　104
フロイデンバーガー　Freudenberger, H.　22
フロイト　Freud, A.　45
フロイト　Freud, S.　26,58,71,78-80,90,140, 159
ブロカ　Broca, P.　60
ブロック　Block, J.　3,4
プロミン　Plomin, R.　2,133,186
プーン　Poon, P.　143

ベイカン　Bakan, D.　18
ヘイズ　Hayes, S.C.　79,155
ヘザリントン　Hetherington, E.H.　129
ヘス　Hesse, E.　105
ベネディクト　Benedict, R.　175
ペネベイカー　Pennebaker, J.W.　42
ペプロー　Peplau, A.　124
ベム　Bem, S.L.　18,19
ペリー　Perry, D.　127
ベンジャミン　Benjamin, J.　12
ベンダー　Bender, L.　55
ヘンドリック　Hendrick, C.　107
ヘンドリック　Hendrick, S. S.　107

ボーア　Bor, D.　186
ボウルトン　Poulton, R.　13
ボウルビィ　Bowlby, J.　80,104,128
ホーガン　Hogan, R.　31,32
星野命　4
ホスヴァー　Hocevar, D.　197
ポスト　Post, R.M.　160
ポストマ　Postma, A.　160
ポーツキイ　Portzky, G.　151
ボッソン　Bosson, J.K.　42
ボーデン　Boden, C.　211
ホフマン　Hoffman, M.L.　129
ホフマン　Hofman, M.A.　164
ホームズ　Holmes, T.H.　147
ホラン　Horan, W.P.　59
ホランダー　Hollander, E.　157
堀 正　3,72

堀毛一也　61
ボーリング　Boring, E.G.　189
ホワイト　White, R.W.　116
ホーン　Horn, J.L.　185,189

マ　行

マイルズ　Miles, C.C.　18
マウラー　Maurer, K.　211
マウラー　Maurer, U.　211
前田基成　119
マーカス　Marcus, D.K.　156
マーカス　Markus, H.　28,29,101
マクギー　McGhee, D.E.　41
マクドゥーガル　McDougall, W.　30
マクファーレン　McFarlane, A.C.　161
マクレー　McCrae, R.R.　87
マクレランド　McClelland, D.　57
正木正　4
マーシャ　Marcia, J.E.　45,46,109,110
マシューズ　Matthews, G.　58
マスラック　Maslach, C.　22
マズロー　Maslow, A.　90,91,92
マーチン　Martin, J.　13
マーチン　Martin, J.A.　129
松井豊　2,77,94,137-139
マックレー　McCrae, R.R.　72
マックレイ　McClay, J.　13
マッケア　McCrae, R.R.　12
マッコビー　Maccoby, E.E.　20,129
松沢哲郎（Matsuzawa, T.）　61,203
松田俊　43
マットリン　Matlin, N.　24
松原達哉　55
マートン　Merton, R.K.　96
マルベ　Marbe, K.　48
マレー　Murray, H.　57

三浦正江　152
水野節夫　62
溝口元　70
溝部明男　96
ミッシェル　Mischel, W.　72,84,96,97,194
ミード　Mead, G.H.　96
南博　36,37,44
箕浦康子　28
宮孝一　202
三宅和夫　130

宮下一博　51,167,181
宮島喬　62
宮本聡介　17,98
宮本美沙子　148
ミラー　Miller, L.C.　125
ミラー　Miller, T.R.　59
ミル　Mill, J.　13
ミール　Meehl, P. E　50

武藤崇　79,155
無藤隆　44
宗方比佐子　25
ムナフォ　Munafo, M.R.　12
ムラヴェン　Muraven, M.　123
村上千恵子　77
村上宣寛　77
村瀬孝雄　80
村田数之亮　199

メイヤー　Mayer, J.D.　193
メイン　Main, M.　105
メッツガー　Metzger, A.　131
メービウス　Möbius, P.J.　9
メリック　Merrick, S.K.　106

モークリー　Mauchly, J.W.　206
本明寛　4,116
モフィット　Moffitt, T.E.　13
森東吾　96
森政弘　207
森好夫　96
森田正馬　170,171
モリッツ　Moritz, S.　155
森永康子　20
森脇靖子　185

ヤ 行

安川禎亮　180
安田朝子　79
安田裕子　25,73
ヤスパース　Jaspers, K.　71
矢田部達郎　196
山内宏太郎　45
山内俊雄　165
山形　Yamagata, S.　12
山崎勝男　43
山崎勝之　43

山田昌弘　139
やまだようこ　44,62
山中一英　15
山中康裕　167
山本明　15
山本和郎　56
山本多喜司　113
山本力　63
山本眞理子　17,98

湯川進太郎　79
ユング　Jung, C.G.　58,71,80,81,174

余語真夫　79
吉田和子　85
ヨシムラ　Yoshimura, K.　10
吉村浩一　61,63
依田明　132,133
依田新　4

ラ 行

ライフ　Reif, A.　87
ラカン　Lacan, J.　81
ラザラス　Lazarus, R.S.　148
ラッカム　Rackham, D.W.　66
ラーナー　Lerner, R.H.　134
ラーナー　Lerner, R.M.　129
ラビット　Rabbitt, P.M.A.　143
ラプスレイ　Lapsley, D.K.　31
ランドシュタイナー　Landsteiner, K.　17

リー　Lee, H.J.　155
リー　Lee, J.A.　136,138
リー　Lee, K.　187
リー　Lee, P.E.　24
リアリー　Leary, M.R.　170
リップマン　Lippmann, W.　7,15
リネハン　Linehan, M.M.　79,155
リーバーマン　Lieberman, M.A.　141
笠信太郎　7
リューボミルスキイ　Lyubomirsky, S.　57
リリエンフェルド　Lilienfeld, S.O.　59

ルイス　Lewis, M.　175
ルービン　Rubin, D.　143
ルービン　Rubin, Z.　136
ルーブル　Ruble, D.N.　113

ル・ポワール　Le Poire, B.A.　127
ルリア　Lurija, A.R.　191

レイ　Rahe, R.H.　147
レイノルズ　Reynolds, S.K.　157
レヴィ=ストロース　Lévi-Strauss, C.　100
レヴィン　Lewin, K.　39,91,94,95
レスト　Rest, J.　32
レッシュ　Lesch, K.P.　87
レポー　Lepore, S.J.　79
レーマン　Lehman, D.R.　29

ローゼル　Losel, F.　156
ローゼン　Rosen., K.　156
ローゼンツァイク　Rosenzweig, S.　57

ローゼンバーグ　Rosenberg, M.　41
ローゼンマン　Rosenman, R.　25
ロッター　Rotter, J.B.　82,83
ロバーツ　Roberts, N.　107
ロールシャッハ　Rorschach, H.　56

ワ 行

ワイラー　Weiller, F.　154
ワインガルトナー　Weingartner, H.　160
若林明雄　70,159
渡辺直登　25
渡辺文夫　45
渡邊芳之　17,97
ワトキンス　Watkins, E.　79
ワトソン　Watson, J.B.　90

事項索引
太字がキーワードであることを示す

アルファベット

α式知能検査　191
β式知能検査　191
DNA　10
DSM　8
DSM-Ⅲ　8,167,172
DSM-Ⅳ　162
DSM-Ⅳ-TR　8,150,154,158
EEG（脳波）　88
EQ（情動的知能）　194
g因子　184
IQ（知能指数）　189
IWM（内的作業モデル）　104,128,133
K-ABC　191
LCU得点　147
MAOA遺伝子　13
MMPI　178
MRI（磁気共鳴映像法）　209
NEO-PI-R　12
OCEANモデル　72
PET（陽電子放射断層撮影法）　88,186
P-Fスタディ（絵画欲求不満検査）　57
PF判定法　53
RNA　10
TAT（主題統覚検査）　57

あ　行

愛　136
　──の三角理論　136
愛情　136
　──の除去　129
愛着（アタッチメント）　80,104,128,137
　──スタイル　105,106,137
アイデンティティ（自己同一性）　40,80,95,99,100,108,173
　──拡散　109
　──・ステイタス　45,46,109
　──達成　109
　──の獲得　180
アガペー　136,138
あがり　177
アクション・リサーチ　38,39

遊び　20
アタッチメント（愛着）　80,104,128,137
　──／コミットメント　137
　──の連続性　105
アナログ研究　152
アパシー　168
アメリカ心理学会倫理綱領　66
アメリカ精神医学会　8
アルツハイマー症　209,210
安全基地　107
アンチエイジング　142
アンドロジェン　164
アンドロジニー　18
暗黙のパーソナリティ観　14

意思　208
いじめ非行　179
依存性人格障害　154
Ⅰ軸障害　150
一般知能（g因子）　184,188
一般問題解決装置　185
遺伝　10,133,186
　──率　12
遺伝子　10
　──型　12
　──多型　87
意味の生成　6
因子分析　8,76,77,128,184,188
飲酒　160
インターネット　127
インフォーマル・インタビュー　37
インフォームド・コンセント　64

ウェクスラー＝ヴェルヴュー式検査法　191
ウェクスラー式知能検査　191
ウォームアップの遅い子　129
内田クレペリン（精神）検査　52,53
うつ病　151,152
ヴュルツブルグ学派　48
占い　17
運動領域　94

永遠の青年　141
エイジング　140
エクスナー法　56
エス　78
エニアック（ENIAC）　206
エビデンス・ベイスト　59,81
エロス　136
　　――得点　138
演技性人格障害　154
遠城寺式乳幼児分析的発達検査　191
援助交際　181

老い　141
　　――への抵抗　141
応答性　129
思い上がり　176
親子関係　128,180

か　行

絵画欲求不満検査（P-Fスタディ）　57
介護　131,207
外向型　71,81
外向性　81
介助　131
外傷　151
　　――後ストレス障害　151,159
外的統制　83
概念的定義　188
海馬　86
回避システム　88
回避性人格障害　154
開放システム　62
解離症状　151
解離性健忘　158
解離性同一性障害　158
解離性とん走　158
解離体験尺度　158
カウンセリング　47,60
学業不振　119
拡散　108
　　――的思考　197
学習　202
　　――能力　188
　　――性無力感　122
学習理論　82,96
学童期　166
家族環境　180

片口法　56
価値的人間観　91
価値類型　71-72
家庭内暴力　168
カテゴリー・アクセシビリティ・モデル　100
過保護　180
カルチャー・フリー（カルチャー・フェア）
　検査　191
加齢　140
環境　10,133
　　――適応能力　188
関係親密度スケール　126
関係性　111
関係的概念　23
監獄実験　96
観察学習　83,117
観察法　36,40
　　――の長所・短所　36,37
感情　208
　　――スタイル　88
緩衝効果モデル　153

記憶障害　211
機械の知能　204
危機　46
　　――の経験　109
聞き取り　37
『菊と刀』（ベネディクト）　175
帰国子女　28
気質　2,86,208
希死念慮　168
記述的開示　124
技術の知能　203
基準関連妥当性　50
擬人化　204
帰属　176
吃音恐怖　171
規範意識　181
忌避的パーソナリティ障害　172
気分障害　152
基本的帰属錯誤　96
客我　120
キャッテルC.F.検査　191
キャラクター（性格）　2,200
キャラセイン　2
キャリア　24
　　――発達モデル　23

――発達理論　24
ギャング・エイジ（徒党）　134,173
急性ストレス障害　150,161
強化　19,84
――学習　84,85
境界性人格障害（ボーダーライン）　89,154,155
共感性　32
きょうだい　132
共通特性　75
共同性　18
強迫症状　168
強迫性（人格）障害　154,155
共有環境　13
曲線類型判定　53
近接性の探求　107

苦痛感情　175
クライエント中心療法　47
群衆　134

警告反応期　146
形質　200
芸術療法　58
計量的研究（法）　6
ゲシュタルト心理学　90
ゲゼル式発達診断法　191
血圧　43
血液型　16
――気質相関説　17
結果予期　84,116
結合性　130
結婚　136,139
――年齢　139
結晶性知能　142,189
欠乏感情　175
権威主義的傾向　27
研究協力者　64
研究結果のフィードバック　66
研究倫理　64
元型　81
言語的説得　117,118
言語能力　121
言語連想検査　58
顕在的な自尊感情　41
検証　199
県民性　7,26

好意　136
後悔　176
向社会性　32
向社会的行動　33
向社会的道徳推論　33
構成概念妥当性　3,50
構造化面接　45
行動遺伝学　11
行動主義　84
行動分析　60
行動予測　15
行動療法　47,60
広汎性発達障害　209
幸福感　24
交流的観察　37
効力感　116
効力（エフィカシー）期待　116
高齢化　140
高齢期　141
高齢社会　131
国際疾病分類　153
国民性　7,26
固執　87
個人情報保護法　65
個人的苦痛　33
個人データシート　49
個人内領域　111
個人認証　9
個人要因　29
個性　200
――化　130
個性記述（的研究，アプローチ）　4,6,8,60
個体識別研究　8
個体主義　23
コピッツ法　55
コーピング　148,149
個別診断的判定　53
個別特性　75
コミットの性差仮説　138
コンパニオン・アニマル　200
コンピテンス　116
コンピュータ　206
――・シミュレーション　85
コンプレックス　174

さ　行

罪悪感　177
再検査法　50
サイコパス　156
再テスト信頼性　42
作業検査法　52
作動自己　101
作動性　18
さなぎの時期　166
差別　16
さぼり　169
参加観察法　37
参加モデリング　117

ジェンダー　18,110
　　——・スキーマ　19
　　——・ステレオタイプ　42
自我　78
時間展望　141
時間見本法　38
自己　112,120
　　——愛的傾向　115
　　——愛性人格障害　154
　　——概念　113
　　——管理　131
　　——教示　117
　　——嫌悪感　174
　　——高揚動機　29
　　——実現　92,93
　　——呈示　124
　　——統制　24,120
　　——への関心　18
自己意識　112
　　——的情動モデル　175
自己開示　21,124
　　——の危険性　126
自己効力　83,116
自己制御　120
自己同一性（**アイデンティティ**）　40,80,95,
　　99,100,108,173
仕事　22
至高体験　92,93
自殺　151
　　——企図　168
次子（末子）的性格　132
思春期　166,170,173
視床下部　86

事象関連電位　43
事象見本法　39
自然科学的な心理学研究　47
視線恐怖　171,172
自然的観察法　36
シゾイド（分裂病質）人格障害　154
自尊感情　41,113
　　——尺度　41
実験的観察法　36
実験的研究（法）　6
失見当識　211
実験法　36,40
実際の知能　195
失調型（分裂病型）人格障害　154,
　　155
質的研究（法）　6,73
質問紙法　40,48
視点取得　33
自伝的記憶　159
児童期　131
自動的過程　40
シナプス　86
自閉症　209,210
シミュレーション　85
社会化　20
社会的学習理論　19,82,97
社会的かしこさ　192
社会的恐怖症　172
社会的構築主義　97
社会的再適応評定尺度　147
社会的視点取得能力　135
社会的スキル　135
社会的ステレオタイプ　16
社会的知能　193,203
社会的認知　41,99
社会的ネットワーク　143
社会的能力　121
社会的ひきこもり　168
社会認知理論　98
自由　181
集合無意識　80
収束的思考　197
集団式（知能）検査　49,191
集団ステレオタイプ　15
周辺層　94
16PF検査　187
主我　120

主題統覚検査（TAT）　57
手段‐目的問題解決目録　57
出生順位　133
受容　114
主要5因子モデル　87　→ビッグ・ファイブ
受理（インテイク）面接　47
状況論　97
少子・高齢化社会　207
状態依存記憶　160
状態自尊感情　113
情緒的絆　104,128
情動喚起　117,118
情動焦点型　149
衝動性　181
情動的知能（EQ）　193,194
衝動の論理　179
情熱　136
少年法　178
情報処理　98
情報プライバシー　127
職業適合性　23
食事パターン　133
書痙　171
女性性　18
事例研究法　6,9,60
進化　10,200
　——心理学　186
人格障害　154
新奇性追求　87
神経細胞　86
神経症　49
神経伝達物質　86,157
人工知能研究　185
新コールバーグ派　33
心誌　75
シンナー　181
心拍　43
親密性（親密度）　125,136
信頼感（ラポール）　46
信頼性　47,49-51,59
心理学者の倫理基準と行動綱領　66
心理学的アセスメント　47
『心理学・倫理ガイドブック』　64
心理検査法　36
心理社会的危機　108
心理尺度法　50
心理的両性具有性　18

心理療法　47,60
遂行成就　117
数量化　76
鈴木ビネー式知能検査　191
スタンフォード・ビネー検査　190
スチューデント・アパシー　167
ステレオタイプ　7,15,19,123
ストーゲイ　136
ストレス　25,146,150
　——因子　153
　——反応　146,152
　——への対処　148
ストレッサー　146,153
ストレンジ・シチュエーション（法）　80,105

斉一性　108
性格（キャラクター）　86,200
　——の語源　2
『性格心理学研究』　5
『性格心理学講座』（戸川行男他編）　4
『性格心理学新講座』（元明寛編）　4
『性格心理学ハンドブック』（長島貞夫監修）　4
『性格心理学ハンドブック』（詫摩武俊監修）　4
生活史研究　62
生活年齢　189
生活の質　142
成功する知能　195
性差　138
生産的思考　196
成熟社会　179
成人　106
　——愛着面接　105
精神年齢　189
精神分析　47,174
精神分析理論　78,82,96
精神力動論　72
精神療法　165
生存の論理　179
性的指向性　18,162
性転換症　163
性同一性　18,19
性同一性障害　162
性度尺度　18
青年期　131,173,180,190

性の恒常性　19
生物時計説　141
性分化　164,165
性別再判定手術　165
性別役割分業　139
性役割　18,162
赤面恐怖　171,172
セクシュアリティ　137
積極的関与（傾倒）　46,109
接近システム　88
摂食障害　163
折半法　50
セルフ・エフィカシー　116,117,119
セルフ・コントロール　120
セロトニン　87
世話　136
潜在的可能性　82
潜在的な自尊感情　41
潜在的連想テスト　42
線条体　86
染色体　10
全体論的人間観　90
前頭前野　87
全般性不安障害　151

素因　153,154
　　──-ストレスモデル　153
相関係数　50
早期完了　110
相互協調的自己観　28
相互主観的　38
相互性　108
相互独立的自己観　28
操作的定義　188
相乗的相互作用モデル　129,130
走性　201
双生児研究（双生児法）　11,186
創造性　196
創造的知能　195
創造的パーソナリティ　196
ソーシャルサポート　149
育てやすい子　129
損害回避　87

た　行
体液心理学　70
『体格と性格』（クレッチマー）　8

退却神経症　166,167
体型　71
第三の勢力　90
対処方略　148
対人関係職　22
対人関係領域　111
対人恐怖　170,168
対人知覚　15
対人認知　15
　　──の基本三次元　15
対人不安　170
対人魅力　107
態度的特性　75
大脳皮質　184
タイプA　25,43
タイプB　25
代理的経験　117
多因子説　185
他者配慮不足　177
他者への負い目　177
多重人格　158
多重知能　186
多重特性 - 多重方法の研究　4
他傷　177
脱感作　117
脱規範意識　181
達成　108
達成動機　57
妥当性　42,47,50,51,59,188
田中ビネー式知能検査　191
タバコ　181
男性性　18

知覚領域　94
力中心的しつけ　129
知性　208
　　──化　79
知的柔軟性　23
知的障害　209
知能　184,202
　　──の個人差　187
　　──の鼎立理論　187
知能の構造　184
　　──のモデル　186
知能の障害　208,209,211
知能の測定　188
知能検査　48,189,190

知能指数（IQ） 189
痴呆（認知症） 209
中核性同一性 18,162
抽象的思考力 188
中心層 94
中年期 140,141
昼夜逆転 168
調査法 36
調査面接法 44
超自我 78
長子的性格 132
著作権 66
チンパンジー 202,203

通状況的一貫性の仮定 97

抵抗期 146
ディスタンシング 149
定点観察 39
適応 201
適応障害 150
適性 22
　——検査 23
敵対感情 175
データ・リダクション 6
徹底的行動主義 82,84
デブリーフィング 65
伝記研究 9
転用可能性 63

トイレット・トレーニング 26
投影法 40,56
動機づけ心理学 93
道具 205
　——的役割 18
統計研究（法） 6
統合失調症 154
洞察 202
同情 32
同性愛 163,164
統制的過程 40
統制の位置（ローカス・オブ・コントロール）
　83
道徳性 30,121
道徳的アイデンティティ 31
　——の形成モデル 31,32
道徳的情動 31

道徳的生活 32
道徳の発達段階 30
動物の知能 200
独自性 130
特性 74
　——自尊感情 113
　——の共存在の仮定 14
　——の時空間を超えた存在の仮定 14
特性論 72,74,82,96
突然変異 10
徒党（ギャング・エイジ） 134,173
ドーパミン 87
トラウマ 151,159
トランスジェニック・マウス 11
トランスパーソナル心理学 81

　　　な　行

内向型 71,81
内向性 81
内在化 120
内的空間 110
内的作業モデル（IWM） 104,128,133
内的統制 83
内容的妥当性 50
仲間 132,133,173
怠け 169
ナラティブ研究 60

2因子説 184
Ⅱ軸障害 150
日本心理学会「会員倫理綱領および行動規範」
　67
日本性格心理学会 5
日本精神神経学会 162
日本パーソナリティ心理学会 5
乳児期 105
ニューエイジ思想 81
ニューハーフ 163
ニュールック心理学 98
人間主義（ヒューマニスティック）心理学
　90
認知機能障害（知能障害） 211
認知症 209
認知的倹約 15
認知的不協和理論 98
認知的複雑性 15
認知発達理論 19

妬み 175
脳科学 86
脳画像診断法 209
脳損傷 186
脳の機能不全 89
脳波（EEG） 43,88
ノックアウト・マウス 11
ノルアドレナリン 87

　　　　は　行
バイオメトリクス 8
恥 177
パーソナリティ 2
　――の語源 2
　――概念の中核 209
　――障害 154
　――の定義 3,160,187
『パーソナリティ研究』 5
パーソナル・コンストラクト（理論） 15,99
発汗 171
発達課題 109
発達検査 190
発達指数（DQ） 191
発達障害 209
発達的視点 180
場の理論 94
場面見本法 38
半構造化面接 45,109
反抗の論理 179
晩婚化 139
反射 201
反社会性人格障害 89,154
汎適応症候群 146
反応潜時 42
反応的攻撃 89

ピア・レヴュー 198
被害関係念慮 168
比較文化 4
　――研究 27
ひきこもり 166
非共有環境 13
被験者 64
非行 178
非構造化面接 45

非交流的観察 37
被調査者 64
筆記開示 79
ビッグ・ファイブ 8,10-12,72,77,81,87,155, 157,187
人‐環境の相互作用 4
人‐状況論争 72,84,97
人と人との関係性における障害 169
一人っ子 133
ビネー式知能検査 189
疲弊期 147
ヒューマニスティック（人間主義）心理学 90
ヒューマニズムの心理学 90
評価的開示 124
表現型 12
表出的特性 75
表出的役割 18
表情恐怖 171
表象モデル 104
病跡学（病蹟学） 9
疲労 123

フィールドノーツ 37
フィールドワーク 37
夫婦関係 107
フェミニスト思想 27
フォアクロージャー 109,110
フォーマル・インタビュー 37
複線経路等至性モデル 25,63
服装倒錯 163
　――的フェティシズム 163
不登校 119,166,168
普遍性 4,63
不眠 168
プライバシーの保護 65
プライミング 41
プラグマ 136
フラッシュバック 151
ブラッドタイプ・ハラスメント 17
プリベンション 122
フリン効果 190
プロモーション 122
文化 26
文化心理学 26,73
文化特異性 4
文章完成法 58

分析的知能　195
分離苦悩　107
分離・個体化　21

閉鎖システム　62
ペッキング・オーダー　112
ペット　200
ペルソナ　2
偏見　16
偏差IQ　190
弁証法的行動療法　155
ベンダーゲシュタルト検査　55
扁桃体　86

防衛機制　78
報酬依存　87
法則定立（的研究，アプローチ）　4,6, 7,60-61
法律違反行動　181
誇り　176
ホルモン療法　165
本能　201

ま　行

マシュマロ・テスト　194
マッチングモデル　23
マニア　136,138
満足の遅延　194

民族性　7

無意識　4
むずかしい子　129

迷信　17
メタ認知　159
面接観察　37
面接法　36,44

妄想　199
　──性人格障害　154
燃え尽き症候群　22
目標への関心　18
モジュール説　186
モデリング　19,83
モデル構成（構築）　62
物語　97

模倣　83
モラトリアム　109,110
森田神経質　170,171
問題焦点型　149

や　行

役割　27,95
　──期待　95
　──規範　95
役割理論　94,95
矢田部 - ギルフォード性格検査　81

有効数字　51
友情の理解　135
友人　135
　──関係　134
誘導の方法　129
誘惑抵抗　121

よい子アイデンティティ　122
養育態度　128
要求性　129
陽電子放射断層撮影法（PET）　88
抑圧型　79
抑うつ気分　168
抑制力　181
欲求の階層論　91
予定アイデンティティ　110

ら　行

ライフ・キャリア　24
ライフサイクル　45,80,108
ライフステージ　141

力動的自己概念　101
力動論　72
陸軍検査　49
利己的行動　177
離散的行動状態モデル　159
離人症性障害　158
離脱理論　142
立体的立場　91
離乳　26
リバウンド効果　123
リビドー　71,79
流動性知能　142,185,189
了解心理学　72

良心　31
両性愛的性嗜好　163
臨床的研究（法）　6
臨床面接（法）　44,47

類型論　8,70,74
ルダス　136

レイヴン・プログレッシブ・マトリクス
　188,189,191
レジリエンス　153
劣等感　174
恋愛　107
　——行動　137
　——の色彩理論　136

　——の成分　137
連続性　108

老化　140
老人問題　140
老人ステレオタイプ　143
老人的性格　142,143
ローカス・オブ・コントロール（統制の位置）
　83,122
ロボット　207
ロールシャッハ・テスト　56
ロールシャッハ法　178

わ　行
ワーキング・メモリ　87

編者・執筆者紹介（【　】内は執筆項目番号）

編者

二宮克美（にのみや　かつみ）【1, 8, 16, 31, 32, 42】
名古屋大学大学院教育学研究科博士後期課程修了．教育学博士．現在，愛知学院大学総合政策学部教授．主要著書『子どもの道徳的自律の発達』（共著）風間書房，2003年 他．

子安増生（こやす　ますお）【2, 46, 47, 48, 49, 50】
京都大学大学院教育学研究科博士課程中退．博士（教育学）．現在，京都大学名誉教授，甲南大学文学部教授．主要著書『心の理論――心を読む心の科学』岩波書店，2000年 他．

執筆者（五十音順）

青柳　肇（あおやぎ　はじめ）【13, 18, 22, 28, 35】
早稲田大学大学院文学研究科修士課程修了．現在，早稲田大学名誉教授．主要著書『パーソナリティ形成の心理学』福村出版，1996年 他．

安藤寿康（あんどう　じゅこう）【3, 44, 45】
慶應義塾大学大学院社会学研究科博士課程単位取得退学．博士（教育学）．現在，慶應義塾大学文学部教授．主要著書『心はどのように遺伝するか――双生児が語る新しい遺伝観』講談社，2000年 他．

伊藤美奈子（いとう　みなこ）【9, 11, 40, 41, 43】
京都大学大学院教育学研究科博士課程修了．博士（教育学）．現在，奈良女子大学生活環境学部教授．主要著書『スクールカウンセラーの仕事』岩波書店，2002年 他．

伊藤裕子（いとう　ゆうこ）【5, 25, 26, 33, 39】
筑波大学大学院心理学研究科博士課程単位取得退学．博士（心理学）．現在，文京学院大学人間学部教授．主要著書『ジェンダーの発達心理学』（編著）ミネルヴァ書房，2000年 他．

遠藤由美（えんどう　ゆみ）【7, 27, 29, 30, 34】
京都大学大学院教育学研究科博士後期課程修了．博士（教育学）．現在，関西大学社会学部教授．主要著書『ニューリベラルアーツ　心理学』（共著）有斐閣，2004年 他．

大平英樹（おおひら　ひでき）【10, 20, 21, 23, 24】
東京大学大学院社会学研究科単位取得退学．博士（医学）．現在，名古屋大学大学院環境学研究科教授．主要著書『ミラーニューロンと〈心の理論〉』（共編）新曜社，2011年 他．

サトウタツヤ（佐藤達哉）【4, 6, 12, 15, 17】
東京都立大学大学院人文科学研究科博士課程中退．博士（文学）．現在，立命館大学文学部教授．主要著書『方法としての心理学史』新曜社，2011年 他．

杉浦義典（すぎうら　よしのり）【14, 19, 36, 37, 38】
東京大学大学院教育学研究科修了．博士（教育学）．現在，広島大学大学院総合科学研究科准教授．主要著書『アナログ研究の方法――臨床心理学研究法第4巻』新曜社，2009年 他．

| キーワードコレクション
パーソナリティ心理学

| 初版第1刷発行 | 2006年10月10日 |
| 初版第5刷発行 | 2016年12月10日 |

編　者　二宮克美・子安増生
発行者　塩浦　暲
発行所　株式会社新曜社
　　　　〒101-0051 東京都千代田区神田神保町3‐9
　　　　電話(03)3264-4973(代)・Fax(03)3239-2958
　　　　E-mail: info@shin-yo-sha.co.jp
　　　　URL http://www.shin-yo-sha.co.jp/
印刷所　銀河
製本所　イマヰ製本所

© Katsumi Ninomiya, Masuo Koyasu, 2006　Printed in Japan
ISBN978-4-7885-1021-0　C1011

――――――――新曜社の関連書――――――――

■キーワードコレクション■

発達心理学 改訂版	子安増生・二宮克美編	Ａ５判248頁 2400円
心理学 改訂版	重野純編	Ａ５判472頁 3400円
経済学	佐和隆光編	Ａ５判384頁 2864円
教育心理学	二宮克美・子安増生編	Ａ５判248頁 2400円
心理学フロンティア	子安増生・二宮克美編	Ａ５判240頁 2500円
認知心理学	子安増生・二宮克美編	Ａ５判240頁 2400円
社会心理学	二宮克美・子安増生編	Ａ５判242頁 2400円

子どもエスノグラフィー入門 技法の基礎から活用まで	柴山真琴	Ａ５判228頁 1900円
子どもの養育に心理学がいえること 発達と家族環境	H.R.シャファー 無藤隆・佐藤恵理子訳	Ａ５判312頁 2800円
子どもの認知発達	U.ゴスワミ 岩男卓実ほか訳	Ａ５判408頁 3600円
身体から発達を問う 衣食住のなかのからだとこころ	根ケ山光一・川野健治編著	四六判264頁 2400円
絵本は赤ちゃんから 母子の読み合いがひらく世界	佐々木宏子	四六判264頁 1900円
エピソードで学ぶ乳幼児の発達心理学 関係のなかでそだつ子どもたち	岡本依子・菅野幸恵 塚田-城みちる	四六判232頁 1900円
エリクソンの人生 上・下 アイデンティティの探求者	L.J.フリードマン やまだようこ・西平直監訳	上＝Ａ５判344頁 4200円 下＝Ａ５判414頁 4500円

（表示価格はすべて税別です。）